ROHLING HOME

„gestern"

Homer

&

Die Hure des Wissens

S.Netanov

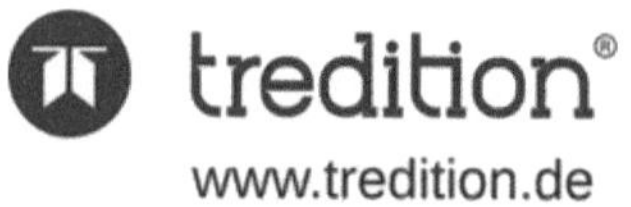

www.tredition.de

TESTAMENT

eines

DILLETANTEN

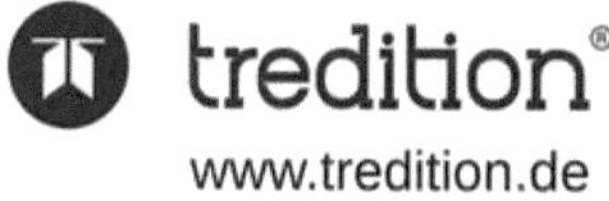

www.tredition.de

Verlag & Druck: tredition GmbH, Hamburg

ISBN

Paperback   ISBN   978-3-7469-7827-7
Hardcover   ISBN   978-3-7469-7828-4
e-Book   ISBN   978-3-7169-7829-1

Inhalt

Vorwort

Vor 3 Jahren erhielten wir den Brief meines Bruders. Meine Frau und ich waren über seinen Inhalt sowie über die Geistesverfassung, in der dieser geschrieben wurde, verwirrt und, obwohl wir seit langem keine Beziehung zu dem mir Verwandten pflegten, wegen seines von ihm angekündigten Todes in Sorge. Es überraschte uns, dass er selbst anscheinend vor diesem Ereignis, welches wir, wie viele unserer Mitmenschen vermieden hatten anzusprechen, keinerlei Furcht empfand. Dieser Brief jedoch bewirkte es, dass wir uns diesem Thema zuwandten. Dabei machten wir die Erfahrung, dass es so zu sein scheint, dass, wenn man sich mit dem „Tod" beschäftigt, sich automatisch die Frage nach dem „Leben" stellt. Was ist das, „Leben"? Ist dieses nach dem körperlichen „Ableben" wirklich beendet? Was ist „Sehnsucht"? Des Weiteren fragten wir uns ebenfalls: was ist „Verstand"? bzw. gibt es tatsächlich unterschiedliche Qualitäten davon und wie wirken diese auf unser Leben? Verändert sich die Qualität von Verstand in unserem persönlichen Leben sowie in der Menschheitsgeschichte? Gibt es überhaupt eine Entwicklung der Menschheit, was mein Bruder als „Werden" bezeichnet? Was ist „Gewissheit"? und andere Fragen stellten sich uns in der an den Brief anschließenden Zeit. Der Brief hatte eine anregende Wirkung auf uns und wir haben das Gefühl, dass durch die Beschäftigung mit diesen Fragen unser „Leben" intensiver geworden ist. Obwohl wir nicht alles nachvollziehen konnten, was in diesem „Testament" niedergelegt wurde, betrachteten wir es jedoch als zu wertvoll, um es in einer Schublade verwesen zu lassen. Wir entschlossen uns, dieses Schriftstück unseren Mitmenschen bekannt zu machen und es zu veröffentlichen. In Eigenarbeit haben wir uns dann daran gemacht, die Unverständlichkeiten und offensichtlichen Fehler mit unseren bescheidenen Kenntnissen in der literarischen

Aufbereitung eines Schriftstückes und mit Hilfe eines Korrekturprogramms zu beheben. Wenn dennoch einige Fehler und Unklarheiten in diesem verblieben sind, so wünschen wir uns, dass dieser Mangel nicht zum Maßstab für die Bewertung des Inhaltes gemacht wird. Dieser Brief wurde, dass darf man nicht vergessen, von einem Menschen in einer außergewöhnlichen Situation geschrieben. Die „Einsichten", die unseren Bruder so plötzlich überfielen sowie die diese Situation begleitenden Medikamente, die sein Ableben erträglich machen sollten, werden wohl einiges dazu beigetragen haben, dass das unter diesen Umständen Entstandene teilweise für uns unverständlich und oft verwirrend und es somit für uns ebenfalls schwierig war, dass Geschriebene so zu ordnen, dass es für andere nachvollziehbar wurde. Wir hoffen, dass dieses uns geglückt ist. Wo nicht, möge der Leser uns zu Gute halten, dass wir auch „nur" Menschen sind, die die Perfektion der Maschinen nicht erreichen – und auch nicht erreichen wollen.

„Seht, ich lehre Euch den Übermenschen!

Der Übermensch ist der Sinn der Erde.

Euer Wille sage:

Der Übermensch sei der Sinn der Erde!

Ich beschwöre Euch, meine Brüder, bleibt der Erde treu und glaubt denen nicht, welche Euch von überirdischen Hoffnungen reden! Giftmischer sind es, ob sie es wissen oder nicht. ...

...Einst war der Frevel an Gott der größte Frevel, aber Gott starb, und damit starben auch diese Frevelhaften. An der Erde zu freveln ist jetzt das Furchtbarste, und die Eingeweide des Unerforschlichen höher zu achten, als den Sinn der Erde!"

Friedrich Nietzsche

Der Brief

Lieber Bruder!

Es würde mich nicht wundern, wenn Du überrascht bist, dass ich nach so langer Zeit etwas von mir hören lasse. Die Ursache, dass ich Dir diesen Brief schreibe, liegt darin begründet: im letzten Jahr wurde in meinem Leib der heute so verbreitete Krebs festgestellt und die Diagnose des Leidens gab mir lediglich noch eine kurze Zeit, die ich auf der Erde zu leben habe. Man sprach von ca. 2-3 Jahren, welche jetzt bald vorbeigeflogen sind. Die Nachricht war natürlich erschütternd. Sie holte mich aus einem Traum, indem ich zuvor fest eingesponnen war. Im Nachhinein kann ich sagen, dass diese Zeit nach der Diagnose für mich dennoch eine intensive, erfüllende und wahrscheinlich die fruchtbarste Zeit meines Lebens war.

Aber zum Grund meines Schreibens an Dich: Ich habe durch die nach der Diagnose anschließende Auseinandersetzung mit meinem Leben und meinem bevorstehenden Tod, inspiriert durch Träume und Gelesenes einiges über das „Leben" ersonnen und aufgeschrieben. Das Produkt dieser Aktivität liegt nun vor Dir. Ich wusste nicht, in welche Hände ich diese Aufzeichnungen nach meinem „Abgang" geben sollte. Da ich es den Freunden meines Lebens, die nicht die Freunde meines Sterbens sind, nicht anvertrauen mochte, fiel mir mein „kleiner Bruder" ins Gemüt. Ich hoffe, dass ich Dir hiermit nichts aufbürde. Ich fühle jedoch, dass diese Gedanken eines „alten" sterbenden Mannes, der das, was wir den Tod nennen, vor Augen hat, Dir, Deinen Kindern und auch anderen dabei helfen können, das Leben, welches wir als so selbstverständlich empfinden, zu begreifen und zu schätzen.

Nun ja, es war nicht ausschließlich die Botschaft des mir bevorstehenden Todes, die meinem bisherigen Lebenssystem, welches doch sehr auf Zahlen konzentriert war, einen Virus einschleuste. Natürlich bin ich durch diese in meinem Tun angehalten worden. Das, was mir zuvor so fest, so eindeutig und so selbstverständlich erschien, dieses feste Weltbild unserer modernen Zeit, wurde in seinen Grundfesten erschüttert. Die nachfolgende intensive Auseinandersetzung mit den Mythen, den Märchen und den Philosophen der älteren Zeiten konfrontierte mich mit nicht bekannten Gefühlen, Ansichten und Willen. Ich hatte diese Dokumente schon zuvor gelesen. Aus irgendeinem Grunde hat mich einiges der Literatur mein Leben lang begleitet. Ich las sie und, obwohl sie nicht zu mir sprachen, waren sie dennoch „irgendwie" von Bedeutung für mich. Die Auseinandersetzung mit diesen Schriften, die nach der Botschaft meines baldigen Dahinscheidens begannen, zu mir zu sprechen, tat ihren Teil dazu, dass meine vor der Hiobs-Botschaft noch festgefügte Lebensstruktur zerbröckelte. Mein bisheriges Leben offenbarte sich mir weitgehendst als Fehlorganisation und die Gewissheit seiner Nichtigkeit ließ mich erschrecken. Sicherlich wäre ich in dieser Situation verzweifelt, wären da nicht Dinge geschehen, die mir halfen, diese Zeit zu überstehen. Zum einen hatte ich, nach dieser Botschaft sofort, ohne mir groß Gedanken über die Richtigkeit dieser Handlungen zu machen, mein äußeres Leben verändert. Geld hatte ich mit meinen Zahlen genug verdient, ja, ich konnte mich als wohlhabend bezeichnen (vorher nannte ich diesen Zustand noch „reich" - jetzt weiß ich es besser). Ich war in finanzieller Hinsicht gut versorgt und konnte mich aus meiner Arbeitswelt zurückziehen. Alles, was meinen Status als erfolgreicher Broker an der Börse verherrlichte, konnte verkauft werden und ich zog mich auf mein Anwesen auf dem Lande zurück. Ich beabsichtige den Rest (wird ja nicht mehr lange sein) meines Lebens hier zu verbringen. War Maggy schon zuvor von mir eingestellt worden, um sich um dieses Haus, welches ich zuvor selten besuchte, zu kümmern, so stellte ich sie zu meinem Glück fest an. Auch willigte sie ein, hier zu wohnen und mir mit Kochen, Haushalt und allem, was dazu gehört, behilflich zu sein. Ich hatte bisher noch nie mit jemandem für längere Zeit unter einem Dach gelebt. Auch dieses Mal ist es ja befristet. Leider, da es sich als eine neue und sehr angenehme Erfahrung herausstellt. Das Eingeständnis, dass ich jemanden brauche sowie das Wissen darum, dass jemand für mich da ist, kannte ich aus meinem bisherigen Leben nicht. Ich fühlte mich immer „frei" und war die meiste Zeit ungebunden und auf mich selbst gestellt. In dieses Leben ließ ich niemanden hinein. Die permanente Fixierung meinerseits auf die Zahlen wirkte wohl wie eine gewaltige Mauer, die niemand überwinden konnte. Diese ehemals gewaltige Mauer ist jetzt an vielen Stellen so offen, dass Maggy recht leicht in mein Reich gelangen kann und ich fühle mich dadurch nicht bedroht. Der TOD, das heißt, das Ende des leiblichen Daseins hier auf diesem Leib ERDE, ist wahrscheinlich für viele Menschen so erschreckend, weil er neben dem endgültigen Verlassen der lieben Menschen gleichbedeutend ist mit dem Glauben der endgültigen Nichterfüllung unserer Sehnsucht, d.h. unserer nicht erfüllten Wünsche und Träume. Ich hatte zuvor ein in vielerlei Hinsicht „autistisches", nur auf mich selbst bezogenes Leben geführt, was es mir somit nicht schwer machte, Menschen und Dinge loszulassen. Mit dem Loslassen meiner Beziehungen zu meinen Mitmenschen und der Dinge, auf die ich mich im Alltag zuvor bezogen hatte, ließ ich anscheinend auch meine Vergangenheit sowie meine Zukunft los, wodurch für kurze Zeit eine Leere in mir waltete, die kaum auszuhalten war. Diese jedoch, das ist meine Erfahrung dieser Zeit, wird von dem JETZT erfüllt werden. Dieses JETZT hat mich seitdem gefunden und wird mich wohl bis zum „Ende" nicht mehr verlassen. Mein JETZT ist hier und es ist immer wieder überraschend, was da so aus meinem „Inneren" nach „Außen" strebt; manchmal bestürzend, nie vorhersehbar und oft verwirrend-wundervoll. Wenn ich Dir also schon sagte, dass diese kurze Zeit, die ich am Ende meines Lebens in meinem Haus verbringe, eine erfüllende, wenn auch nicht immer die erfreulichste, so doch auf jeden Fall die intensivste Zeit meines Lebens ist, so war es nicht übertrieben. Es mag Dir merkwürdig erscheinen, aber es ist so: der „Tod" hat mir, nach einer relativ kurzen Zeit der Verzweiflung und Angst doch das gebracht, was wir als „LEBEN" bezeichnen und ich bin dankbar, dass ich dieses vor meinem Weggang von dieser Erde noch erleben kann.

Ein Phänomen, welches mir in der letzten Zeit oft begegnete, begann einen großen Einfluss auf die Entwicklung meiner letzten Tage zu nehmen. Das Loslassen meiner vorherigen Lebensstruktur noch in diesem irdischen Leben, welches zur Besinnung auf das JETZT führte, bildete wohl die Grundlage dafür, dass ich dieses kennenlernen konnte. Meine Träume wurden in ihren Erscheinungen und ihren Botschaften so intensiv von mir wahrgenommen, dass sie eine große Wirkung auf die Gestaltung meines Lebens bekamen und späterhin sogar entscheidend dafür wurden. Vielleicht hatte ich Träume solcherart schon vorher. Ich konnte sie jedoch nie erinnern, wie überhaupt Träume vorher für mich, so meinte ich jedenfalls, keine Rolle spielten. Ich hatte keinen Zugang zu dem, was sich da so in meinem Inneren abspielte. Das, was ich nicht durch Zahlen ausdrücken konnte, spielte für mich keine Rolle - ja, es war mir nicht einmal bewusst, dass ich so etwas wie ein „Innenleben" habe. Dieses mir vorher nicht bekannte Leben, welches in meinem Inneren lebt und auf mich wirkt, wurde hier in meinem Haus bestimmender und ist jetzt dermaßen wirkungsvoll, dass ich das Gefühl habe, mein Leben ist wie ein Traum aus dem ich kaum mehr „erwache".

Ich will Dir jetzt von „meinem" Traum erzählen, der in seinem Zauber und seinem Nachwirken in meinem Gemüt mich in der folgenden Zeit so entscheidend beeinflusst hat. Die Wiedergabe dieses Traumes durch Worte, da bin ich mir bewusst, wird viel von der Intensität der erfahrenen Gefühle verlieren. Dieses Traumerleben geschieht nicht auf der Erde, dem Festen, dem Körperlichen und wenn ich in der Wiedergabe von „ICH" spreche, so ist es doch nicht das „ICH", welches ich hier auf Erden verkörpere. Dieses „ICH" ist das Innerstes meines Seins, die Essenz meines Lebens, mein innerster Kern, aus dem sich die Motive meines Fühlens und Wollens in der Welt ableiten lassen.

„Ich" gleite durch den schwerelosen Raum. „Ich" bin eine kleine goldene, leuchtend flackernde und Funken versprühende Kugel, die nicht nach außen durch eine Hülle abgegrenzt ist. In mir selber strömt und wirbelt es. „Ich" bin von unbegrenzter Freude, Stolz und Neugierde erfüllt. „Ich" bin eine in sich verströmende kleine Welt, die vor Glück und Dankbarkeit kleine Funken entlässt. Hell-leuchtend und voller Wärme gleite „Ich" durch den Raum. Zu meiner linken und rechten Seite begleiten mich je ein Wesen. Sie schauen mich nicht an. Aufs höchste konzentriert gleiten sie an meinen Seiten dahin und halten mich, diese kleine, sich vor Glück verströmen wollende Kugel, durch die unsichtbaren Fäden ihrer Konzentration im Gleichgewicht. Sie führen mich durch dieses grenzenlose Universum. Ich fühle mich zwischen diesen beiden Kräften geborgen, beschützt und gehalten. „Beschützt" nicht vor den Kräften, die von außen auf mich einwirken könnten, sondern eher insofern, dass ich unter ihrer Obhut, unbeherrscht und zügellos wie die Stimmungen in mir walten, nicht meine Leuchtkraft, und damit „mich" gefährde. Ich spüre großes Vertrauen in und Ehrfurcht vor diesen beiden Wesen, die mich weiterhin durch ihre Konzentration durch den Raum geleiten, bis sie mir wortlos zu verstehen geben, mich auf einem rundförmig-festen Felsen niederzulassen. Ich fühle die Ehre, die Freude, so etwas wie Auszeichnung und Stolz darüber, dass die Beiden mich zu diesem Punkt geleitet haben. Die beiden Wesen setzten sodann ihren Weg fort. Als ich mich auf der Kugel niederlasse, verschwinden sie aus meiner Wahrnehmung. Ich verharre auf der Kugel, allein, wartend."

Als ich aus diesem Traum erwachte, wirkte dieses Glücksgefühl noch lange Zeit in mir. Ich hatte in diesem Traum etwas erfahren, was ich auf Erden in meiner wachen Alltagswelt bisher nie erfahren hatte und nicht ahnte, dass es zu erleben möglich sei. Nun kannst Du sagen, es war ja „nur" ein Traum. Da will ich Dir auch nicht widersprechen. Jedoch hatte ich das, was ich als „Glückseligkeit" bezeichne, wenn auch „nur" in einem Traum, doch intensiv erfahren. Nicht die „Bedeutung" des Traumes hatte eine so große Wirkung auf den „Fortgang" meines Lebens, sondern die Erfahrung der Empfindung „Glück" und die Gewissheit, dass es für uns Menschen möglich ist, dieses erstaunlich-wunderbare Gefühl empfinden zu können. Dieses zutiefst bejahende, vertrauende und grenzenlose Gefühl war es, welches mein angeschlagenes bis dahin in mir wirkendes Wertesystem endgültig zur Auflösung brachte.

Dieser Traum, wenn auch der für mein Leben Bedeutsamste, war einer von vielen Träumen, die mich in der letzten Zeit heimsuchten. Wenn die anderen auch nicht von der Intensität waren, wurden ihre Botschaften doch entscheidend für mich. Die eindeutigen Gewissheiten, die ihnen zu Grunde liegen, stellen das mir von der modernen Gesellschaft Beigebrachte, ihre dort gepredigten Werte und Gesetze nicht nur in Frage, sondern entlarven ihren Demokratie- und Fortschrittsglauben als haltlosen (weil Seelen- und Körper-los) Unsinn. Mir scheint es mittlerweile so, als wären ihre erdachten „Grundlagen" dem Substanz-losem Reich der Spekulationen entführt und ihre sogenannten Axiome sowie ihre Wissenshörigkeit mit der entsprechenden Logik lediglich der Zement, der benötigt wird, um die Mauern um jeden einzelnen dieser Sehnsuchts-Gesellschaft fester und dauerhafter zu machen. Nun ich hoffe, dass Du mit den folgenden Gedanken und Einsichten etwas anfangen kannst und es Dich eventuell anregt, die Gedankenbahnen weiter zu spinnen. Ich bin mir sicher, dass ich mit diesen Überlegungen lediglich Türen aufgestoßen habe, durch die unsere Kinder gehen müssen, sollten sie so etwas wie ZUKUNFT haben und wollen sie dort hinein streben.

Ich möchte meinen Brief an Dich nicht beenden, ohne Dir einen Rat fürs Leben gegeben zu haben. Wahrscheinlich erscheint es Dir anmaßend, dass ich meine, dieses tun zu können. Ich denke jedoch, dass es nicht so oft vorkommt, dass Dir ein Sterbender noch einen Tipp geben will. Da mein Gemüt zurzeit beherrscht wird durch Bilder und deren Stimmungen, will ich diesen Rat ebenfalls in einem Bild zum Ausdruck bringen:

„Wir leben umgeben von der Ewigkeit. Die Ewigkeit ist wie ein großer Adler, der in ewigen Höhen frei und stolz über allem dahinschwebt. Fortwährend lässt er seine goldenen Federn auf die Erde und ihre Menschen niederfallen; eine nach der anderen, in alle Ewigkeit. Diese funkelnden Federn nennen wir AUGENBLICK. So beständig er diese auf uns herabrieseln lässt, so beständig wachsen ihm neue nach. Die Ewigkeit ist diesem Bilde zu Folge die unendliche Aufeinanderfolge der Augenblicke.

Also, fang den Augenblick, ergreife das JETZT und die Ewigkeit und ihre Wunder werden Dein sein! Lass Dir von den Menschen nichts anderes erzählen. Sie haben den Augenblick längst verloren. Sie haben seit langer Zeit Angst vor diesem und vermeiden ihn und somit auch das Glück, das in ihm, und nur in ihm, verborgen ist. Höre nicht auf diese ängstlichen Geschöpfe! Sie können zwar denjenigen, der den Augenblick gefunden hat, ans Kreuz nageln, aber glücklich können sie niemanden machen!

Also mein Bruder. Die beiden Wesen, die ich im Traum wahrgenommen habe, zeigten sich in letzter Zeit regelmäßig in meinem Sinn. Ich bin mir aus diesem Grunde sicher, dass ich unsere Erde bald verlassen werde. Da ich davon ausgehe, dass die Beiden mich abholen werden, um mich dahin zu führen, wo ich mein bisher größtes Glück empfunden habe, bin ich verständlicherweise nicht mit Furcht erfüllt. Ich habe eher das Gefühl, nach Hause zu kommen. Wenn Dich der Brief erreicht, werde ich schon dorthin gehen, woher ich gekommen bin.

Dein Bruder

Über das „Lesen"

Bevor wir zum Inhalt des Geschriebenen kommen, sollte das Werkzeug, dass uns zu diesem führen soll, bekannt sein. In diesem Fall ist es das Vermögen „LESEN". Unter „Lesen" verstehen wir die Aufnahme der Buchstaben mit Hilfe des Verstandes in das eigene Hirn. Dort werden die Buchstaben in der Regel sortiert und formatiert. Des Weiteren kann der Mensch ebenfalls das zwischen den Zeilen Spürbare in sich aufnehmen. Der Inhalt der Worte wird dann als Anregung für die Entwicklung der lesenden Persönlichkeit wirken. Nun gibt es ja bekanntlich unterschiedliche Formate, die wir uns tagtäglich buchstäblich zu Gemüte führen. Ob es die Zeitung, der Roman, die Fachliteratur, die Poesie, Märchen, Mythen oder andere Schriftstücke sind; alle diese schriftlichen Mitteilungen haben als Grundlage den Buchstaben. Die Aneinanderreihung derselben zu Silben, Worten und ganzen Sätzen werden im Hirn des Lesenden abgebildet und dort „verstanden". Jedoch verfolgen diese unterschiedlichen Buchstabenvarianten unterschiedliche Absichten. Die Fachzeitschrift wie auch die Tageszeitung soll informieren. Der Roman soll unterhalten und entspannte Zeiten für den Lesenden schaffen und eventuell den Lesenden Erfahrungen vermitteln, die in der Alltäglichkeit des Daseins von ihnen zwar ersehnt, jedoch nicht erlebt werden können. Obwohl in diesem Moment des Lesens aus diesen Formaten Informationen aufgenommen oder fremde Erfahrungen erlebt werden, wird sich der STATUS QUO des Lesenden nicht verändern. Man liest die Zeitung und obwohl diese teilweise erschütternden und bedrückenden Nachrichten den Lesenden zutiefst berühren und zur Trauer oder Wut bringen müssten, ist es doch Alltäglichkeit, dass diese Wirkung nicht erzielt wird. Im Gegenteil scheint der gewohnheitsmäßig Zeitung Lesende das Gefühl zu haben, dass sich die Welt gerade wegen der immer gleichen (schlechten) Nachrichten im Gleichgewicht befindet und er sein Leben auf dieser Grundlage beruhigt und „ewig" so weiterleben kann. Auch führen die in den Romanen geschilderten fremden Erfahrungen nicht unweigerlich dazu, dass die dadurch angesprochenen Bedürfnisse und unbewussten Wünsche dem Leser bewusst und somit in seiner alltäglichen Lebenswelt erfahrbar gemacht werden. Die Informations- übertragung von den die Buchstaben zusammenhaltenden Büchergefäßen in die Hirne des Lesenden wird dessen Status Quo und somit dessen Wahrnehmung der Welt sowie seiner Persönlichkeit und somit sein Verhalten zu diesen Wirklichkeiten, in der Regel nicht verändern. Der Leser, der durch diese Aktivität seinen Informationsvorrat vergrößert oder seine Phantasiewelt anregt, ist der sich in seinen Gewohnheiten eingelebte Mensch. Er ist nicht daran interessiert, dass das „Lesen" sein aus Gewohnheiten bestehendes Leben in Frage stellt. Er will von diesem lediglich die Stabilisierung seiner Lebensführung.

Jeder Art und Weise des Lesens, gleichgültig welche Literatur zur Verfügung steht, liegt zu Grunde, dass der Leser im Akt des Lesens mit seiner Aufmerksamkeit den von außen angebotenen Buchstaben folgt, und somit die (in der Regel) unbewusste Aufmerksamkeit für die entsprechende Zeit den im eigenen Verstand gestalteten Buchstaben entzieht. Da die von außen angebotenen Buchstabenfolgen auf Grund ihrer Kunstfertigkeit oder ihres Klanges einen anziehenden Duft ausströmen, ist es verständlich, wenn die Aufmerksamkeit des Lesers gerne den eigenen miefigen Verstandes-Wortkasten mit den immer gleichen Wortabfolgen verlässt, um sich der Literatur oder anderem zuzuwenden. So wird auch die Fernsehsucht erklärbar: der Ferngucker, der seiner Hirn-Wüste auf der zumeist unbewussten Suche nach einem erfülltem Leben entfliehen möchte, gibt dem Angebot des aktivierten TV-Kastens gerne nach und „schenkt" diesem seine

Aufmerksamkeit, was er ja eigentlich nicht tut, da er für diesen Service (von den eigenen Gedanken befreit zu werden) zu zahlen hat. Dabei kann das Angebotene noch so „mäßig" sein: ungewöhnlicher und lebendiger, also attraktiver als die im eigenen Oberstübchen entwickelten Wortfilme wird es in der Regel sein. Ist der Leser ein bewegungslos Verharrender und mit seinem Status Quo und dem der Welt einverstanden, wird das „Lesen" zu einem angenehmen Vertreiben der Zeit, ohne dass die Informationen und Erfahrungen ihn verändern und zu einer Bewegung bringen werden. Ist er andererseits ein der Zukunft zugewandter, strebender und noch nicht normierter Mensch, können die Informationen und Erfahrungen in die lesende Persönlichkeit aufgenommen und dabei eventuell bewusst gemacht werden. Das Aufgenommene wirkt hier als Anregung für die Entwicklung des Lesenden. Es ist also vom „Zustand" des Lesers abhängig, ob die ihm dargebrachten Buchstaben in seinem Hirn gespeichert werden oder ob sie zudem in die Persönlichkeitsentwicklung des „Lesenden" eingreifen. Voraussetzung für die zweite Art zu lesen ist die OFFENHEIT des Lesers. Von dieser ist es abhängig, ob die Informationen, nachdem sie in dem Hirnkasten aufgenommen, beurteilt und ihnen Passierscheine zugestanden wurden, weiter in das Reich der Persönlichkeit des Lesenden gelangen können, um dort letztendlich „verarbeitet" zu werden. Eine Lesermenge, die sich die Buchstaben aus Gewohnheit, aus „Langeweile" oder aus Furcht vor der Wirklichkeit aneignet, ohne diese zu „verdauen, ist als „süchtig" zu bezeichnen, da sie den von AUSSEN an sie herangetragenen „Stoff" braucht, ohne den sie ihren „Lebens"-Stil nicht fortführen könnte. Diese sitzende, nach u.a. Buchstaben süchtige Lesermenge, ist sie noch in der Lage, das, was um sie herum geschieht, zu „lesen" und zu begreifen? Wollen wir noch begreifen? Oder ist die Furcht vor den Folgen unseres „Lifestyles" auf diesem Planeten mittlerweile so groß, dass wir lieber mit Hilfe der phantastischen Buchstaben in andere Welten flüchten wollen?

„Lesen" wir die Welt nicht mehr, indem wir die von ihr auf uns ausgehenden Wirkungen und die entsprechenden Erfahrungen nicht mehr annehmen und, wenn wir diese ignorieren, sie (die Wirklichkeit) uns nicht bewusst machen können? Aber wenn wir die Inhalte der Welt oder der Bücher nicht mehr annehmen, sind wir dann noch ein Teil dieser Welt? Leben wir dann noch gefühlt auf diesem Planeten namens ERDE oder doch eher in unseren aus Hirngespinsten zusammengesetzten Gewohnheiten, in denen sogar eine Märkel Bestand hat?

Es gibt verschiedene Arten des „Lesens" der Buchstaben. Eine Art des „Lesens" ist die, die nicht dazu führt, dass unser STATUS QUO und somit unsere „ICH"-Ordnung gefährdet wird. Ja sie führt dazu, dass die Aktivität des Lesens das Tun des Lesers stabilisiert. Es werden dabei (von außen) von einem Objekt aufgenommene Informationen, Bilder und Erfahrungen in die vorhandene Schatzkammer des Wissens eingeordnet und abgelagert, ohne verändernd in die Persönlichkeit einzugreifen. Dringen dagegen andererseits die von außen kommenden Buchstaben als „Botschaften" in den Lesenden ein, um dort ihre Wirkungen zu entfalten, wird es nach dem Prozess der Verarbeitung zu den bekannten „AHA" - Erlebnissen kommen, die dazu führen, dass sich ein neues Fühlen, Wollen und Denken im Lesenden entwickelt.

Wenn wir vom „Lesen" sprechen, gehen wir gewöhnlich davon aus, dass es sich um *Buchstaben* handelt, die „gelesen" werden. Der Winzer wird diesem Wort jedoch eine, seinem Beruf entsprechende andere Bedeutung zumessen. Geht es diesem doch nicht um das „Lesen" von Buchstaben, sondern um das „Lesen" der Trauben, die Wein"lese". Das Wort „Lesen" scheint sich aus dem lateinischen Wort *„legere"* entwickelt zu haben, welches so viel bedeutet wie „Sammeln, Auswählen". Der Winzer sammelt nun keine Buchstaben, um daraus eine Wortbrühe zu erschaffen. Er sammelt die Trauben, um diese mit Hilfe seiner Kunstfertigkeit weiter zu verarbeiten. Er lässt sie gären und lagert die aus den Trauben gewonnene Flüssigkeit in mehr oder weniger wertvollen Gefäßen, wo sie sich daraufhin in Ruhe weiter entwickeln können. Ob sie sich zu einem „edlen Tropfen" entwickeln, ist abhängig von der Qualität der Trauben, der Qualität des Fasses, in dem diese gelagert werden - und natürlich von Erfahrung, Geduld, Gespür und den handwerklichen Fähigkeiten des Menschen, der diesen Wein in seiner Entwicklung betreut. Wenn es nach Gärung und Reifung im dunklen Fass endlich, vor dem Abfüllen in Flaschen zur „AHA"-Erfahrung durch das Geschmacks- erlebnis kommt, hat die Entwicklung sein vorläufiges Ende genommen. Aus dem „Lesen" der Trauben ist nach mehr oder weniger langer Zeit die Köstlichkeit „Wein" geworden. Auch hier, bei der Weinlese, beginnt der Prozess mit dem „Lesen", - dem Sammeln und Auswählen. Wie die gesammelten Trauben können auch die gelesenen Buchstaben den Prozess des Gärens und der Reifung durchlaufen und dadurch einen guten „Geist", d.h. Bewusstheit, erschaffen. Sie können jedoch ebenfalls, wie es so oft bei einer ungeschickten Betreuung durch den Leser geschieht, einfach vergessen werden. Entweder faulen sie in diesem Fall nach dem Sammeln oder, wie es bei den Trauben der Fall ist, wird ihnen bei einem beständigen Überangebot an Buchstaben der stimulierende Geist entzogen. Zurück im Lesenden bleibt dann eine faule Gesinnung und ein trockener, geistloser Lebensgeschmack.

Die Art und Weise des „Lesens" kann der Mensch natürlich, als Prinzip der Weltaufnahme (dem Sammeln der auf den Menschen einwirkenden Wirklichkeiten) ebenfalls auf sein inneres Reich und somit auf seine Träume anwenden. Er kann ebenfalls sein Inneres „lesen" und aus seinen Träumen „Eindrücke", also Empfindungen, sammeln und auswählen. Wird der Traum erinnert, hat man es zunächst mit den Bildern zu tun. Die Bilder sind die Gefäße, die mit den in der Persönlichkeit des Träumenden wirkenden Empfindungen gefüllt sind. Diese Empfindungen werden bildhaft dargestellt durch Abbilder der Realitäten, die der Mensch der (im außen) sichtbaren Welt entnimmt. Diesen Bildern (Menschen, Landschaften o.a.) liegen wie gesagt Empfindungen zu Grunde bzw. durch die Bilder werden die Empfindungen des Träumenden im Traum „sichtbar" gemacht. Wird in dem Traum eine angenehme, schöne Landschaft dargestellt, ist sie die bildhafte Darstellung angenehmer, schöner Empfindungen (des Träumenden). Erscheint die Landschaft eher trostlos-traurig, ist sie ein Ausdruck trostlos-trauriger Empfindungen. In diesem Sinne sind ebenfalls die im Traum auftretenden Menschen Verbildlichungen der in der träumenden Persönlichkeit wirkenden Empfindungen. Ist es das Vertrauen, welches eine Verbindung und Verschmelzung mit einem anderen Menschen sucht; ist es der Neid, der die trennende, sich fern halten wollende Absicht kundtut, so erscheinen im Traum die entsprechend sympathisch oder unsympathisch wirkenden Bilder, mit denen der Traum das entsprechende Empfinden zum Ausdruck bringt.

Diese beiden unterschiedlichen Weisen, die Welt zu „lesen", werden im Folgenden durch die Wirklichkeitsbetrachtung zweier Freunde dargestellt. Sie nehmen dieselbe Wirklichkeit wahr aber erfahren vollkommen unterschiedliche Reaktionen.

Zwei Freunde unternehmen einen Spaziergang. Es ist fortgeschrittener Herbst. Dunkel-kalte, klare Luft erfüllt den Raum. Die Sterne funkeln. Der Vollmond scheint hell und beleuchtet mit seinen silberglänzenden Strahlen die Erde. Beide schauen verzückt nach oben und sind begeistert ob der Klarheit und Mannigfaltigkeit der funkelnd-strahlenden Sterne.

Freund 1 entfließt aus seiner Betrachtung des Sternenhimmels ein begeisterter Redefluss, der das „Sternenzelt" zum Inhalt hat. „Guck mal! Ist das nicht herrlich?

All die Sterne, ihr Funkeln, Glitzern und Blitzen. Und der Mond, wie er sein strahlendes Licht über uns ergießt!". Weiterhin wären da dieser Stern und dort jenes Sternenbild klar erkennbar! Da werden von ihm die Sternenbilder erklärt, die schwarzen Löcher gesehen, Milchstraßen und andere kosmische Strukturen aufgezeigt, bis man den Eindruck hat, die Sternendecke sei vollständig erklärt und über dieses Erstaunliche habe sich ein Redefluss ausgebreitet, der letztendlich den vor Erstaunen geöffneten Mund wieder verschließt.

Freund 1 schaut nach längerer Zeit zu Freund 2, der schon eine Weile nichts mehr von sich gegeben hat. „Was ist denn mit Dir los?" fragt Freund 1. „Deine Wangen sind ja feucht. Wie kannst Du bei diesem Anblick traurig sein?" Freund 2 wischt sich die Tränen aus dem Gesicht. Er atmet einmal, atmet zweimal tief durch, wirft einen Blick nach oben in diese funkelnde Schwärze, um sich daraufhin seinem Freund zuzuwenden. „Auch ich habe alles sehen können, was Du soeben beschrieben hast. Jedoch, als ich den vollen, strahlenden Mond betrachtete, wurde mir so sonderbar. Ich begann durch den runden Mond wie durch eine Öffnung in das herrliche, strahlend-weiße Licht „dahinter" zu schauen, einen kurzen Moment nur. Dann hatte ich das Gefühl, etwas würde mich erfüllen, von dorther kommend, wohin ich blickte. Ich wurde indessen so klein und dachte noch - Was sind wir Menschen doch so klein in Gegenwart der Ewigkeit - und schon schossen mir die Tränen aus den Augen. Dabei hatte ich gar keine Furcht und war auch nicht traurig. Im Gegenteil: als die Ewigkeit mich mit ihrer Gegenwart erfüllte und keine Gedankenritter diese abzuwehren vermochten, war es mir, als wäre ich in diesem Moment „heil", „ganz": Als wäre ich plötzlich dort angekommen, wohin ich mich schon seit langer Zeit gesehnt habe. Ich hatte für einen Moment das Gefühl, „zu Hause" zu sein. Die Tränen sind Ausdruck meiner Freude darüber."

Freund 1 betrachtet dieses Wunder des Daseins anders als Freund 2. Das Wunder bleibt bei diesem ein „Gegenüber"

(Sternen"decke") und wird sodann mit den zur Verfügung stehenden Hilfsmitteln beschrieben und wahrscheinlich am nächsten Tag wieder vergessen. Bei Freund 2 gibt es zwar zu Beginn ebenfalls ein „Gegenüber", welches, wie sein „ICH" sich jedoch im Moment des Eindrucks auflöst. Einzig das Erfahren, in diesem Fall die Erfahrung der Ewigkeit, *ist* in diesem Moment. Vergessen wird man den Duft, von dem diese Erfahrung erfüllt ist, niemals.

Im Folgenden werden zwei Literaturgattungen in den Mittelpunkt gestellt, die, wenn sie die Schranken des Verstandes passieren sollten, uns durch die von ihnen zum Ausdruck gebrachten Bilder in Gärung bringen und ebenfalls „reifen" lassen können. Es handelt sich um zwei Gattungen der schriftlichen Mitteilung, die vor der Zeit der Schriftstellerei in der mündlichen Weitergabe der Buchstaben, d.h. den entsprechenden Lautklängen, bestand. Die Wirkung auf den Zuhörenden, die durch die Form der erzählenden Mitteilung erzielt wurde, wird seinerzeit beeindruckender gewesen sein, als wir es heute durch das „Lesen" erfahren können. Die Stimmlage, die Betonungen der Worte und Silben, das Tempo des Vorgetragenen und andere, von der Persönlichkeit des Sprechenden und der Erzählsituation abhängigen Eigenarten, machen das Aufnehmen, das Sammeln, des Erzählten, zu einem intensiven Erlebnis, welches wir heute durch das Buchstaben-Sammeln in der Regel nur selten erfahren können. Die beiden Gattungen des „Mit-teilens", auf die im Folgenden hingewiesen werden soll, sind neben dem MÄRCHEN der (griechische) MYTHOS.

Das MÄRCHEN

Märchen sind Geschichten, die über mögliche Entwicklungen der menschlichen Persönlichkeit berichten. Sie gelten heute, da sie nicht dem „Normalempfinden", der Normalerfahrung, des Menschen entsprechen, als fantastisch, exotisch oder fabelhaft und man ordnet sie dem kindlichen (Erfahrungs-) Reich zu. Man kann sie als „Erwachsener" nicht ernst nehmen.

„Man nimmt sie nicht ernst!", d.h., man kann nicht wirklich etwas mit ihnen anfangen und spricht ihnen aus diesem Grunde die Bedeutsamkeit ab. Zu fremd erscheinen dem heutigen „Leser" die in den Märchen handelnden bildhaft beschriebenen Kräfte, seien in diesen Menschen oder andere Wesenheiten dargestellt. Zu fremd sind die geschilderten Situationen. Zu weit weg sind Raum und Zeit der in den Märchen beschriebenen Geschehnisse. Alles bleibt zu weit entfernt von unserer Alltäglichkeit, mit der wir uns identifizieren. Es ist eine Eigenart des heutigen Menschen, dass er den Dingen, mit denen er „nichts anzufangen weiß" die Bedeutung abspricht. Seien diese Dinge auch noch so alt-ehrwürdig und waren sie in der Geschichte des Menschen von großer Bedeutung für diesen, („Gott" oder die Geschichten, die wir „Märchen" nennen): da der rational-denkende Mensch keinen Zugang zu diesen hat, werden sie auf den Müllplatz der Bedeutungslosigkeiten geworfen, um dort als minderwertig entsorgt zu werden. Es ist ebenfalls dem heutigen, aufgeklärten Menschen eigen, dass er sich für das Maß aller Dinge hält, was u.a. zur Folge hat, dass er sich und seine Handlungen nicht mehr hinterfragt oder gar in Zweifel zieht. Wenn der Mensch mit den „Märchen" nichts anzufangen weiß, gäbe es die Möglichkeit, dass er sich fragt: „Da liegen nun die alten Geschichten, die meinen Ahnen viel bedeutet haben vor mir und ich kann aus diesen nichts Gescheites herauslesen. Warum habe ich keinen Zugang zu diesen? Was unterscheidet mich von den Alten, die anscheinend diesen Zugang zu den „Märchen" noch hatten?" Diese Möglichkeit wird von dem heutigen Menschen jedoch nicht in Erwägung gezogen. Wenn gesagt wird, dass die Alten, unsere Vorgänger in dieser irdischen Welt, einen Zugang zu diesen Geschichten hatten, folgt doch daraus, dass sie einen SINN für das Vorgebrachte hatten. Einen Sinn für etwas zu haben heißt, dass der Mensch diesen Geschichten eine Bedeutung zuspricht und bereit ist, sich mit diesen zu beschäftigen und sich von diesen berühren zu lassen. Sich berühren lassen heißt, dass das Erzählte auf den Hörenden wirken kann. Wenn etwas in den Menschen hineinwirken kann, heißt das, dass im Inneren des Hörers eine Reaktion auf das Aufgenommene erzeugt wird. Wenn es zu einer inneren Reaktion auf das Wahrgenommene kommt, muss der Eingang in den Menschen, der auf das Dargebrachte reagiert, offen sein. Die Menschen, die sich von den von außen auf sie einwirkenden Kräften berühren lassen, kann man als „offen" bezeichnen. Das heißt nicht unbedingt, dass sich die Menschen der Wirkungen, die u.a. von diesen Geschichten ausgingen und eine Reaktion in den Aufnehmenden auslösten, bewusstwurden und sie solchermaßen zu Erkenntnis kamen. Es bestand jedoch die Möglichkeit, dass sich der Mensch seit diesen Zeiten zur Erkenntnis und Bewusstheit hätte entwickeln können. Dieses ist jedoch nicht geschehen. Er ist heute mehr denn je in einer Vorstellung von einer ausschließlich körperlich-materiellen Welt verhaftet und sich der Wirkung, die dieses rational-materielle Weltbild auf seine Einschätzung der Werte hat, nicht bewusst. Wir müssen davon ausgehen, dass, da die „Märchen" nicht weiterhin auf ihn einwirken können, der Zugang, den der Mensch einst zu ihnen (und damit nicht nur zu den Märchen) hatte, nicht mehr geöffnet ist. Die Tür ist geschlossen und das Klopfen wird nicht mehr gehört.

Das Märchen wendet sich an den „offenen" Leser oder Hörer. Es ist die Absicht des Märchens, in diesem Reaktionen zu erwirken, anhand derer er sich bewusst werden kann, wie seine innere Wirklichkeit beschaffen ist. Durch das Eintauchen in das „Reich" der Märchen taucht der Leser/Hörer im selben

Moment in sein ihm unbewusstes inneres „Reich". Das Märchen ist mit einem Traum zu vergleichen. Er, der Leser, bekommt durch das Märchen die Möglichkeit, dieses (Reich) an Hand seiner Reaktionen, die durch die in den Märchen dargestellten Bilder in ihm ausgelöst werden, kennenzulernen. Die Ein-sicht in das Reich der persönlichen Empfindungswelt ermöglicht erst die Entwicklung der Persönlichkeit. Diese zu erwirken, sind das Ziel der Märchen!

Oft beginnt das Märchen, indem ein erstarrter und unfruchtbarer „ZU-Stand" beschrieben wird, in der Regel mit dem für die Märchen so typischen „ES WAR EINMAL". Das Reich von RAUM und ZEIT wird mit dem „Es war e i n m a l" verlassen. Das „Gestern" und das „Morgen" haben in diesen Erzählungen keinen Bestand. Hier sprechen nicht die Begriffe (denn diese sind Raum- und Zeit gebunden) zu dem Leser, sondern die durch die Buchstaben gemalten zeitlosen Bilder. Die Bilder des Märchens bewirken optimalerweise, dass die inneren Seiten des Lesers/Hörers zum Schwingen kommen, was ausschließlich JETZT und somit lediglich EINMAL geschehen kann (im Moment des „Lesens"). Das Eigentliche des Märchens spielt sich im Inneren des Lesers ab. Die Bewusstwerdung der im Inneren des Lesers stattfindenden Reaktionen ist hier das Entscheidende. Anders als bei einem wissenschaftlich motivierten Schreiben, bei dem der Leser die aufgenommenen Informationen zu seinem bisherigen Wissen addiert und abspeichert, kann der Mensch beim „Lesen" des Märchens eine Folge von Erfahrungen machen, die ebenfalls ihre Folgerichtigkeit hat. Man kann ebenfalls hier von einer Logik, von Folgerichtigkeit, von Ursachen und Wirkungen sprechen, insofern sich eine Erfahrung lediglich aus einer zuvor erlebten Erfahrung ergibt. Wird bei der Wissensaneignung der Wissensstand erhöht, ohne den Leser tiefgreifend zu beeindrucken, wird der Leser eines Märchens Zeuge einer Entwicklung, die sich mit seinen inneren, in der

Regel verdrängten Wirklichkeiten, wie z.B. Furcht, Freude, Ohnmacht und anderen, auseinandersetzt. In dieses ehemals starre, fast erstorbene Reich kann es zu einer Bewegung kommen, die erst in einem Bewusstsein der tiefen Harmonie ihr Ende findet. Auf dem Weg zu diesem Ziel müssen mehr oder weniger gewaltige Hindernisse wie Hexen, Drachen, Teufel, Kobolde usw. überwunden werden. Strategien zur Überwindung dieser Kräfte werden in den Märchen angeboten. Die Bilder, die die der Entwicklung entgegenstehenden Gewalten (die zerstörerischen Kräfte der Hexe und des Teufels z.B.) beschreiben, stehen für die die Entwicklung des Lesers blockierenden Leidenschaften. Es sind diese in den Märchen verbildlicht dargestellten Leidenschaften, die verhindern, dass der Mensch einer Entwicklung folgen kann, die ihn zu dem Empfinden des Friedens und des Glücks führen wird. Natürlich löst die zerstörerische Gewalt des Teufels oder der Hexe Angst aus, aber andererseits zeigen die Märchen Wege auf, die zur Überwindung dieser Widerstände führen. In der Regel wird die „Angst"-Überwindung im Märchen belohnt. In dieser Hinsicht, sich zu überwinden, wirkt das Märchen durch seinen mitgeteilten Optimismus anregend und nicht zuletzt empfinden wir auch im „richtigen" Leben Kraft und Stolz, wenn wir bedrohlich wirkende Hindernisse überwunden und uns davon befreit haben. Diese Wege und Einstellungen, die wir gehen und haben sollen, um das große Ziel der „Ganzheit" (die Integration der uns zu Grunde liegenden Vermögen in unsere Persönlichkeitsstruktur) zu erreichen, werden uns in den Märchen mitgeteilt. Sie sind Wegweiser, die den „Leser" zu diesem Ziel führen wollen. Da die Märchen eine Folgerichtigkeit in sich tragen, werden diejenigen Menschen, die die Märchen ursprünglich einmal verfasst haben, Kenntnisse über unsere Seelenbeschaffenheit sowie über ihre Entwicklung gehabt haben. Wie bei den ursprünglichen MYTHEN wussten sie, wovon sie sprachen, sangen oder schrieben. Sie waren nicht nur mit der Seele und den

Leidenschaften vertraut, sondern kannten zum einen den Weg zu ihr (der Seele) und zum anderen waren sie in der Lage, die beeindruckend-wirksamen Bilder zu finden, um durch diese die SEHNSUCHT sowie deren Entfaltungsdrang und -möglichkeit zu beschreiben. Im Märchen sind die darin beschriebenen Handlungen dem zu Folge nicht wörtlich zu nehmen. Sie sind als bewusste Träume zu verstehen. Die mit Buchstaben gemalten Bilder weisen den Leser auf dessen innere Wirklichkeit und damit auf die den Bildern zu Grunde liegenden Empfindungen mit all den in ihnen waltenden Leidenschaften und Sehnsüchten hin und zeigen ihm Wege auf, der Entwicklung widerstreitende Leidenschaften aufzulösen, um dadurch letztendlich zu innerer Ausgeglichenheit, sprich Harmonie, zu gelangen. Der Inhalt des Märchens, wie ebenfalls der der griechischen Geschichten, richtet sich nicht zuerst an den Verstand des Lesers, sondern an dessen Fähigkeit zur EINSICHT.

<u>DAS</u> Märchen

Wenn viele Märchen auf spezielle Leidenschaften Bezug nehmen, die der Entwicklung der individuellen Qualitäten des Lesers entgegenstehen (z.B. dem Stolz, der Eitelkeit) und ebenfalls die entsprechenden Tugenden (z.B. List, Treue, Tapferkeit) aufzeigen, mit denen diese blockierenden Kräfte zu überwinden sind, so liegt dem folgenden Märchen eine grundsätzlich das Leben des Menschen prägende Problematik zu Grunde. In der Regel beinhaltet das Märchen einen Konflikt, der durch die auf die menschliche Entwicklung einwirkenden zerstörerischen (bösen) und heilenden (guten) Kräfte, dargestellt wird. Werden die durch das Märchen bewirkten Erfahrungen des an diesem Bildgeschehen teilnehmenden Lesers sowie deren Abfolge bewusst gemacht, kann ebenfalls diese Erfahrungsentwicklung als logisch „empfunden" werden. Wird zudem das die Entwicklung der Gefühle beschreibende Bildgeschehen übersetzt in die Verstandeswelt der Worte, kann ebenfalls auf der „ICH"-Ebene das Geschehen eines Märchens als Sinn-voll und folgerichtig, eben als logisch „verstanden" werden. Die Qualität der Übersetzung der empfundenen Bildsprache in die denkende Verstandessprache wird also maßgeblich darüber entscheiden, ob uns ein Märchen als „sinnvoll" erscheint.

Am Beispiel des Märchens **„Brüderchen und Schwesterchen"** soll das „Lesen" eines Märchens dargestellt werden. Wenn auch harmlos klingend, ist dieses Märchen zur Bearbeitung des aktuellen Problems – wie geht der Mensch mit der Welt um bzw. wie stellt er sich in diese hinein? (wie liest er diese?) – von großer Bedeutung.

Kurz zum Inhalt dieses Märchens:

Brüderchen und Schwesterchen leben bei ihrer Stiefmutter. Da sie bei ihr nicht in Frieden (Zufriedenheit) leben können, verlassen sie diese unter der Führung Brüderchens. Auf der REISE in die weite Welt wird Brüderchen von Durst gequält. Aus der ersten verzauberten Quelle zu trinken, kann ihn das Schwesterchen abhalten; ebenfalls aus der zweiten. Aus der dritten Quelle trinkt Brüderchen gegen die Ermahnungen des Schwesterchens und verwandelt sich daraufhin in ein Reh. Gemeinsam, jetzt unter „ihrer" Führung, beziehen sie ein Haus im Wald und machen die Bekanntschaft des dieses Reich beherrschenden Königs. Schwesterchen und König heiraten. Aus dieser Verbindung wird ein Kind geboren und nach der endgültigen Vernichtung der sie verfolgenden Stiefmutter wird das in ein Reh verwandelte Brüderchen „befreit" und gewinnt seine ursprüngliche Gestalt wieder. Sie leben „selig" zusammen bis an ihr Lebensende.

Wie schon gesagt ist das Märchen eine Entwicklungsgeschichte. Es berichtet davon, wie sich die Entwicklung der lesenden/hörenden „Seele" gestalten kann. Das bedeutet, dass alle im Märchen auftretenden Kräfte als Elemente *einer* menschlichen „Seele" zu verstehen sind. „Entwicklung" heißt hier, dass sich das Kräfteverhältnis der durch die Bilder beschriebenen, tief in der Persönlichkeit geborgenen Qualitäten, verändert. Während dieses Prozesses prägt sich die Persönlichkeitsstruktur zu einer harmonisch-machtvollen Ordnung aus. Wir haben es in diesem Märchen mit einer die grundsätzlichen Seelenmächte behandelnden Entwicklungsgeschichte zu tun, die **das** Dilemma des modernen Menschen und der entsprechenden Gesellschaft thematisiert und zugleich eine Lösung dieses Konfliktes anbietet.

Die Bilderwelt dieses Märchens

Es wird in diesem darauf hingewiesen, welche beiden Entwicklungsphasen wir Menschen zu Beginn unseres

Erdendaseins durchlaufen. Die erste Phase der Weltbegegnung während unserer irdischen Menschwerdung ist geprägt durch die *intuitive* Welterfahrung. Das „*Schwesterchen*", welches im Laufe dieses Märchens die verdorbenen Quellen feinfühlig wahrnimmt, ist hierfür das entsprechende Bild. Sie ist es, die die für die physischen Sinne nicht feststellbaren Gefahren, die in dem Nachgeben der Verlockungen liegen, wahrnimmt, um daraufhin das Brüderchen zu warnen. Diese Phase ist geprägt durch die intuitive Wahrnehmung und die reflexhafte Reaktion darauf. Es begegnet uns in dem Bild des „*Schwesterchens*" die **Intuition** (die Schwester - die Intuition).

Mit dem Bild „*BRÜDERCHEN*" wird die die Weltbegegnung dominierende Qualität der darauffolgenden Entwicklungsphase beschrieben. In dieser Phase geben wir die intuitive Wahrnehmung der Welt sowie die (ungewollte) reflexhafte Reaktion darauf auf, um die Weltbegegnung, jetzt durch die Worte und Begriffe motiviert, zu bestreiten. In dieser Phase bildet sich nicht nur das Wort „ICH", sondern ebenfalls das Gefühl „ICH". Durch das Gefühl „ICH" ist die Zweiheit geboren. Lebten wir zuvor in der zeitlosen Einheit (einem Traum), entwickeln wir uns nun in die Zweiheit. Es wird fortan zum einen das „ICH" und zum anderen das „NICHT-ICH", das außerhalb vom „ICH" Seiende, die „Welt", geben. Nicht weiterhin die Wahrnehmung der auf uns wirkenden, nicht-sichtbaren Gewalten der Welt, was die Grundlage unserer Lebensbewältigung der ersten Phase bildete, veranlasst in Zukunft unser Verhalten. Während in dieser, auf die vorherige Phase folgenden Zeitperiode, die Gestaltungen der körperlich materiellen Formen in den Vordergrund der Wahrnehmung rücken, zieht sich das Schemenhafte der Welt sowie das fließende Durchdrungen-Sein von dieser und mit ihr die Intuition in den Hintergrund unserer Bewusstheit zurück. Die „Welt" wird ein von mir getrennter Körper, wird Materie, wird

„Erde". Diese sichtbar-feste Welt wird benahmt, getrennt, in Verbindung gebracht und geordnet. Das *„Brüderchen"* ist das Bild für die unsere Wahrnehmung dominierende Qualität in dieser Phase, in der unsere Aufmerksamkeit lediglich auf die sichtbar-begrenzten Wirklichkeiten bezogen wird. ER ist das Bild für den *Verstand* (der Bruder – der Verstand).

Schwesterchen und Brüderchen leben nun in einer Situation, in der sie nicht zufriedengestellt werden können. Diese Atmosphäre der Entbehrung, des Mangels, wird mit dem Bild der *„Stiefmutter"* beschrieben. Doch bevor wir uns dem Bild der *„Stiefmutter"* zuwenden, müssen wir zuvor das Bild *„Mutter"* begreifen. Die *Mutter* gibt uns zu Beginn der irdischen Reise die Sicherheit und Geborgenheit, die wir brauchen, um uns entwickeln zu können. Sie ist für uns die Quelle von Nahrung, Wärme und Schutz. Die *Mutter* ist gefühlsmäßig erwünscht. Sie ist der Ort in einer uns unbegrenzt und unbekannt erscheinenden und an uns herantretenden schemenhaften Welt, sie ist der uns so vertraute Herzschlag, mit dem wir seit langer Zeit verwachsen sind. Sie ist das Zentrum einer uns unbekannten Welt, welches uns Ruhe und Sicherheit gibt. Die *„Mutter"* entspricht der Kraft, in der zu Beginn des irdischen Daseins alle für die Entwicklung der menschlichen Seele wichtigen Qualitäten zu finden sind. *Die „Stiefmutter"* ist ebenfalls eine *„Mutter"*. Während der junge Mensch bei der Mutter jedoch Ruhe und Zufriedenheit findet, erlebt er diese Gefühle nicht bei der Stiefmutter. Nun kann man sagen, dass diese das Kind nicht dermaßen versorgen kann, sodass es die Zufriedenheit erfährt. Man kann ebenfalls, und dieses scheint im Sinne dieses Märchens zu sein, sagen, dass es in der Entwicklung der jungen Seele eine Phase gibt, die alle *Mütter* zu *Stiefmüttern* macht. Es ist die Phase, in der die Bedürfnisse des Kindes nicht mehr von der Mutter befriedigt werden können. Es ist die Phase, in der das „ICH" des Kindes in diesem so dominierend geworden ist, dass es die zuvor gewünschte und notwendige Einheit mit der Mutter auflösen muss, um in eine von dieser unabhängigen Entwicklungsphase einzutreten. Das, was die Mutter zuvor für das Kind bedeutet hat, verliert seinen Wert und wird sogar ein Hindernis auf dem Weg zur eigenständigen Freiheit. War die Mutter zuvor als Quelle all unserer Bedürfnisse von uns bejaht und erwünscht, ändern sich an diesem Zeitpunkt unserer Entwicklung die Bedürfnisse. Die „Mutter" wird entwicklungsbedingt zu einer verneinten, unerwünschten Kraft, zur *STIEF-MUTTER* eben. Somit bezeichnet das Bild „*Stiefmutter*" eine Atmosphäre, die den Bedürfnissen des Kindes nicht gerecht wird. Unter der Führung des Verstandes verlassen beide die stiefmütterliche Atmosphäre. Es ist der *Verstand*, der zukünftig unter dem Mangelgefühl leiden wird. *Brüderchen* „Verstand" ist schon vor der ersten Quelle von „*Durst*" gequält. *Schwesterchen*, die Intuition, warnt Brüderchen davor, dieses Bedürfnis an der ersten Quelle zu befriedigen. Er würde sofort zu einem „*TIGER*" werden und daraufhin das *Schwesterchen* „zerreißen". *Schwesterchen* vertrauend vermeidet es *Brüderchen*, aus dieser ersten Quelle zu trinken.

Wir haben hier die erste Gefahr, die noch vorhandene Einheit von *Intuition* und *Verstand* zu zerstören. Zwei Bilder deuten in diesem Märchen darauf hin, was geschehen würde, wenn der Verstand seinen empfundenen Mangel schon bei der ersten Gelegenheit stillen würde. Er wäre zu einem „*TIGER*" geworden und würde die Intuition *zerreißen*. Der *TIGER* ist ein Raubtier, welches natürlicherweise sein Revier nicht mit anderen Geschöpfen teilt. In der Regel bleibt er sein Leben lang ein Einzelgänger. Das Revier, sein Hoheitsgebiet, in dem er die alleinige Herrschaft ausübt, wird gegen andere bis aufs Blut verteidigt. Er tötet nicht nur, um das Getötete als Nahrung in sich aufzunehmen, sondern ebenfalls, um seinen alleinigen Anspruch auf diesen Lebensbereich geltend zu machen. Das wird mit dem Bild des *„Zerreißens"* zum Ausdruck gebracht. Der *Tiger* tötet anderes Leben nicht ausschließlich, um sich durch diese Nahrung am Leben zu erhalten, sondern „zerreißt" das Leben, um seine Herrschaft abzusichern. Auf das Seelenreich des Menschen bezogen, wird durch diese Bilder folgendes ausgedrückt: alle anderen Wahrnehmungs-möglichkeiten der menschlichen Seele, die die Verbindung des Menschen zur Welt nicht durch den Verstand herstellen, werden zu bedrohlichen Konkurrenten für diesen *„Tiger"*-Verstand. Der Verstand wird auf Grund des zu frühen Ausbildens (erste Quelle!) zu der das Seelenreich beherrschenden Kraft. Der zu einem *„Tiger"* gewordene Verstand wird zu einem Bild, welches die Ungeselligkeit, das nicht-gelten-lassen-Können des Anderen beschreibt. Die anderen Wahrnehmungs- und Ausdrucksmöglichkeiten der Persönlichkeit, wie z.B. das Gefühl und die Intuition, werden für diesen so bezeichneten Verstand zu einer Konkurrenz, die vernichtet werden muss.

Folgen: Zu frühes Ausbilden des Verstandes durch Familie, Kindergarten, Schule, Bücher, Technik, Computer und Entsprechendem führen zu einer Situation, in der die Verstandeskraft die anderen dem Menschen einwohnenden Wahrnehmungs- und Erkenntnisqualitäten überragt und bestrebt ist, die absolute Kontrolle, die absolute Herrschaft über den Menschen an sich zu reißen. Die absolute Herrschaft des Verstandes über den Menschen beinhaltet u. a., dass Erfahrungen und Möglichkeiten der intuitiven Weltwahr-nehmung nicht zugelassen werden. Die Kräfte, die in dieser Seelenqualität liegen, werden vom Verstand „zerrissen". Die Herrschaft der Papiertiger, der Theoretiker, der Alleswisser, der am Schreibtisch über das Leben philosophierenden Menschen, der Maschinen und letztendlich des Extremes dieser Art der Weltbewältigung, der lediglich aus Fakten und Informationen bestehenden Computermaschine, sind die

Folgen mit all den Konsequenzen, die diese für das Leben haben werden. Diese ergeben sich zwangsläufig, wenn der Verstand zu früh auf Kosten der anderen Seelenkräfte gefördert wird.

Ebenfalls an der zweiten Quelle bewahrt *Schwesterchen* Intuition *Brüderchen* Verstand davor, der Versuchung zu erliegen. Er, der Verstand, wäre ansonsten ein „*WOLF*" geworden. Der *Wolf* ist ebenfalls ein nach Beute jagendes Tier. Er kennt und lebt das „WIR", da er Teil einer Gemeinschaft ist. Die sozialen Rollen jedoch, die Funktionen der einzelnen Tiere sind festgelegt. Einordnung ist zwingend notwendig. Auch wenn er die anderen Seelenqualitäten nicht „*zerreißt*" wie der „*Tiger*", so macht er doch Jagd auf diese, um sie als Nahrung in sich aufzunehmen. Der Verstand als *WOLF* würde die *Intuition* immer wieder aufs Neue fressen und sich einverleiben. „*...und Du frissest mich!*" sagt *Schwesterchen* Intuition zum Verstand vor der zweiten Quelle. Es geht hier nicht mehr um das bloße „*Zerreißen*". Der Verstand, an der zweiten Quelle zum *Wolf* geworden, wäre immer noch die mächtigste Gewalt in dem Seelenhaushalt des Menschen. Er würde die feinfühlige Intuition jagen und sich einverleiben. Die anderen Seelenmächte werden von ihm nicht als gleichberechtigte Kräfte betrachtet. Sie werden lediglich als Beute gesehen. Die Individualität *Intuition*, und damit das Einzigartige, das Besondere und Individuelle am Menschen, würde von diesem Rudel, von dieser Meute, von diesen Meinungen vernichtet werden.

„*Brüderchen*" und „*Schwesterchen*" gelangen zur dritten Quelle. Obwohl die Intuition den Verstand warnt, er würde durch das Beheben des Mangels an dieser „Quelle" zu einem „*Reh*" werden, kann dieser sich nicht weiterhin zurückhalten. Er trinkt und wird sogleich in ein *Reh* verwandelt. Bevor er als *Reh* enteilen kann, wird er jedoch von der Intuition an sich gebunden. Jetzt, unter ihrer Führung verlassen sie den Weg, um in einen Wald zu gehen, in dem sie beide zusammen ein Haus beziehen.

Brüderchen ist in dem Märchen zu einem „*Reh*" geworden. Der Verstand hat sich, nachdem die die Einheit bedrohenden ersten Gefahren auf der Reise bestanden wurden, die Eigenschaften, die durch das Bild „*Reh*" beschrieben werden, angeeignet. Er wird jetzt zu einem scheuen und flüchtenden Wesen. Er ist keine Bedrohung mehr für die Intuition. Im Gegenteil wird sich diese zukünftig in ihrem Reich, dem „*WALD*", um den „Verstand" sorgen. Unter der Fürsorge der „Intuition" wächst der Verstand zu einer erfreulichen, gewandten und lebenslustig-neugierigen Wesenheit heran. Freude und Ausgelassenheit beschreiben seine Beziehung zur Welt. Die Welt, der die Intuition „*zerreißenden*" und „*fressenden*" Seelenkräfte haben *Brüderchen* und *Schwesterchen* verlassen. Sie leben im *Wald*. Der „*Wald*" ist ein Bild für das Reich, in dem die elementaren, natürlich-irdischen Gesetzte gelten. Frühling, Sommer, Herbst und Winter, Tag und Nacht, Leben und Sterben, Wachsen und Vergehen beherrschen dieses. Es ist erfüllt von Pflanzen und Tieren, die den natürlichen Gesetzen unterworfen sind. Sie reagieren instinktiv und reflexhaft auf an sie herangetragene Wirklichkeiten und sind ständig offenen und wachsamen Sinnes - das Reich *Schwesterchens* eben. In dieser Sphäre wächst der Verstand zu den oben beschriebenen Eigenschaften heran.

Die hier gegebene „Reise" der Seelengemeinschaft Verstand und Intuition beschreibt eine Entwicklung, während der sich die Aufmerksamkeit, den „*Tiger*"- und „*Wolf*"-verstand meidend, der verborgenen und durch die intuitive Wahrnehmung geprägten Erfahrungswelt zuwendet. In dieser kommt ihnen die dieses (innere) Reich beherrschende Gewalt entgegen. Der „*König*"' folgt diesem „*Reh*" und findet es im Haus „*Schwesterchens*". Es kommt zur „*Hochzeit*" des

„*Königs*" mit „*Schwesterchen*" (Verbindung der Intuition mit der im Inneren des Menschen herrschenden Gewalt). Diese Verbindung ist fruchtbar. Ein „*Kind*" wird daraus geboren und nachdem sich die letzten Reste des „*stiefmütterlichen*" Gefühls in Rauch aufgelöst haben, bekommt *Brüderchen* Verstand seine ursprüngliche Gestalt zurück. „*Schwesterchen*", „*Brüderchen*" und der „*König*" oder auch das *Fühlen*, das *Denken* und das *Wollen*, leben in „Ein-tracht" zusammen bis an ihr Lebensende.

Das Märchen „Brüderchen und Schwesterchen" beschreibt bildhaft die Entwicklung der menschlichen Seele nach der Geburt. Eine Entwicklung, die die beiden Seelenkräfte *INTUITION* und *VERSTAND* gemeinsam durchlaufen. Es zeigt die Gefahren, die überwunden werden müssen, damit sich letztendlich, verbunden mit der tiefen intuitiven Welterfahrung, ein ganzheitlich arbeitender und gestaltender Verstand entwickeln kann. Dieser wird nach einer solchen Entwicklung nicht nur beweglich, schnell und gewandt, sondern bleibt aufmerksam und empfänglich für die Welt, in die er sich eingefügt hat. Der Verstand, der die im Märchen beschriebene Entwicklung durchlaufen hat, ohne an den frühen Quellen seinen empfundenen „Mangel" zu beheben, wird in der Lage sein, die ihn umgebende sowie seine innere, individuelle Wirklichkeit zu begreifen, um sich sodann „vernünftig" in die Welt einzuordnen. Diese wird nicht von ihm „zerrissen" und ebenfalls nicht von ihm „gefressen" oder verwertet werden.

Dieses Märchen lässt uns fragen: „Wie begegne ich der Welt?" und entsprechend: Wie begegnet die von dem heutigen Verstand geprägte Menschheit der Mutter alles Lebendigen, der Erde oder wie der Mensch so schön sagt, der „Welt"? Es macht uns darauf aufmerksam, dass wir eine bestimmte Art und Weise haben, uns in diese Welt einzuordnen oder von ihr und ihren Wirklichkeiten abzusondern. Sicherlich werden nicht alle Kulturgemein- schaften dieselbe Beziehung zur Erde haben und ent sprech- end dem Verstand einen unterschiedlichen Rang im Gefüge ihres Seelenhaushaltes zuweisen. Es wäre interessant, die unterschiedlichen Konsequenzen, die dieser Gegebenheit folgen, zu vergleichen. Es ist nicht anzunehmen, dass eine dieser Kulturgemeinschaften unserer perfektionierten, von den Maschinen geprägten und computergesteuerten Verstandeskultur im „ZERREISSEN" der Welt auch nur an- nähernd gleichkommt.

Der MYTHOS

Wenn dieses Märchen auf den Zusammenhang zwischen den beiden Seelenmächten „Intuition" und „Verstand" hinweist und eine Entwicklung zur Harmonie dieser Kräfte aufzeigt, so ist es ein aktueller Beitrag zum Grundproblem der Heutigen Zeit (Wie gehen wir mit der „Welt" um? bzw. wie umgehen wir am besten die „Welt"?). Wird in diesem (Märchen) darauf hingewiesen, dass der „Verstand" verschiedene, unser Wollen beeinflussende Qualitäten annehmen kann, so verweist der griechische Mythos mit seinen vielen Geschichten auf die Grundlagen der Verstandsentwicklung sowie welche Risiken und Nebenwirkungen für den Menschen mit dieser einhergehen. Die griechische Mythologie, im Wesentlichen hier die Geschichten „ILIAS" und die „ODYSSE" des Herrn Homer, spricht aus frühen (vorchristlichen) Zeiten zu uns. Sie weist jedoch schon auf das heutige SEIN des Menschen hin, indem Homer seinen *„Odysseus"*, den *duldig-listigen* Menschen, der zu damaliger Zeit noch nicht der Prototyp des handelnden Menschen war, sich in die Zukunft entwickeln lässt. Schon in seiner Vision vom zukünftigen Menschen wird der damals zukünftige Mensch durch die zwei sein Verhalten prägenden Qualitäten beschrieben:

durch seine Erkenntnis-orientierte Handlungsweise,

durch seine in ihm wirkende Sehnsucht.

Die Mythen sind wie die Märchen in Buchstaben, Silben und Worten gegeben. Ihre eigentliche Botschaft an den Leser/Zuhörer verbirgt sich jedoch in den durch Buchstaben gemalten Bildern und deren Abfolge. Die Bilder sind die Träger der Empfindungs-Erfahrungen und den daraus erfolgenden Erkenntnissen. Eine Folge der Bilder wird zu einer Folge von Erfahrungen. Die Abfolge von Erfahrungen wird zu einer Entwicklung. Diese Entwicklung wird in Homers Geschichten dargestellt durch die immer neuen Erfahrungen, die *Odysseus* auf seiner „REISE" zur Erfahrung „Troja" und „zurück" durchleben muss. Das Ziel der Entwicklung ist es, „zu Hause" anzukommen. Die Bezeichnung „Zu Hause" ist gleichbedeutend mit dem Empfinden des Friedens, in dem die zum Streben treibende Kraft der Sehnsucht Erlösung findet im jetzt Gewordenen. Die griechischen Mythen sind es Wert hinzugezogen zu werden, wenn man sich über den Menschen, und das heißt, über sein Herkommen, seine Gegenwart und seine Zukunft, Klarheit verschaffen will

Der „Mensch" der Zeit Homers unterscheidet sich in seiner seelischen Gestaltung und somit in seinem Denken, Fühlen und Wollen von dem Menschen, der in der „*KRONOS*"-beherrschten Zeit auf der Erde lebte. Dieser wiederum unterscheidet sich von dem Menschen der „*URANUS*"-Epoche. Wenn der Mensch dieser *Uranus*-Periode sich noch nicht mit der Zeit (*Chronos*) in Verbindung bringen konnte, heißt dieses, dass er die „Welt" dementsprechend (traumhaft) wahrgenommen hat. Er wird sich anders als in-die-Welt-hineingestellt empfunden haben, als der Mensch späterer Zeitepochen es tat. Wenn der Mensch der *URANUS*-Epoche nicht mit dem Verstand, wie wir ihn heute kennen, konfrontiert wurde und seine Augen wahrscheinlich noch nicht über die Fähigkeit verfügten, zu fokussieren, war seine Erfahrung „Welt" eine andersartige, als es unsere heutige Welterfahrung ist. Der Mensch dieser Zeit hat sich durch die Veränderung seiner geistigen und körperlichen Qualitäten zu dem entwickelt, der er heute geworden ist - und er wird sich noch weiterentwickeln. Der irdische Mensch ist und bleibt ein „WERDENDER"! Er hat seine Vergangenheit und, wenn er jetzt seinen Größenwahn überwindet, ebenfalls seine Zukunft. Will er dorthin (in die Zukunft) gelangen und jetzt etwas über diese wissen, muss er, so lehrt es uns Homer, „zurück" blicken. Will er überhaupt eine Perspektive auf Zukunft haben, wird wohl kein Weg daran vorbeigehen, auf der Grundlage der so gewonnenen Erfahrung, die Gegenwart bedingungslos zu hinterfragen. Zu glauben, dass der heutige Mensch der westlichen, technisierten Welt der Weisheit letzter Schluss sei, ist nicht nur „vermessen", sondern, wie wir zurzeit beobachten können, für das Leben der Welt tödlich. Auch wenn dieser sich wie *Priamos* gegen die in die Zukunft strebenden Kräfte wehrt und sich bemüht, dem Verlust seiner Herrschaft entgegen zu wirken, so wird diese doch durch die strebenden (Griechen) beendet. Nicht nur zu seiner Zeit erfuhren wir Herrschaftsverhältnisse, die im Verlauf der sich verändernden Wirklichkeiten den tatsächlichen Gegebenheiten unserer Entwicklung angepasst werden müssen. Herrschaft trotzt auch heute der Veränderung, wie *Priamos* der Veränderung trotzt. Herrschaft will immer den Erhalt des Status Quo. Entwicklung, das WERDEN, bedeutet jedoch, den Status Quo beständig zu überwinden.

Das Wort „MYTHOS" kommt aus dem Griechischen. Es besagt so viel wie: „Rede", „Erzählung", „sagenhafte Geschichte". Nun ist in der Vergangenheit viel erzählt, geredet und Sagenhaftes von sich gegeben worden, welches wir Menschen „nicht wirklich" verstanden und somit keine Gewissheit über den Gehalt des Ausgesagten bekommen konnten. Wir mussten an das Dargestellte „glauben" oder man könnte auch sagen, dass die fehlende Gewissheit über den Wert des Gesagten das Dargestellte zu dem macht, was wir heute auch leichthin als „Wahrheit" bezeichnen, jedoch bei genauerer Untersuchung als eine „Lüge" erkennen können.

Im WANDSBECKER BOTEN des Herrn Matthias Claudius (1740-1815), der sich Zeit seines Lebens mit dem Glauben, der Religion (dem scheinbar Unerforschlichen) beschäftigt und diesem das Wort geredet hat, finden wir folgende Passage über den Wert der alten schriftlichen Überlieferungen.

„Alle haben endlich zugedeckte und durch hieroglyphische Bilder, mythologische Erzählungen, heilige Zeremonien etc. verschleierte Punkte, die zwar eine erste offenbare Bedeutung fürs Auge haben, deren eigentlichen und geheimen Sinn aber nur die Vorsteher und Lehrer der Religionen wissen und verstehen, um davon zum Besten der Schüler nach ihrem Eifer und ihrer Treue einen weisen Gebrauch zu machen.... ... Aber die Wahrheit zu sagen, es kommt mir vor, als wenn die Vorsteher und Lehrer diesen Sinn selbst nicht mehr verstünden und wüssten."

Wir leben in einer Zeit, in der viele Behauptungen den Menschen vorgestellt werden; einer Zeit, in der Behauptungen bei fehlender Gewissheit bezüglich ihres Wertes, scheinbar von Gott bzw. einer „ungewissen" höchsten Autorität gegeben, zu Grundsätzen menschlichen Handelns werden. „Der Mensch braucht Milchprodukte!", „Fleisch macht stark!", „Wir leben in einer Demokratie!", „Fortschritt ist notwendig!", „Die Aufklärung und die moderne Wissenschaft sind ein Segen für die Menschheit!" und andere Wortgespenster haben sich in unseren Köpfen festgesetzt. Aussagen, die nicht „wirklich" begründet und uns einsichtig werden und die wir Frag-los annehmen, um an diese zu „glauben", die jedoch bei Vorurteils-freier Prüfung größtenteils heute schon als unbegründete und falsche „Meinungen" entlarvt werden könnten während andere wohl von späteren Zeiten und der darin lebenden Menschheit als zweifelhafte oder falsche Aussagen erkannt werden. Viele der heute aufgestellten Behauptungen, die unsere Hirne durchgeistern und Ordnungen, ob individueller oder gesellschaftlicher Art, veranlassen, werden nicht mehr hinterfragt. Sie haben mittlerweile durch Gewohnheit wie selbstverständlich ihre Daseinsberechtigung. Diese modernen Mythen/Lügen der heutigen Zeit, an die wir so gerne glauben möchten, sind jedoch von den alten, ursprünglichen Mythen zu unterscheiden. Während die modernen „Mythen" dem heutigen Selbstverständnis des Menschen entwachsen, sprechen die ursprünglichen Mythen aus anderen Zeiten und Kulturen zu uns. Der Mensch der alten Zeiten und Kulturen hat ein von unserem Weltverständnis abweichendes Verhältnis zu der ihn umgebenden Welt und ordnet sich anders in diese ein. Er denkt anders, er fühlt anders und er will dementsprechend anders als wir. In den Geschichten der ursprünglichen Mythen findet dieses Welt- und Selbstverständnis des zu der jeweiligen Zeit und Kultur gehörenden Menschen seinen Ausdruck. Dass das Begreifen dieser Mythen „heute" so seine Schwierigkeiten mit sich bringt, ist vorgegeben. Uns Heutigen, die wir auf ein materielles Weltverständnis fixiert sind und dieses für das einzig „Wahre" halten, fällt es nicht leicht, einen anders orientierten Willen und den diesem entsprechende Bestrebungen für möglich zu halten. Das macht es natürlich schwierig, diesen (Zeitgeist) zu begreifen und zudem als dem unsrigen zumindest gleichwertig anzuerkennen. Wir können im Lexikon finden, dass sich der „Mythos" für die Menschen, die als „SOPHISTEN"_bezeichnet werden, im Gegensatz zum „Logos" befindet. Wobei nach ihrer Meinung der „Logos", anders als der „Mythos", bestrebt ist, die Behauptungen, die vorgeben, die „Wahrheit" widerzuspiegeln, durch logische Beweise zu begründen. Diese Qualität, die für die Wahrheitsfindung unverzichtbar sei, wird dem „Mythos" abgesprochen. Deswegen ist dieser aus sophistischer Sicht minderwertig. Was ist nun aber, wenn der MYTHOS nichts be-<u>haupt</u>-en will und dementsprechend nichts beweisen muss? Wenn er in seinen Geschichten lediglich eine bildhafte Darstellung der Erfahrungen und Einsichten der Menschen bestimmter Kulturen und Zeiten über das „Mensch-Sein" wiedergibt, welche der Mensch durch die (lesend/hörend) teilnehmende Erfahrung erfassen kann? Während der „Logos" des Sophisten durch das Wort bewiesen wird, was ja heißt, dass dem Wort die entscheidende Rolle zugeschrieben wird, gehen wir davon aus, dass dem Wort im „Mythos" eine andere Bedeutung zukommt. Dort wird diesem lediglich die Funktion eines Transportmittels übertragen, welches die den Mythen zu Grunde gelegten Bilder an das Auge und den Sinn des Empfängers zu bringen haben, um bei diesem eine tiefe Erkenntniserfahrung zu erwirken. Dieser Leser/Hörer wird ebenfalls begreifen, dass die durch den „Mythos" zum Ausdruck gebrachten Erfahrungen eine Logik beinhalten, die mit dem Werkzeug „Verstand" als eine Solche erkannt werden kann. Die Logik mit ihren Ursachen und Wirkungen kann in der Abfolge der Erfahrungen erkannt werden, wenn diese eine Entwicklung von einem als mangelhaft empfundenen Zustand (Verlust der Schönheit bei Homer) zu einem vollkommenen in-der-Welt-Sein zum Ausdruck bringen. Was ist nun, wenn es nicht die Absicht des Mythos` ist, die „Wahrheit" mit Buchstaben und Silben zu beweisen, sondern dieser dem Leser/Hörer die Möglichkeit bieten will, sich und das „Leben" als ein *WERDENDES* zu begreifen und ihm ebenfalls den „WEG" mit seinen Stürmen und Inseln der Ruhe, der dem Menschen von der Natur vorgegeben ist, vor den Sinn zu führen?

Ist der sich lediglich auf die Schlüssigkeit von Worten stützende Beweis nicht erst einmal „nur" eine Behauptung? Fehlt dieser nicht die *Erfahrung*, um durch diese eine *GEWISSHEIT* darüber zu erlangen, ob die Behauptung der Wirklichkeit entspricht? Wird die „Behauptung" nicht erst durch eine Erfahrung zu einer *„Begründung"*, die lediglich durch das bewusste Abtauchen der Aufmerksamkeit in die Tiefen des Grundes, welcher weit unterhalb des verbalen Ozeans liegt, erlangt werden kann. Gibt nicht erst diese Tauchfahrt mir die Gewissheit über den Wahrheitsgehalt des Behaupteten? Was ist, wenn die der Erfahrung entbehrenden (Substanz-losen) Worte, Begriffe und Definitionen des Sophisten lediglich „Vorstellungen" vom Leben erzeugen, die zwar behauptet und bewiesen werden können, sich durch ihre Erfahrungslosigkeit jedoch nicht „begründen" lassen? Was ist, wenn die auf diese Art und Weise gewonnenen Schlussfolgerungen keine Grundlagen in sich tragen würden und folglich ihr Wert für das wirkliche „Leben" nur von fraglicher Bedeutung sein kann? Was bedeutet es, wenn eine sophistisch ausgeprägte Kultur, die über keine durch Erfahrungen bestätigten Begründungen für ihre Behaupt- ungen verfügt und somit keine wirklichen Begründungen für ihr Verhalten, für ihren Glauben oder Nichtglauben, für ihre Meinungen und für ihr Weltverständnis mehr aufbringen kann, sich schließlich für den Höhepunkt der Schöpfungsgeschichte hält? Es ist naheliegend, dass das menschliche Bestreben, den „Logos" des Lebens zu erfassen, in damaligen Zeiten zu Ergebnissen führen musste, die dem heutigen Erklärungsmodell, welches durch die Verstandes- orientierte Betrachtungsweise der Welt hervorgebracht wird, nicht entsprechen. Auch in früheren Zeiten wird der Mensch bestrebt gewesen sein, die Bedeutung der weltlich-wirklichen Erscheinungen und ihren Zusammenhang zu begreifen sowie diesen in eine Ordnung zu bringen. Andere Sinne und andere Fähigkeiten als die, über die wir Heutigen verfügen, führten zu Erfahrungen, die unseren (Erfahrungen) nicht gleichen. Diese führten zu Erkenntnissen und Einsichten und zu einem entsprechenden Verständnis von der Welt und des Mensch-Seins. Auch diese entwickelten Ordnungen hatten ihre Logik. Ihre Darstellungen jedoch werden, da die Erkenntnisse auf anderen Wegen und mit anderen Antennen gefunden wurden, sich von unserem durch das rationale Denken entworfenen Weltbild unterscheiden. Ihre Darstellungen werden ebenfalls in einem anderen Gewand auftreten. Die Gewissheit, dass alles in der Welt auf eine bestimmte und bestimmende Weise zusammenhängt, war ebenfalls unseren Vorgängern in dieser Welt eigen. Die Erklärung des bestehenden Zusammenhanges der Welt ist jedoch, je nachdem, wie und mit welchen Mitteln der Mensch diese beobachtet oder erfährt, unterschiedlich. Erfahre ich die Welt mit meinen Sinnen und bringe die erlebten Eindrücke dann mit Hilfe meines Verstandes zum Ausdruck, so ist die Darstellung dieser Ordnung ein Ausdruck der auf Erfahrung beruhenden GEWISSHEIT. Was ist, wenn der LOGOS und der MYTHOS in den alten Zeiten nicht gegensätzlich waren? Was ist, wenn der MYTHOS die Darstellung des LOGOS ist? Was ist, wenn in dem Mythos eine auf Einsicht und Erkenntniss beruhende Ordnung in sprachlich-bildhafter Form wiedergegeben ist, die umfassender bzw. ganzheitlicher die Wirklichkeit „Welt" widerspiegelt, als es dem heutigen, auf den rationalen Verstand reduzierten Menschen möglich ist? Damals, als der verbale Ausdruck noch die „zweite Geige" spielte; damals, als das „Wort" noch bei Gott war.

Was geschieht nun aber, wenn wir modernen Sophisten uns dem „Mythos" nähern wollen? Wort-gläubig wie wir geworden sind? Sind wir bereit, unsere Waffen, d.h. unsere, Axiome, Erklärungen, Vorstellungen und Meinungen von Bord zu werfen, um uns den Bildern des Mythos zu öffnen? Wenn wir den Mythos nicht nur kommentierend zum Forschungsobjekt degradieren, sondern seine Aussagen begreifen wollen, wird uns kein anderer Weg zur Verfügung stehen, als diesem offen, also unbewaffnet, zu begegnen. Der Mythos will nicht beweisen und behaupten. Er will sich in dem Menschen offenbaren! Die Voraussetzung dafür, dass dieses auch geschehen kann, ist die *Offenheit* des Empfängers, die Grundvoraussetzung des menschlichen Wachstums schlechthin. Will der Sophist die „Wahrheit" mit Worten, Definitionen und Behauptungen beweisen, welchen Wert dieses auch immer für unser Leben und das der anderen mit uns verbundenen Wesen hat, lässt der Mythos den diesen Aufnehmenden am *W E R D E N* des Lebens teilhaben. Der heutige, nicht zu Bewegung führende, erstarrte Ver-*stand*, der sich zum Beherrscher des Lebens ausgerufen und der mittlerweile alle anderen Welterfahrungen und Erklärungen „zerrissen" hat, bildet für den Sophisten die „Quelle" der Erkenntnis. Mit seinem Wissen und seiner Sprachgewalt hat sich der SOPHIST an die Herrschaft gebracht! Und die zerstörerischen Wirkungen dieser Herrschaft können wir ja heute überall sehen. Dabei spielt es schlussendlich auch keine Rolle, ob die Zerstörung von einer kapitalistischen oder kommunistischen Technokratie verur- sacht wurde - im Endeffekt ist sie gleich, und zwar tödlich

Die Hinwendung unserer Aufmerksamkeit zu den Bildern des MYTHOS und seinen kleinen Geschwistern, den Märchen, sowie das Erlernen dieser alten Bildersprache, wird uns helfen, uns von der uns beengenden Hoffnungs- und Bewegungslosigkeit, die wir unter der Herrschaft des rationalen Verstandes erleben, zu befreien. Nur durch die Integration der „alten" Bilder-, d.h. Empfindungs- und Erkenntniswelten in unsere Erfahrungswelt, was ebenfalls das Wiederfüllen unserer entleerten Worthülsen bewirkt, wird es uns gelingen, eine Entwicklung zu beenden, die wir unter dem alles-fressendem Regime des auf die materielle Welt fixierten Verstandes gegangen sind, dessen Ende, logischerweise, abzusehen ist.

Der griechische Mythos

Wenn man von „den Griechen" spricht, muss man dabei bedenken, dass auch in ihrer Zeit nur wenige Menschen über das Vermögen verfügten, in den nicht offen-sichtbaren Teil des Lebens einzudringen und somit die mythischen Geschichten zu entwickeln oder zu „verstehen". Lebte die Mehrheit der Bevölkerung noch in dem Schlaf-ähnlichen Traumbewusstsein, so ist es einigen ihrer Landsleute ermöglicht, den Prometheus-Flug mitzumachen und diesem zeitlos-bildhaften Traumbewusstsein in die Sphäre des Vor- und Nachdenkens, und somit des Zeitlichen, zu entkommen. Das reflektierende Überdenken bezieht sich auf die vergangenen Erfahrungen. Die erlebten Erfahrungen werden nach Gesetzmäßigkeiten untersucht. Strukturen werden erkannt und eine Kosmo-logie entwickelt, in der das Erkannte bildhaft als Götter- und Heroen Geschichten wiedergegeben wird. Die griechische Mythologie ist kein HIRN-Gespinst! Sie ist die bildhafte Darstellung der vom damaligen Menschen erlebten Erfahrungen und den daraus abgeleiteten Erkenntnissen, die sich nicht nur auf das Reich des Jetzt (Wer sind wir?), sondern ebenfalls auf das Reich des Gestern (Woher kommen wir?) und das Reich des Morgen (Wohin gehen wir?) beziehen. Wenn die Menschen der griechischen Zeitepoche anderen Einflüssen ausgesetzt waren, als wir Heutigen es sind, so teilen sie dennoch die zum Leben des Menschen gehörenden irdisch-körperlichen Erfahrungen mit uns später geborenen. Ebenfalls der heutige Mensch, Homers Mensch der Zukunft, ist nach ihren Erkenntnissen derselben göttlichen *Zeus*'schen Ordnung unterworfen, wie der Mensch der damaligen „griechischen" Kulturepoche es war. Wir fühlen die entfernte Verwandtschaft mit ihm. Wenn *PROMETHEUS* für den modernen Menschen nicht mehr die Rolle spielt, die er noch zu Beginn der *Zeus*'schen Kulturepoche gespielt haben wird; wenn auch der *CHRISTUS* die Weltaufnahme und -erklärung entscheidend beeinflusst hat, sind wir Heutigen dennoch ebenfalls denselben irdischen Gewalten unterworfen, wie die Menschen der griechischen Epoche es waren. In einer heutigen Stadt, kaum spürbar, ist *HERA* bis heute aktiv; *POSEIDON* wütet durch die Welt während *APHRODITE* und *ARES* uns Menschen noch immer fest im Griff haben. *APOLLON* beschaut unglücklich den Status Quo und die merkwürdigen Blüten, die diesem entwachsen. Lediglich *HEPHAISTOS* haut munter drauf los, als wäre er das Leben selbst. *ATHENAIA*, die jüngste göttliche Gewalt der Griechen, hält sich hinter den Wolken verborgen. Sie, die den *Odysseus* in die Zukunft führte, sie muss nun beobachten, wohin die Reise mit uns gegangen ist. Sie schüttelt erschrocken ihren Kopf. Aber, und das weiß sie auch, wir sind ja noch nicht am Ende. Das Bewusstsein, sich als Menschheit und auch als Individuum auf einer Reise zu befinden, findet sich in den griechischen Geschichten wieder. Der Entwicklungsgedanke, das WERDEN, ist seine Grundlage.

Die Göttergeschichten

Die Göttergeschichte des griechischen Mythos' teilt sich in 4 Perioden. Es folgt eine kurze Zusammenfassung der griechischen Darstellung der Weltentstehungsgeschichte, in der die vielen, nicht zufällig zu bestimmten Zeiten dieser beschriebenen Entwicklung erscheinenden Phänomene, die dem griechischen Mythos die Buntheit und die Lebendigkeit geben, jedoch nicht erfasst sind.

1.Phase   Das **CHAOS**

Das Chaos ist die Grundlage unseres Daseins. Es scheint nicht geordnet. Es ist nicht fest. Es hat keine Konturen und ebenfalls keine Grenzen. Somit ist es ohne Raum und Zeit – ist ewig. Der Beginn des irdischen WERDENS ist in dieser Welt anzusiedeln. Aus dieser ursprünglichen, nicht sichtbaren, jedoch nicht unbelebten Welt entwickeln sich neben anderen Erscheinungen die *GAIA* - die feste, verdichtete Erde und der sich aus dieser sogleich entwickelnde und sie umarmende *URANUS*.

2.Phase: **URANUS** und **GAIA**

In dieser Epoche entwickelt sich, nachdem aus dem ursprünglichen *CHAOS* die Zweiheit *GAIA* und der diese umfangende *URANUS* geboren wurde, die erste nachfolgende Generation göttlicher Gewalten. Aus der Verbindung der *Gaia* mit dem *Uranus* gehen die *TITANEN* hervor. Die jungen *Titanen* finden ihren Wohnort eingebettet in der *Gaia*, der mütterlichen Erde. Diese ist umhüllt von *Uranus*. Als ein Teil der *Gaia*, wachsen die jungen *Titanen,* durch Uranus in die Dunkelheit des Gaia-Körpers gedrückt heran. Als *Gaia* sich von der Beengung durch *Uranus* befreien will, übernimmt *Gaias* Sohn, der Titan *KRONOS,* die Aufgabe, der Begrenzung durch diese Gewalt ein Ende zu bereiten. Er durchtrennt die Verbindung (*Uranus`* Penis), worauf sich *Uranus* mit einem Schmerzensschrei zurückzieht. Dadurch nimmt er *Gaia* und ihren Geschöpfen die beschwerliche Last und lässt ihnen den Raum zu ihrer Entfaltung. Durch diese gewaltsame Trennung bekommen nicht nur *Gaias* titanische Gewalten die Freiheit, sondern es werden neben den *Titanen* u.a. die göttliche Gewalt *APHRODITE und* die der Erde entsprießenden, ewig jungen und unsterblichen *Giganten* sowie die *Erinnyen* „geboren". *KRONOS,* als die in dieser Situation die Initiative ergreifende Gewalt, übernimmt die Herrschaft über den Menschen.

3.Phase: *Die TITANEN*

Während dieser Herrschaftsperiode werden die von Gaia ebenfalls geborenen einäugigen Zyklopen und die Hundertarmigen, die Konkurrenzkräfte um die Herrschaft, in den TARTAROS verband. Dort leben diese Gewalten in der ewigen Dunkelheit geborgen weiterhin. Jedoch ist es ihnen auf Grund der von KRONOS getroffenen Vorkehrungen nicht möglich, von dort auf die Herrschaft des KRONOS einzuwirken und diese aus eigenem Machtanspruch zu gefährden. KRONOS verbindet sich mit seiner göttlichen Schwester RHEA. Aus dieser Verbindung entsteht die nächste Göttergeneration. Die Nachkömmlinge werden jedoch von ihm, aus Furcht davor, dass diese seine Herrschaft gefährden können, einverleibt. Er schluckt sie herunter. Er verdaut sie jedoch nicht, sodass sie in seinem Inneren heranwachsen können, bis sie schließlich von ihrem jüngsten Bruder, ZEUS, der, wie sein Vater gegen Uranus, ebenfalls seinen Herrschaftsanspruch äußert, befreit werden.

4.Phase: ***ZEUS***

Gemeinsam mit den Gewalten seiner von ihm befreiten Brüder und Schwestern und der Hilfe seines *Titanen*-Cousins *PROMETHEUS* sowie der von ihm aus dem *Tartaros* befreiten *Hundertarmigen* und den *Zyklopen* kämpft *ZEUS* lange Zeit gegen die *titanischen* göttlichen Gewalten. Er überwindet diese und übernimmt mit seinen Geschwistergewalten die Herrschaft. Wie auch *KRONOS* nach seiner Herrschaftsübernahme seine Konkurrenten um die Macht in den tiefen, dunklen *Tartaros* verbannte, so verhält sich *ZEUS* gegenüber der besiegten titanischen Gewalt. Er verweist diese ebenfalls in den Tartaros und trifft Vorkehrungen, dass sie aus dieser Finsternis nicht wieder an das Licht der Welt und somit in seinen Herrschaftsbereich hineinwirken können. Die vormals herrschenden *Titanen*, fristen dort, zur Ohnmacht verdonnert (alle göttlichen Gewalten sind ewig, folglich nicht sterblich), ihr Dasein. Um diese Herrschaft endgültig abzusichern, vereinigt sich *ZEUS* mit der göttlichen Gewalt „*METIS*". Mit dieser nach der Vereinigung in sich einverleibten Gewalt verfügt er über die Macht der Vorhersehung und kann somit kommenden Gefahren mit Klugheit und List begegnen. Die Gefahr, die Herrschaft zu verlieren, ist hiermit gebannt. Aus der Verbindung *ZEUS-METIS* entwickelt sich innerhalb seines „Kopfes" die zukünftig große göttliche Gewalt der *ATHENAIA*. Zu ihrer vollständigen Gewalt erwachsen, verlässt sie mit Hilfe der hier als Hebammen auftretenden göttlichen Gewalten *PROMETHEUS* und *HEPHAISTOS* sein „Hirn", um als eine von ihm geliebte Kraft, schon gleich nach der Geburt, „in voller Montur" und „Fit for Live", in den Götterhimmel einzuziehen. Die *„Giganten"* erheben sich gegen die Herrschaft des *ZEUS*. Mit Hilfe der menschlichen Kraft *„Herakles"* können auch diese Kräfte von den *olympischen* Göttern überwunden werden. Nun konkurrenzlos scheint die Gewalt *„ZEUS"* ewig herrschen zu können.

Wir haben es hier mit der Entwicklung der göttlichen Gewalten zu tun. Vom *CHAOS* über *URANUS* über *KRONOS* zum *ZEUS* erlebt der Mensch eine Entwicklung, die mit der Machtübernahme *ZEUS`*, und damit der Bildung einer endgültigen Ordnung, abgeschlossen scheint. Auch wenn die junge, aus der göttlichen Gewalt *ZEUS* geborene Tochter *ATHENAIA* die Entwicklung des Menschengeschickes maßgebend fortsetzen wird, ist die grundsätzliche Ordnung der Welt dadurch nicht gefährdet. Alle den Menschen beherrschenden olympischen Gewalten bleiben weiterhin wirkungsvoll. Die göttliche Ordnung bleibt unter *ATHENAIAs* Wirken in Kraft. Das *WERDEN* des Menschen, welches durch die Göttergeschichten dargestellt wird, wird sich zukünftig unter ihrer Führung *innerhalb* der jetzt festgefügten Ordnung vollziehen.

HOMER gilt als einer der Autoren, die den Griechen seiner Zeit und uns Heutigen durch seine „ILIAS" und seine

„ODYSSEE“ die griechische Welt vorstellen. Wir können den Geschichten des Homer auf unterschiedliche Art und Weise begegnen. Mit den schillerndsten Waffen (Vermögen) ausgerüstet machen wir uns an diese heran, um sie letztendlich zu überwältigen oder zu begreifen. Eine Form der Begegnung ist die, in der wir uns „mächtig" fühlenden Gedankenkrieger dem Mythos mit den Waffen des Verstandes entgegengehen. Es klirrt und scheppert so schön. Unsere Selbstherrlichkeit, die uns vorantreibt, ist des Sieges gewiss. Aber was ist das Ziel dieser Begegnung mit einem zwar schönen „Gegner", „Feind" oder „Objekt"? Ist es die Überwindung, die Ermordung oder ist es das Durchdringen und Begreifen des an mich Herantretenden - das LERNEN?

Ein Date mit der „*ILIAS*" könnte heute vielleicht so verlaufen:

Homers „ILIAS"

oder

arbeitsam & **6** *– besessen*

Diese Perle der Erzähl- und späteren Schreibkunst, mittlerweile ca. 3ooo Jahre alt und damit etwas in „die Jahre" gekommen, wird heute mit der entsprechend modernen Lesebrille in etwa folgendermaßen gelesen werden können:

Auf Drängen des *MENELAOS*, dessen Braut *HELENA* von dem Trojaner *PARIS*, einem Mitglied der in der Machtzentrale *TROYA* herrschenden Familie sowie einem Günstling der Göttin *APHRODITE*, entführt wurde, werden all die gewaltigen Könige des griechischen Reiches zusammengerufen, die sich für solch einen Ernstfall zu einem Pakt zusammengeschlossen hatten. Neben den führenden Königreichen der Atreiden, *MENELAOS* und seines Bruders *AGAMEMNON*, wären da noch die Herrscherreiche des *NESTOR*, des *ODYSSEUS`* sowie des *ACHILLEUS`* (mit dem ihm anvertrauten *PATROKLES*). Nach der Übersetzung des Herrn VOSS besteht das wesentliche Tun dieser strebenden Griechen im „Arbeiten". In diesem Fall könnte man sagen: auswärtigem Arbeiten - Montagearbeit eben. Auf dem Weg dieser Kumpel zur Baustelle *Troja*, aus der sie die Gattin des Menelaos, *HELENA,* wieder erobern wollen, finden sie auch genügend zu arbeiten. Sie erreichen schließlich *Troja*, um dort für eine längere Zeit, quasi ehrenamtlich, gegen die *Trojaner* anzuarbeiten. Es tut sich in dieser langen Zeit (9 Jahre) nichts Entscheidendes. Dann flutet die Arbeit mal gegen *Troja*, mal zu den am Strande liegenden Schiffen der anstürmenden Griechen und bewegt sich zwischen Gelingen des Unternehmens (Demontage *Trojas* und Rückführung der *Helena*) und Verfehlung des Arbeitszieles durch die ihnen tüchtig entgegenarbeitenden *Trojaner*, hin und her. Bevorzugtes Arbeitsmaterial sind Speer und Schwert und schon damals hatte die Gewerkschaft bestimmte Richtlinien des Arbeitsschutzes durchgekämpft. Helm, Schild und andere Körper-schützende Accessoires waren vorgeschrieben. Der Verzierung dieser durch gewaltige Helmbüsche sowie der individuellen farblichen Ausgestaltung des Arbeitsequipments waren keinerlei Grenzen gesetzt. So ausgestattet und geschützt arbeiten die Griechen gegen die Trojaner. Körperteile werden trotz Schutzbekleidung durchbohrt oder abgetrennt. Blut spritzt beständig. Unablässig beugen sich die Knie der Arbeitenden und greifen die Hände in den Sand. *ACHILLEUS*, schon zu Beginn der intensiver werdenden Arbeitszeit vom Chef *AGAMEMNON* um seinen verdienten Lohn gebracht, zieht sich mit seinem Schützling *PATROKLES* und seinen stolzen, arbeitswütigen *Myrmidonen* zu den eigenen Schiffen zurück. Er verbleibt dort bis kurz vor Ende der Arbeitszeit, ohne in die Aktivitäten seiner Kumpel einzugreifen. Als die *Trojaner* unter Führung des *trojanischen* Herrschersohnes *HEKTOR* die griechischen Schiffe in Brand setzen wollen, greift *PATROKLES,* mit dem Einverständnis des *ACHILLEUS* und dessen Arbeitsausstattung versehen, in den Arbeitsprozess ein. Den um ihren Lohn bangenden Griechen gelingt es unter seiner Führung, die übermütigen *Trojaner* zurückzudrängen. Jedoch wird bei diesem Arbeitseinsatz ihr Vorarbeiter *Patrokles* von dem *trojanischen* Projektmanager *Hektor* in die ewigen Jagdgründe geschickt. *ACHILLEUS,* der von dem Arbeitsunfall mit Todesfolge seines Freundes erfährt, bekommt von seiner göttlichen Mutter eine neue Arbeitsausstattung, made by *HEPHAISTOS* und greift in den Prozess ein. Er tötet mit Hilfe der arbeitswütigen Göttin *ATHENAIA* den trojanischen Vorarbeiter *HEKTOR* und nimmt damit entscheidenden Einfluss auf das Arbeitsergebnis zugunsten der Griechen. *AGAMEMNON,* sein Fehlverhalten *ACHILLEUS* gegenüber bereuend, erstattet diesem den verdienten Lohn plus Erfolgsprovision. An den griechischen Schiffen wird gefeiert, gespielt und dann letztendlich Dank einer List des einfallsreichen *ODYSSEUS* die Machtzentrale *TROJA* eingenommen und zerstört. Nachdem die Griechen genügend gespeist und den Göttern gedankt haben, treten sie mit der Gattin des *MENELAOS* die Heimreisen an. Die schöne *HELENA,* eine Tochter des *ZEUS,* führt in Zukunft ein angenehmes Leben an der Seite ihres griechischen Gatten. Die Heimreisen gestalten sich für die arbeitswütigen Griechen unterschiedlich. Während *NESTOR* und *MENELAOS* mit Reichtümern versehen in ihre Königreiche gelangen, wird der Anführer *AGAMEMNON* bei seiner Ankunft in seinem Reich von seiner Frau und ihrem Geliebten in den Ruhestand, sprich Tod, geschickt. *ACHILLEUS* tritt die Heimreise nicht an. Ihm wurde geweissagt, dass er in *Troja* (zu ewigem Ruhm) sterben würde und tatsächlich wird er auch dort von dem fies-feigen

PARIS mit einem Pfeil an seiner einzig verwundbaren Stelle, natürlich der Achilleus-Ferse, getroffen und tödlich verwundet. Die längste und Gefahren-vollste Reise durchlebt der einzige Griechen-König, der nicht wirklich scharf darauf war, auf diese Montage-Tour mitzugehen und lieber bei seiner Frau *PENELOPEIA* und seinem Sohn *TELEMACHOS*, sowie seinen Eltern in Ithaka geblieben wäre. Seine Heimreise wird so arbeitsreich und langwierig, dass HOMER dieser einen extra Arbeitsbericht gewidmet hat, den er dann die

ODYSSEE   nannte.

Oder wir begegnen dieser Geschichte so („blinde" Date): War zuvor der heute herrschende Körper- und Arbeit-fixierte Verstand, (der schon seit Jahrhunderten unterwegs ist, „Troja" wie auch den „heiligen Gral" in der stofflichen Welt zu suchen) die Waffe mit der man den Mythos erlegte, geht es in dieser folgenden Begegnung um die Annäherung an den Mythos, d.h. um das Durchdringen der Bilder, in der Hoffnung, dass die in ihnen verborgenen Empfindungen, Einsichten und Entwicklungen in uns erkennbar und der Inhalt der Geschichte und seine Logik uns offenbart werden. Es wird ein Spüren nach dessen Sinn. Das Gespür für die Enträtselung der Bilderwelt wird lediglich das „Schwesterchen" in uns, die Intuition, haben. Unser aus seiner Fixierung auf das Materielle befreite Verstand wird die erfahrenen Wirklichkeiten sodann nach den Gesetzen der Logik ordnen.

Homer, der griechische Sänger, der in seinem Innersten wohnt, in seinem Herzschlag lebt und sein durch den Leib strömendes Blut verfolgt; der durch tiefe Erfahrungen geschritten ist und sich dieser bewusst wurde; der dadurch zu einer Persönlichkeit reifte, die bewusst in ihrem Tempel „Leib" lebt und auf kindlich-unschuldige Weise die Welt als auf ihn einströmende Stimmungen aufnimmt und verarbeitet; Homer, der auf dieser Erfahrungs-Grundlage seine *„Ilias"* und seine *„Odyssee"* verfasst hat, soll dem Mechaniker gleich sodann „äußere" Tatsachen beschrieben haben? Auch wenn unser alter Bruder HOMER wohl nicht „blind" war, wird er der sichtbaren Welt nicht den Wert zugeschrieben haben, wie es die meisten seiner Mitmenschen taten. Natürlicher ist es, wenn der solchermaßen ins Leben gestellte menschliche Geist die der sichtbaren Welt entnommenen Realitäten als Bilder benutzt, um mit ihrer Hilfe eine Bilderkomposition zu gestalten, die auf die erlebten Erfahrungen und die diese verbindende Entwicklung, also die im Inneren des Menschen natürlich stattfindenden Prozesse, hinweist. „Krieg", „Waffen", „Schiff", „Reise", „Troja", „Helena", „Meer" und all die auftretenden, sinnlich wahrnehmbaren Realitäten werden in seinen Werken zu „Bildern", mit denen HOMER die innere Wirklichkeit und deren Veränderungen beschreibt. Die meisten Menschen orientieren sich heute wie in früheren Zeiten an von außen an sie herangetragenen Ordnungen und gestalten dementsprechend „ihr" Leben. Sie kennen nicht den Traum, der in ihnen lebt. Auch wenn sie „meinen", ein eigenständiges und selbst-gewolltes Leben zu führen, so kennen sie dennoch nicht die tiefen Beweggründe ihrer Handlungen. Sie reden von „Umwelt" als hätten sie eine „Innenwelt". Sie „verstehen" alles, ohne zu begreifen, dass es gerade „ihr" Verstand sein könnte, der sie vom wirklichen Begreifen des Lebens abhält. Die Autoren der griechischen Mythen finden die Erkenntnisse aus tiefen Quellen, die unterhalb des heute herrschenden rationalen „Verstandes" ihren Ursprung haben. Tief, zum Grunde tief, tauchen die Autorenseelen in die Abgründe des Lebens zu den Ursprüngen der Welt (Äpfel der Hesperiden). Ihr Bewusstsein gelangt zu dem Punkt der menschlichen Persönlichkeit, an dem das Tiefste mit dem Höchsten, das persönliche mit dem unpersönlichen, das Sichtbare mit dem Unsichtbaren und die Innenwelt mit der Außenwelt EINS werden. Die Erfahrungen dieser Tauchfahrten sind in den

Mythen dem mit-tauchendem Leser/Hörer zur Einsicht mitgeteilt. Der Inhalt dieser in Bilder verpackten Wirklichkeiten soll von uns (in uns) wieder befreit werden. Der Mythos weist den Leser/Hörer auf das zu Erfahrene – und nur deswegen zu Erkennende - hin und lässt ihn während des „Lesens" nicht nur an den Erfahrungen und Erkenntnissen der „Alten" teilnehmen, sondern ebenfalls an ihrer Weisheit, in der diese Erfahrungen auf logische Art und Weise miteinander verbunden werden. In der heutigen techno-kratisch geordneten Welt ist es nicht überraschend, dass die Menschen dem Äußerlichen und dem diesem entsprechenden rein oberflächlichen Verstand Untertan sind. Sie machen lediglich die sichtbar-stofflichen Erscheinungen, seien diese auch noch so klein oder fern, zum Inhalt ihrer Aufmerksamkeit, wie es z.B. in einem jüngst erschienenen Buch über die „Ilias" offensichtlich wird. In diesem wird der lebendige Inhalt des Mythos in die Banalität des Wortes „verortet". Es wird das „reale", d.h. hier das materielle, Troja gesucht und, das sind wir unserer Überheblichkeit schuldig, wissenschaftlich bewiesen, auch gefunden. Auf diese Art und Weise werden lediglich weitere Informationen in unser wissenschaftliches Gedanken-Gebäude eingebaut, ohne dadurch dem Gehalt der Darstellung nahe gekommen zu sein. Gewiss ist der sichtbare Rahmen, für die auf das Körperliche dieser Welt fixierte Aufmerksamkeit wichtig. Das gilt ebenfalls für den Mythos. Jedoch ist dieser hier nicht das Wesentliche. Die Sprache des HOMER, von einem Hexameter zum nächsten fließend, erzeugt Bilder. Die Wortsprache wird Bildsprache. Naturgemäß erzeugen Bilder eine tiefere Wirkung auf den Menschen, als es die Worte haben können. Nicht von Ungefähr bekommen die nahen Verwandten der Mythen, die Märchen, ihre Lebhaftigkeit erst durch die Bilder und teilt uns der Traum seine Botschaften ebenfalls bildhaft mit. (Das Hinübergleiten von der Wortsprache in die tiefere Bildersprache können wir wahrnehmen, wenn wir aus der

Wachwelt in die Schlafwelt wechseln. War zuvor die Wort- und Gedankenwelt unseren „wachen" Tag bestimmend, so übernehmen an diesem Punkt, an dem wir das Reich des Schlafes betreten, die Bilder unser Bewusstsein). Die Bilder begleiten uns in die Tiefen unserer Traumwelten, während Worte und Begriffe den an die Oberfläche fixierten rationalen „Verstand" nicht verlassen können. Der MYTHOS ist der Traumwelt zuzuordnen und nicht der dem Materiellen anhaftenden Verstandeswelt. Wie die durch Bilder zum Ausdruck gebrachten Botschaften in den Träumen müssen ebenfalls die den Mythen zugrunde gelegten Bilder bzw. die in diesen geborgenen Empfindungen, durch den Verstand in eine Ordnung „übersetzt" werden. Durch die „Übersetzung" der Traumerfahrung in unsere Verstandesordnung wird uns die Bedeutsamkeit und Logik dieser Erfahrungswelt „Mythos" offensichtlich. Doch was geschieht, wenn sich die heutige Verstandeswelt mit den ihr eigenen Axiomen aufmacht, um den „Sinn" dieser „traumhaften" Mythen zu erfassen? Es ist nicht überraschend, wenn sich der durch die Wortmächtigkeit gebildete Leser in den schillernden Kleidern, die den Mythen vom Verfasser umhängt wurden, verheddert. Es geschieht hier das Gleiche, wie es nach dieser Vorgehensweise der göttlichen Gewalt des *„CHRISTUS"* ergeht. Der Versuch des auf das Materielle fixierten Menschen, diesen mit Hilfe der Wortsprache als eine historische Person festzulegen, ist gleichbedeutend mit dem „Erheben" der Mythen zum „Objekt" der Forschung. Es ist in der Regel ein unfruchtbarer Versuch, den Inhalt des Erforschten zu fassen und eine verpasste Möglichkeit, diesen in die eigene Persönlichkeit zu übernehmen. Die in ihnen verborgene, durch die Methode der verstandesmäßigen Aneignung nicht zu fassende Wirklichkeit wird durch diesen Vorgang vernichtet (zerrissen), wodurch die „reale" Wirksamkeit dieser (Wirklichkeit) auf unser Leben natürlich nicht aufgehoben wird. Lediglich der „Glaube" des modernen Menschen an diese nicht sichtbaren, in den Mythen dargestellten Kräfte, ist verloren. Er „weiß" es heute „besser"!

Man hängt hier in den Klamotten, die den Mythos umhüllen. Der Inhalt wird nicht wahrgenommen. Jedoch wie das heute so geliebte Handy nicht ohne die unsichtbaren Strahlenwellen wirksam wird, so beeinflusst die unsichtbare Wirklichkeit der in den Homerischen Geschichten dargestellten Kräfte, unser Leben.

Dieser Versuch, den Inhalt der griechischen Geschichten zu begreifen, beschäftigt sich nicht mit den schillernden Kleidern und deren Formen und Farben. Dieser Ansatz versucht zu ergründen, was innerhalb dieser Ummantelung des griechischen Mythos lebt und welche Erkenntnisse wir Heutigen diesem für die Übernahme in die Gestaltung „unserer" Zeitperiode entnehmen können. Dass dieses Unternehmen nicht durch das Anhaften der Aufmerksamkeit an die Buchstaben, die so wunderbar die Wirklichkeit umkleiden, durchgeführt werden wird, sondern wir dem Inhalt des Mythos durch intuitives Erforschen nachgehen werden, bildet hier die Grundlage. Diese Art, erkennen zu wollen ist natürlich nicht „objektiv", was auch immer sich hinter diesem Begriff verbergen mag. Im Gegenteil ist sie im höchsten Maße „subjektiv" und für mich als das forschende, nach GEWISSHEITEN verlangende SUBJEKT, die einzige Möglichkeit, diese zu erlangen. Nach dem Gesetz, dass Gleiches nur das Gleiche erkennen kann, lassen wir unseren Inhalt nach dem Inhalt, den Eingeweiden dieser Mythen, forschen. Das Werkzeug „Verstand" wird dann die einzelnen Erfahrungs- und Empfindungsfäden zusammenbringen, um diese sodann zu einer Ordnung zu verknüpfen. Natürlich ist bei diesem Unternehmen eine Notwendigkeit vorgegeben: die Gewissheit oder das Vertrauen darauf, dass hier nicht ein unbewusster Schuster oder Militär die Geschichten verfasst hat, sondern ein gebildeter und „bewusster" und zudem noch wortmächtiger Mensch. Die Ausbildung zu einer solch gestalteten Persönlichkeit findet sich nicht nur in damaliger Zeit im Einflussgebiet der religiös-philosophischen Sphäre. Inhalt dieser Ausbildung ist die Beschäftigung mit der Seele des Menschen, den Göttern und welche Beziehung diese zueinander haben. „Seele", das heißt, dass hier nicht über die Schönheit von „Mänteln" gelehrt, sondern das Ewige, das Göttliche, welches sich hinter diesen Vorhängen verbirgt, thematisiert und erforscht wird. Die Mäntel, die in der Geschichte der Menschheit umso einiges gehängt wurden, sind auch heute nicht das Thema der religiösen Sphäre. WEISHEIT ist das Ziel! Nicht die Anhäufung von „Wissen", welches den Menschen im Zustand des Zweifelns belässt, ist hier beabsichtigt. Eine auf Einsicht und Erkenntnis gegründete Gewissheit über das „woher kommen wir?", „wer sind wir?" und „wohin gehen wir?" setze ich bei Homer voraus. Sokrates/Plato, der sich in seinen Untersuchungen u.a. auf den „Homer" beruft und diesen des Öfteren zu Rate zieht, ist mir in diesem Empfinden Bürge dafür. Das der Herr Homer während dieser Ausbildung ebenfalls gelernt hat, mit den Worten die schönste Kleidung zu stricken, schließt das eben Vorgebrachte nicht aus.

Homer`s Bilderwelt

Das Menschenbild

In diesen Geschichten wird wiedergegeben, dass der individuelle Mensch sowie die Menschheit dieser „heidnischen" Entwicklungsperiode in ihrem Denken, Fühlen und Wollen von drei Gewalten geprägt werden.

Wie in jeder Zeitepoche, wird das menschliche Wollen von seinen ihm eigenen Vermögen geleitet und motiviert. Ist er

„blind", d.h., kann er die Körper nicht mit seinen Augen „sehen", wird diese Tatsache einen Einfluss auf sein Handeln haben. Ist er „denkend" wird sich dieses Vermögen ebenfalls auf seine Handlungen auswirken. Es sind hier von dem Verfasser die dem Menschen zuerkannten irdisch-endlichen Vermögen beschrieben. Diese dem Menschen eigenen Vermögen werden in der „*ILIAS*" des Homer durch menschliche Gestalten dargestellt. Diese haben sich zu einem „PAKT" zusammengeschlossen, der diese miteinander verbindet – und zwar miteinander verbindet, um das Unternehmen „*TROJA*" gemeinsam zu unternehmen. Die menschlich-endlichen Gewalten bilden die äußere, sichtbare Schicht, die das „ICH" des Menschen dieser Zeit mitgestaltet.

Durch diese menschlichen Vermögen wird der Mensch dieser Zeit in seiner Form der Weltbegegnung jedoch nicht vollständig charakterisiert. Die Gewissheit, dass spezielle göttlich-ewige Gewalten auf das Wollen des Menschen einwirken, ist ebenfalls als ein den strebenden wie auch des überwundenen Menschen dieser Zeit wesentliches Element zu begreifen, welches die Qualität des „ICH" dieser Menschen entscheidend prägt. Diese göttlich-ewigen Gewalten fasst Homer in einer göttlichen Ordnung zusammen. Es wird durch diese die nicht offensichtliche, den Menschen ewig motivierende Gewaltenordnung beschrieben, die die Grundlage der persönlich-endlichen Charakterstruktur wiedergibt. Es ist jedoch nicht ausschließlich diese Gewissheit (der Wirksamkeit der nicht sichtbar-göttlichen Gewalten), die das „ICH" des „griechischen" Menschen mitgestaltet.

Es ist letztendlich sein „*VERTRAUEN*" in einen nicht sichtbaren und nicht erkennbaren göttlichen WILLEN (*ZEUS*), der hinter all dem als Wirklichkeit Verstandenen wirkt und „die Zügel in der Hand hält", was die menschlichen Handlungen dieser Zeitepoche beeinflusst und die Qualität seines „ICH" bestimmt. Es sind somit *drei* Qualitäten von Gewalten, die den Menschen dieser Zeit in seinem Wollen beeinflussen und die folglich das „ICH" dieses Menschen bilden.

- Das Wissen um die persönlichen, zeitlich-begrenzten Vermögen,

- Das Wissen um die göttlich-ewigen Gewalten,

- Der Glaube an einen unfassbaren und nicht erklärbaren göttlich-ewigen Willen, der hinter all dem Erklärbaren wirkt.

Wir finden in den griechischen Geschichten des Homer diese den Menschen zu Handlungen bewegenden Gewalten bildhaft dargestellt in einem Menschen- und einem Götterkosmos. Nachdem die olympischen Götter die ihnen zeitlich vorangehenden *titanischen* göttlichen Gewalten überwunden haben, leben sie als dritte Göttergeneration im Zentrum der Ewigkeit, auf dem der Erde zugewandten „OLYMP". Homer lässt in seinen Geschichten nicht alle „olympischen göttlichen Gewalten" als in diesem Konflikt auf den Menschen einwirkende Kräfte auftreten. Neben *ZEUS*, der als die mächtigste Gewalt der göttlichen Kräfte zu begreifen ist, treten **6** der göttlichen Gewalten in diesem dargestellten Konflikt „*TROJA*" als wirkende Kräfte in Erscheinung. Neben Zeus spielen sein Bruder *POSEIDON*, seine Schwester *HERA*, seine Tochter *ATHENAIA*, sein Sohn *APOLLON*, sein Sohn *ARES* und *APHRODITE* in dieser Auseinandersetzung entscheidende Rollen. Auf der irdischen Bühne spielen in seiner Geschichte „*ILIAS*" ebenfalls **6** menschliche Gewalten die Hauptrollen. Da wären im Wesentlichen neben dem die strebenden Griechen führenden *Agamemnon* und dessen Bruder *Menelaos*, der *listenreiche Odysseus*, der *alte Nestor* und der *schnelle* und *kriegerische* Held *Achilleus*, sowie der ihm *anvertraute* Schützling *Patrokles* zu nennen, die das dramatische Geschehen „Überwältigung *Trojas*" erleben und anführen. Die diesem Ansturm der Griechen sich widersetzenden menschlichen Gewalten bekommen die Namen *Hektor*, *Paris* und *Aeneas*, die als führende menschliche Gewalten des unter der Herrschaft des „*PRIAMOS*" stehendem „*TROJA*" vorgestellt werden.

Die göttlichen Gewalten sind „ewig", das heißt „unsterblich". Sie sind die Gewalten, die zu jeder Zeit (also ebenfalls heute) auf die menschlich-zeitlichen Gewalten einwirken und diese in ihrem Fühlen und Wollen leiten. Es ist *HERA*`s Wunsch, die herrschaftliche Festung *Troja* zu zerstören. Es ist letztendlich *ATHENAIA* zu verdanken, dass dieses göttliche Verlangen in Erfüllung geht. Die menschlichen Helden werden auf dieser Grundlage (die reisigen Griechen wie die Trojaner), zu den ausführenden Gewalten des göttlichen Willens.

Die göttlichen sowie die menschlichen Gewalten sollen hier kurz in ihrer wesentlichen Bedeutsamkeit, aus der sich ein entsprechendes „Lesen" der Geschichten ergibt, dargestellt werden. Die Bilder, die die zeitgebunden menschlichen, auf die göttlichen Gewalten reagierenden, Mächte zum Ausdruck bringen, zeigen auf, wie der Mensch zu dieser Zeit seelisch organisiert ist. All das dem Homer Bekannte dient der Beschreibung der inneren Qualitäten und der Entwicklung der Seele seiner Zeit. Nach dem Prinzip DICHTUNG und WAHRHEIT wird man heute die in den Mythen beschriebenen sichtbaren Tatsachen belegen können. Im Wesentlichen dienen diese jedoch dem Verfasser der Mythen lediglich als Mittel, um mit ihrer Hilfe die Gemütsverfassung des Menschen sowie der Menschheit dieser Entwicklungsphase zu beschreiben. Wir gehen davon aus, dass HOMER in seinen Geschichten von der Beschaffenheit der Seele, wie sie sich bei dem seinerzeitigen Entwicklungsstand der Menschheit darstellt, erzählt. Diese setzt sich aus einer Vielheit von Kräften zusammen. In der von Homer dargestellten Seele des strebenden Menschen, sind es **6** Vermögen, die im Zusammenwirken eine Gesamtheit, die griechische Seele, ergeben. Der aus sechs Seelenkräften bestehenden Seele fügt sich im Laufe der späteren Entwicklung eine weitere Gewalt ein. Das Vermögen, neben der beseelten materiellen Welt ebenfalls die nicht sichtbare geistige Welt mit der *Christus*-Kraft zu erfahren, wird der menschlichen Struktur eingegliedert. Seit dem Ereignis „Golgatha" besteht der Seelenhaushalt des Menschen nicht mehr aus den griechischen **6**, sondern aus den neuzeitlichen **7** Qualitäten.

Die menschlichen Gewalten

In der *ILIAS* wird ein Unternehmen oder eine Bewegung beschrieben (die Eroberung der Machtzentrale *TROJA*), die durch die Absicht motiviert ist, die SCHÖNHEIT (*Helena*) „zurück" zu erobern. Über welche Qualitäten muss der Mensch, nicht nur in damaliger Zeit, verfügen, um eine Absicht zu verwirklichen? Die Grundlage dafür, dass ein Projekt, die Umsetzung der Vorstellung in die sichtbare Wirklichkeit erfolgreich abgeschlossen werden kann, bilden bestimmte Vermögen und Fertigkeiten. Diese müssen im Menschen abrufbar sein, soll das Projekt Aussicht auf Erfolg haben. Damit sich eine Vorstellung von einem Neuartigen in die sichtbare Welt entwickeln kann, muss zuvor ein Mangelgefühl herrschend sein. Das Gefühl, zu entbehren, bildet in der Regel den Ausgangspunkt für jede Aktivität. Zu dem empfundenen **MANGEL** muss der **WILLE**, diesen Mangel zu beheben, hinzukommen, damit das Projekt seinen Anfang nehmen kann. Der Mensch benötigt weiterhin die **ERFAHRUNG** für die Ausführung und Planung und das Vermögen der **BESTÄNDIGKEIT** in der Durchführung dieses Projektes. Natürlich darf ein Element nicht fehlen: Wenn der Mensch seine Vorstellung ins Leben gestalten will, schließlich damit beginnt und beständig fortfährt, begleitet ihn während des ganzen Prozesses die stille Erwartung, dass er dieses Unternehmen auch zu Ende bringen wird. Als Grundvoraussetzung für die erfolgreiche Gestaltung der Aktivität muss die *HOFFNUNG* auf Erreichen des Zieles gelten. Nun finden wir diese Vermögen in der *„ILIAS"* zu einem Seelenteam zusammengefasst, welches das Unternehmen *„TROJA"* durchführt. Diese Vermögen werden bildhaft als strebende Menschen dargestellt. Da wären:

AGAMEMNON	der WILLE
MENELAOS	der MANGEL.
NESTOR	die ERFAHRUNG
ODYSSEUS	die BESTÄNDIGKEIT
ACHILLEUS	die HOFFNUNG
PATROKLES	die UNSCHULD

Diese sechs Qualitäten der griechischen Seele beginnen das Unternehmen *„TROJA"* und führen es seiner Verwirklichung zu. Die Überwältigung *Troja*s und die Aneignung der *„Schönheit"* gelingt. Wie nach jedem Unternehmen, welches erfolgreich abgeschlossen wird, ordnen sich die Seelenkräfte nach Beendigung des Prozesses neu. So auch bei HOMER. Konsequenterweise muss *Achilleus* nach der Eroberung *Trojas* „sterben". Er als das Sinnbild für die Gewalt der „Hoffnung" (für dieses Unternehmen) ist nicht mehr notwendig. Das Unternehmen, für das der Mensch die Hoffnung auf erfolgreichen Abschluss benötigte und bei dem er die Unschuld (*Patrokles*) verlor, gilt mit seiner Verwirklichung als beendet. Die *HOFFNUNG STIRBT ZULETZT*, im Sinne von: am Ende eines jeden Unternehmens endet die darauf konzentrierte Wirkung der Hoffnung. Ähnlich ergeht es der Gewalt, die durch das Bild **Agamemnon** dargestellt wird. Der menschliche WILLE, dieses Unternehmen durchzuführen, erlischt nach dem erfolgreichen Abschluss. „Logischerweise" wird *Agamemnon*, nach Hause kommend, sogleich ermordet, wodurch sich der Wille dieses Unternehmens auflöst. **Menelaos,** die bildhafte Darstellung des MANGELS, ergeht es anders als der Gewalt des Willens, mit der er brüderlich verbunden ist. Der Mangel wird behoben und Menelaos gelangt mit der „Schönheit" bereichert in sein Reich zurück, um mit dieser dort seinen Lebensabend zu verbringen. Ebenfalls **Nestor** gelangt wieder in sein Reich, um dort sein fürstliches Leben weiterzuführen – altkluger als jemals zuvor. **Odysseus**, der Held Homers folgender Geschichte, gelangt auf einer langen, anstrengenden Reise, gegen den Widerstand des *POSEIDON* und durch die Fürsorge der göttlichen Gewalt *ATHENAIA* in das von ihm ersehnte Reich. #

Homer verbindet die **sechs** Gewalten zu drei Paaren, um deren Verbundenheit und ebenfalls Abhängigkeit voneinander aufzuzeigen.

AGAMEMNON und MENELAOS   Diese beiden Gewalten werden durch ihre Verwandtschaft/Brüderschaft eng miteinander verbunden. Der *MANGEL*, das Motiv für das Unternehmen und der *WILLE*, diese Mangelsituation wieder zu einem zufriedenstellenden Gleichgewicht zu führen, bilden eine Einheit. Ohne das Empfinden des *Mangels* gibt es keinen *Willen*, diesen zu beheben.

NESTOR und ODYSSEUS   In der Geschichte nehmen diese beiden Kräfte (mit ihren „Schiffen") den mittigen Platz zwischen den anderen Seelengewalten ein. Während

Odysseus als listen- und einfallsreich beschrieben wird, dessen denkende Aufmerksamkeit der Zukunft zugewandt ist, verbildlicht *Nestor*, wie auch sein göttliches Ebenbild *EPIMETHEUS*, die Kraft, die in der der Vergangenheit zugewandten Aufmerksamkeit (Erfahrung) begründet liegt. *Odysseus* ist der Vorausdenkende, der sich der Wirkung seiner Taten bewusst ist. Er ist der, der sich in seine „Gegner" hineinversetzen und denkend die Zukunft vorhersehen kann. Sein der Vergangenheit zugewandter Mitstreiter *Nestor* bleibt auf diese fixiert, misst das „JETZT" beständig an den Erfahrungen des GESTERN, welche bei ihm immer mächtiger sind als die Erfahrungen des JETZT. Während *Nestor* in der *„Ilias"* als der „Erfahrene" beschrieben wird, der schon *drei Phasen der „denkenden" Menschengeschlechter* miterlebt hat, wird *Odysseus* die Qualität des „LISTIGEN" zugelegt. Begriffe wie „Schlauheit" und „Verschlagenheit" fallen dem Leser bei dem Wort „LIST" zuerst ein. Der „Betrüger", der in persönlicher Absicht die „LIST" als Strategie anwendet, wird mit diesem Wort verbunden. Aber „LIST" ist mehr! Muss der Mensch, der ein bestimmtes Verhalten als „LIST" einsetzt, welches nach traditioneller Einschätzung einen festgelegten Wert und somit eine festgelegte Botschaft in sich trägt, sich seines Tuns nicht bewusst sein? Muss er die Verhaltensweisen, die er jetzt strategisch „benutzt", um mit diesen ein bestimmtes Ziel zu verfolgen, nicht zuvor in ihrer Botschaft „erkannt" und sich somit von der „Eindeutigkeit" dieser befreit haben? Wird er sich nicht ebenfalls bewusst sein, welche Reaktionen diese vollbrachten Handlungen in dem „überlisteten" Menschen hervorrufen? Können wir in dem Menschen, der befähigt ist, eine „List" anzuwenden, nicht eine Persönlichkeit erkennen, die sich aus einer traditionellen und mittlerweile gewohnheitsmäßig (unbewusst) angewandten Werteordnung heraus entwickelt hat? Erschafft dieser nicht dadurch, indem er die traditionellen Verhaltensweisen jetzt strategisch für die Umsetzung seiner Pläne (als Mittel) benutzt, neue Realitäten?

Muss diese Menschenpersönlichkeit nicht in die Zukunft streben, indem sie traditionelle Normen und Werte erkennt und überwindet? Es ist auf dieser Grundlage nicht verwunderlich, wenn man beim Nachforschen des Wortes „LIST" dieses in einer Schatztruhe alter Sprachen wiederfindet, in der „die list", mit „Wissen" übersetzt wird. Indem *Odysseus* die „LIST" gebraucht, „weiß" er um die Bedeutung des Althergebrachten. Indem *Odysseus* die LIST gebraucht, schafft er neue Werte. Indem *Odysseus* um die Vergangenheit „weiß", gestaltet er jetzt die vor ihm liegende Zeit - die Zukunft.

ACHILLEUS und PATROKLES Diese beiden zu menschlichen Gestalten verdichteten seelischen Gewalten sind durch das unsichtbare, jedoch fühlbare Band der Zuneigung miteinander verbunden. *Achilleus* ist die gewaltigere Kraft, die sich des *Patrokles* angenommen hat und in dem strebenden Seelenteam die einzige Gewalt, die halb göttlichen Ursprungs ist. Von einer Göttin geboren, ist er der einzige der strebenden Griechen, dem sein Schicksal bekannt ist. Die Herkunft aus der göttlichen, der ewigen, Sphäre bedeutet, dass es sich hier um eine ewig wirksame Kraft im menschlichen Seelengefüge handelt. Durch die Fürsorge, die er dem *Patrokles* angedeihen lässt, wird diese gewaltige Kraft der „Hoffnung" geläutert und veredelt. Sie wird „unschuldig". Was für eine Gewalt aus dieser Seelenmacht werden kann, wenn es diese Veredelung, wenn es die durch *Patrokles* dargestellte „Unschuld" verliert, erfährt man aus der *Ilias*. Der Tod des *Patrokles* kann der „Hoffnung" *Achilleus* nicht die überwindende Gewalt nehmen. Doch durch den Verlust der unschuldigen Würde ist sie ihres edelmütigen Schmuckes beraubt und übrig bleibt die leidenschaftlich-ungezähmte, wilde, aller Fesseln entledigte Kraft, welche wie im Rausch, berserkerhaft, das begonnene Unternehmen, komme was da wolle, zum Ende bringen will.

„TROJA" , die widerstrebende Gewalt

Ebenfalls die drei der Entwicklung widerstrebenden menschlichen, *„TROJA"* beherrschenden Gewalten, *Hektor, Paris* und *Aeneas,* sollen hier in ihrer wesentlichen Bedeutung für diesen Entwicklungsschritt betrachtet werden.

TROJA Die griechische Seele mit ihren sechs Seelenkräften, *Agamemnon, Menelaos, Nestor, Odysseus, Achilleus* und *Patrokles* macht sich auf, um die *SCHÖNHEIT,* die sie an *Troja* verloren hat, zurückzuerobern. Die Festung *„TROJA"* stellt den Zustand eines erfolgreich GEWORDENEN (die herrschende Kulturstufe) dar. Die Schönheit *„Helena"* gibt diesem Gewordenen eine über die Mächtigkeit hinausgehende Ausstrahlung und Anziehungskraft. Diesen machtvollen mit Schönheit zusammengeführten Zustand will die „reisige" griechische Seele für sich gewinnen. *„TROJA"* entspricht der Zeitepoche der individuellen Entwicklung, in der die Leidenschaften und Gefühle die Herrschaft über das menschliche Verhalten ausüben. Diese Zeitepoche (Kindheit), welche sich neben der Unschuld durch die „Unbewusstheit" auszeichnet, soll nun von dem zu Erkenntnis kommenden Heranwachsenden mit Hilfe der göttlichen Gewalt der *ATHENAIA* überwunden werden. Es ist das bewusste „Erwachsenenalter", welches die jungen „Griechen" sich durch die Überwindung *„Trojas"* erstreiten wollen. Nach der Eroberung *Trojas* werden sie mit der Schönheit *„Helena"* wieder zurück in die vererbten Königreiche ziehen. Doch werden sie in ihre Reiche machtvoll (bewusst) und durchdrungen von Schönheit zurückkehren, nicht mehr als die, die sie waren, als sie aus ihren Reichen strebend nach *Troja* auszogen. Den nach „Herrschaft" strebenden Griechen bzw. der nach „Schönheit" strebenden Seele, stehen Kräfte entgegen, die darum bemüht sind, den Status Quo der Macht zu erhalten. Die den strebenden Gewalten entgegenwirkenden Kräfte werden ebenfalls bildhaft dargestellt.

HEKTOR	Der Widerstand des Gewordenen gegen das Strebende
PARIS	Die Qualität des Gewordenen
AENEAS	Die Beständigkeit der Macht

H e k t o r, die den Strebenden widerstreitende Kraft, wird mit der „alten" Ausrüstung des *Achilleus* bekleidet zum Ende der Auseinandersetzung zur Hoffnung für die „alte", von den unbewussten Leidenschaften beherrschte Ordnung, weiterhin die Menschen beherrschen zu können. In der menschlichen Entwicklung stellt *Hektor* den Widerstand (der Leidenschaften) dar, der von dem zur Vollkommenheit strebenden Menschen überwunden werden muss. Wenn hier von Widerstand gesprochen wird, wird damit Folgendes zum Ausdruck gebracht: Wie jeder individuellen Entwicklungsphase des Menschen ist ebenfalls dieser herrschenden Kulturstufe ein als natürlich-unschuldig zu bewertendes Mächteverhältnis eigen. Die in dieser Zeitepoche herrschenden Werte und Vorstellungen spiegeln sich wieder in der seelischen Struktur der die Herrschaft Ausübenden sowie der Beherrschten. Die Kulturepoche *Troja* wird beherrscht durch die unbewusste Leidenschaft (Gefühle). *ATHENAIA*, die noch junge göttliche Gewalt, hat in dieser Kultur zwar schon ihren Tempel, jedoch noch keinen wesentlichen Einfluss auf die Menschen. Die alten Machtstrukturen dieser Epoche oder das Denken, Fühlen und Wollen des von dieser Machtstruktur beherrschten Menschen widersetzen sich nun den innerhalb dieser Kultur geborenen neuen Vermögen, die auf Übernahme der Herrschaft drängen. „*Hektor*" verbildlicht die den neuen Vermögen entgegenwirkende natürliche Gewalt, die überwunden werden muss, soll sich die Menschheit weiterentwickeln.

Gemäß der natürlichen Entwicklung (*HERA*) haben sich im Menschen neue Vermögen gebildet, womit in diesem Fall das Vermögen des Menschen, „zu erkennen und sich der Dinge bewusst zu werden", zu verstehen ist. Wie die *Trojaner* (Kinder), sind auch die strebenden Griechen durch ihre unbewusste Leidenschaftlichkeit geprägt. Die göttliche Gewalt der *ATHENAIA* hat sich jedoch in diesen zu solch einer mächtigen Gewalt entwickelt, dass sie die Herrschaft über das Wollen des strebenden Menschen übernimmt. Erst dadurch, dass die in ihnen wirkenden Leidenschaften von der Gewalt der Erkenntnis überwunden und somit die Herrschaft der *APHRODITE* von der Gewalt der *ATHENAIA* abgelöst wird, wird das alte Werte- und Herrschaftssystem überwunden. *„Hektor"* wird auf dieser Grundlage als der Widerstand begriffen, der natürlicherweise der Gewalt der Erkenntnis entgegenwirkt. Nach Homer sind die Griechen sowie die zu jeder Zeit lebenden Persönlichkeiten erst dann als „erwachsen" zu bezeichnen, wenn diese sich von der Herrschaft der unbewussten Leidenschaften befreit haben.

P a r i s :   *das* Bild, das die den Menschen beherrschende Qualität dieser Zeit beschreibt. Er hat der *APHRODITE* den Apfel und damit die Herrschaft über diese Zeitepoche gegeben. Diese göttliche Gewalt ist dem Element Wasser (die Schaumgeborene) zuzuordnen. Das Wasser steht für das Fließende, für Gefühle, die ohne die auflösend-befreiende Wirkung der Erkenntnis (*ATHENAIA*) zur Herrschaft über die menschliche Seele führen. Indem *Paris* der *Aphrodite* den Apfel reicht, übergibt er der Gewalt der Gefühle (Leidenschaften) die Herrschaft über diese zeitliche Periode.

A e n e a s :   Während *Paris* das Zeitalter der zu dieser Zeit herrschenden Gewalt verkörpert, verbildlicht *Aeneas* die „Beständigkeit der Gewalt der Gefühle". Obwohl die Gewalt der *Aphrodite* die nachfolgende Ordnung nicht beherrschen wird, bildet ihre Qualität weiterhin die Grundlage der zukünftigen Kultur. Sie verliert jedoch die Herrschaft über das Fühlen, Denken und Wollen des unter der neuen Herrschaftsstruktur lebenden Menschen. *ATHENAIA*, die in diesem Konflikt „*Troja*" siegreiche göttliche Gewalt, übernimmt in Zukunft die Herrschaft über das menschliche Wollen und der entsprechenden gemeinschaftlichen Ordnung. *Troja*, die „Kindheit", wird überwunden und die „Schönheit" wird in Zukunft die in die Zukunft strebenden Griechen schmücken. In den griechischen Geschichten ist *Aeneas* ein Sohn der menschlichen (*Anchises)* und der göttlichen Gewalt (*APHRODITE)*. Nicht aus der herrschende Familie *Trojas* stammend, wird *Aeneas*, als eine Schöpfung aus göttlicher (ewiger) und menschlicher Verbindung, zu einer der drei den griechischen Helden widerstrebenden Mächte, der, von der göttlichen Gewalt *APOLLON* begünstigt, nicht nur überlebt, sondern als eine Frucht der unsterblich-göttlichen Gewalt der Aphrodite deren Qualität in eine zukünftige Ordnung überführen wird.

Die göttlichen Gewalten

„**ZEUS**", die alles beherrschende göttliche Gewalt, führt die herrschende göttliche Ordnung an. **HERA,** als seine Schwester-Gattin, sowie seine göttliche Tochter **ATHENAIA,** sein göttlicher Sohn **APPOLON,** sein Bruder **POSEIDON** und **APHRODITE** und sein Sohn **ARES** sind maßgebend in Homers Geschichte „*ILIAS*" wirksam. Diese göttlichen Gewalten wirken auf den Menschen ein. Da eines der Attribute des Göttlichen das „Ewige" ist, wirken diese göttlichen Gewalten noch heute auf uns Menschen ein. Was sind das für ewige Gewalten, mit denen auch wir es, nach den Geschichten des Homer, zu tun haben?

HERA, die Gewalt des irdischen Werdens   *ist* das Bild für die ewige Gewalt des den irdischen Gesetzen folgenden Wachstumsprozess, dem alle Lebensformen auf der Erde, und somit ebenfalls das natürliche Werden des Menschen, unterworfen sind. Sie treibt diesen Vorgang:

„Überwältigung *TROJA*" voran. Mit ihr stehen die weitaus gewaltigeren göttlichen Mächte auf Seiten der strebenden Griechen, sodass die bestehende Festungsstadt „*TROJA*" keine Überlebensmöglichkeit gegen das sich heranbewegende „Werden" hat. „*HERA*" ist als die wirkungsvollste Gewalt nach „*ZEUS*" zu begreifen. Sie ist nicht nur als seine „Schwester" mit diesem verbunden, auch durch ihre „Ehe" mit diesem wird sie in ihrer Stellung im Kosmos der Gewalten hervorgehoben. Die Überwältigung der Herrschaftsstruktur, die wir *TROJA* nennen, ist auf dieser Grundlage als ein natürlicher Entwicklungsschritt der Menschheit zu betrachten.

ATHENAIA, die Gewalt der Erkenntnis *ist* die jüngste, dem „Kopf" des Zeus entsprungene Göttin, die in der Geschichte für die gegen *Troja* anstürmenden griechischen Kräfte Partei ergreift. Als ein Kind des *ZEUS*, der sich ihre Mutter sofort nach der Vereinigung „einverleibt", wächst sie in seinem „Schädel" heran. Als sie dermaßen gewaltig in ihm wird, dass sie ihm „Kopfschmerzen" bereitet, wird sie nach langer Schwangerschaft aus seinem „Schädel" befreit. Als Hebammen wirken hierbei die göttlichen Gewalten *PROMETHEUS* und *HEPHAISTOS*. Ausgewachsen und mit ihren Waffen versehen zieht die junge Göttin in den Götterhimmel ein. Als zukünftig die Menschen dominierende Gewalt, die der Gewalt des *ARES* und der *APHRODITE* überlegen ist, verhilft sie den Griechen (der Seele dieser Zeit) in den entscheidenden Situationen des Kampfes um „*TROJA*" zum Sieg. Weiterhin wird sie *Odysseus* als Schutzmacht während seiner „Reise" betreuen. Sie ist die „jüngste" der göttlichen Gewalten. Dieses Bild weist darauf hin, dass ihre Eigenschaft die Menschen in die Zukunft begleiten wird. Unter ihrer Obhut, d.h. mit der noch jungen Qualität des denkenden Erkennens versehen, wird „*Odysseus*" die Reise in die zukünftige Entwicklung gehen.

POSEIDON, die Gewalt der Gefühle Als ein „Bruder" des *ZEUS*, begünstigt er die anstürmenden Griechen. Er wird als die den Menschen e w i g beeinflussende Gewalt *des Fließenden* und *Beweglichen* (des *Wassers)* dargestellt. Er ist das Bild für die Gewalt der (leidenschaftlichen) Stimmungen. Mal ruhig fließend, dann wieder intensiv umherwirbelnd, erwirkt er die Stimmungen im Menschen. Er „verkörpert" das stimmungsvolle Fließen und Wirbeln, welches den Menschen einerseits mit der ihn umgebenden Welt verbindet, andererseits jedoch jede herrschende „ICH"- Ordnung in ihrem zur Erstarrung neigenden Bestand bedroht. In der *Odyssee* wird er der Widerstand, (wie in den Märchen die „Riesen", „Drachen", „Hexen" u.a.), den *Odysseus* zu überwinden hat, um die ersehnte Heimat, *„ITHAKA"*, zu erreichen. Als Widerstand sind hier die alten, gewohnten Gefühle und Leidenschaften zu begreifen. Würde ODYSSEUS an diesen festzuhalten, wäre es ihm unmöglich, die weitere Entwicklung zu erfahren. Die alten Gefühle, Einstellungen und Widerstände werden vom strebenden Menschen überwunden, indem er diese „erkennt". Es ist auch in dieser Situation nicht die Absicht des Widerstandes, das menschliche „Werden" zu beenden, sondern, da die größere Macht *ZEUS* das Ziel vorgegeben hat, diesem lediglich Hindernisse in den Weg zu legen. Mit jedem Hindernis, welches *Odysseus* aus dem Weg räumt, wird dieser mächtiger und kommt seinem Ziel näher. Wenn *POSEIDON* sämtliche Winde wehen lässt, die Gefühlswasser zum Toben bringt und die bedrohlichen Wellen der Leidenschaft über *Odysseus* zusammenschlagen lässt, macht er es dem Helden schwer. Er beabsichtigt jedoch nicht, *Odysseus* zu vernichten und dadurch die von diesem erlittene Entwicklung zu beenden.

Die göttlichen Gewalten des „WERDENS", der „ERKENNTNIS" und der leidenschaftlichen „GEFÜHLE" sind auf Seiten der gegen *„Troja"* strebenden Griechen die die

Menschen führenden Gewalten. Auf Seiten des herrschenden *TROJA* wirken die göttlichen Gewalten des *APOLLON*, des *ARES* und der *APHRODITE* dem Streben der Griechen entgegen.

APOLLON, der Beschützer der bestehenden Ordnung, *ist* die (göttliche) Gewalt, die das machtvoll *BESTEHENDE (TROJA),* als die zuvor (strebend) errungene Kulturstufe, bewahrt. Innerhalb dieser erlangt der Mensch eine Stufe der Entwicklung, in der es ihm gelingt, verschiedene künstlerische, wissenschaftliche, verwaltungstechnische sowie militärische Fähigkeiten und Notwendigkeiten zur höchsten Blüte zu bringen. Als Schutzherr der Blüten dieser errungenen Kultur- und Bewusstseinsstufe wirkt die göttliche Macht, die wir *APOLLON* nennen.

ARES, die Gewalt des Trennenden hat ebenfalls sein Lager in dem herrschenden „*Troja*" aufgeschlagen. Die göttliche Gewalt, die der griechische Mythos *ARES* nennt und die den *Streit*, die *Antipathie*, die *Trennung* verkörpert, führt letztendlich durch ihre Abgrenzungen, wenn diese nicht wieder miteinander verbunden werden können, zu einer Vielheit aus dem Zusammenhang gelöster Teile, was letztendlich, da der verbindende Aspekt dieser Gewalt fehlt, zu einem Zerfall oder Zersetzen jedes ganzen, einheitlich wirkenden Organismus` führen muss. Die Griechen wussten darum und gaben dieser einseitigen Leidenschaft des Menschen namens *ARES* die göttliche Gewalt *APHRODITE* zur Seite.

APHRODITE die Gewalt des Verbindenden kommt in dem machtvoll bestehenden *Troja* die herrschende Bedeutung zu. Das Spiel des Streites, des Zankens und der Trennung, welches durch das Bild „*ARES*" zum Ausdruck gebracht wird, sowie das Spiel der Versöhnung, des Verbindens (Sympathie) und der Verführung, welches durch das Bild „*APHRODITE*" in die *ILIAS* hineingezeichnet wird, erhalten in dem bestehendem *Troja* eine solch große Macht, dass sie das Leben des Menschen dieser Sphäre bestimmen. Die Kulturstufe *„Troja"* ist beherrscht von dem Wechselspiel der beiden unschuldig-göttlichen Gewalten des abstoßend-Trennendem und des anziehend-Verbindendem, der Sympathie und der Antipathie, des JA! Und des NEIN! oder zusammenfassend des „Leidenschaftlichen". Eine natürliche Entwicklung (*HERA*) ist es nach dem irdisch-natürlichen Gesetz des WERDENS, dass der Mensch die ihn beherrschende Gewalt der Leidenschaft überwindet. Nach der *„Ilias"* ist es die göttliche Gewalt der *ATHENAIA*, die maßgeblichen Einfluss auf die Überwindung dieser Kulturstufe (Kindheit) hat. Es ist die göttliche Gewalt der Erkenntnis, die die Periode, der durch die unbewussten Leidenschaften beherrschten Menschheit, überwindet. Damit wird ausgesagt, dass die der *trojanischen* Kulturstufe nachfolgende Menschheitsperiode eine die Menschen zur Erkenntnis führende Lebenskultur sein wird. Diese göttliche Gewalt wird den Menschen zur Erkenntnis des in ihm Wirkenden bringen und dadurch die Motivation seines Handelns verändern, jedoch seine bis zu dieser Zeit entwickelten Vermögen nicht gefährden. All die sechs göttlichen Gewalten spielen in der Phase des Streites um *Troja* gewichtige Rollen. Wenn die göttlichen Gewalten auf der einen oder anderen Seite das Wollen des Menschen dominieren, heißt dieses nicht, dass sie ausschließlich dort wirksam sind. Sie sind lediglich auf der jeweils anderen Seite keine dominierenden Mächte. So sind die unbewussten Leidenschaften, die während dieses Prozesses überwunden werden, ebenfalls in den strebenden Griechen wirksam. Jedoch lassen sich diese nicht davon beherrschen, wie es bei den Menschen der „alten" Kulturstufe *Troja* der Fall ist. Andererseits wird dort ebenfalls die Göttin *ATHENAIA* verehrt und hat ihren Tempel. Sie ist in *TROJA* jedoch noch keine das Denken, Fühlen und Wollen des Menschen dominierende Gewalt.

In der Fortsetzung der *„Ilias"*, der *„Odyssee"*, spielen ausschließlich die beiden göttlichen Gewalten *ATHENAIA* und *POSEIDON* entscheidende Rollen. Während seiner Reise nach Hause wird sie die Führerin und machtvolle Beschützerin des *Odysseus*. Die „Reise" wird natürlich auf dieser Grundlage zu einer „Bewusstseinsreise". Die Gewalt des *POSEIDON* erwirkt die Widerstände im Meer der Gefühle und Leidenschaften, die *Odysseus* auf seiner langen Heimreise überwinden muss, wenn er *Ithaka* erreichen will. *HERA* ist mit der Einnahme des machtvoll BESTEHENDEN durch das machtvoll WERDENDE zufriedengestellt. Eine natürliche irdische Entwicklung hat ihr vorläufiges Ende gefunden. Eine alte, nach den göttlichen Gesetzen natürlich gewachsene Kulturstufe ist überwunden. *HERA*, *ARES*, *APHRODITE* und *APOLLON* greifen bei der Entwicklung des *Odysseus* nicht direkt ein und verlassen die Arena des Homer.

Der All-mächtige „ZEUS" - das „Haupt" der Götter. Durch seine Gewalt, die wirksamer ist als die Gewalt aller Götter zusammen - also auch beinhaltet, dass er die der Erde und dem Menschen zugewandten göttlichen Gewalten zerstören kann, wann und wie er will - ist er die mächtigste Gewalt der irdischen Welt, was weder von den Göttern noch von den Menschen bestritten wird. Er greift nicht unmittelbar in das Geschehen ein. Er „will" jedoch, *dass* eine machtvolle „Stadt" zerstört wird und *dass* der Verlauf des Prozesses zur Verherrlichung des *Achilleus* und des *Hektor* führt. Welche Stadt zerstört und auf welche Art und Weise sein Wille erfüllt wird, überlässt er der der Erde zugewandten göttlichen Gewalt *HERA* und ihrer Mitstreiter. Wir können *ZEUS* als die Gewalt des Universums betrachten, nach deren Gesetz sich alle Erscheinungen und Entwicklungen auf Erden entfalten. Die irdischen Erscheinungen und Prozesse sind demnach Ausdruck dieser ewig-göttlichen Gewalt des Universums. Die der Erde zugewandten göttlichen Gewalten verfügen lediglich über die Macht, die einmal von ihm bestimmten kosmischen Notwendigkeiten für das irdische Leben auf ihre Art und Weise zu gestalten.

Das Handeln der strebenden Griechen ist durch diese Ordnung der göttlichen Gewalten beeinflusst. Diese setzt ihm Grenzen, bestimmt sein Wollen und prägt sein „ICH".

Die griechische Mythologie als Darstellung menschlicher Erfahrung

Die Griechen beschreiben in ihrer Mythologie einen Kosmos, der beherrscht wird von den ewig wirksamen göttlichen Gewalten. Weiterhin erzählen diese von den Veränderungen der Herrschaftsverhältnisse dieser göttlichen Ordnung bis zu der Zeit, in der der Mensch in das durch *ZEUS* bestimmte Erdenleben eingewoben war. Wir nennen auch heute noch diese Geschichten zusammenfassend „Mytho – LOGIE" deswegen, weil diesen Geschichten und der darin dargestellten Entwicklung eine LOGIK zu Grunde liegt. Auch wenn wir die Geschichten nicht nachvollziehen können, halten wir sie nicht für griechische Hirngespinste, die keinen nachvollziehbaren Erfahrungsgehalt in sich bergen. Wir unterstellen ihnen, dass sie durch ihre Ge-schicht-en Erfahrungen (Eingeweide bei Nietzsche) sowie deren Zusammenhänge beschreiben. Erfahrungen, die die „Griechen" in ihrem Leben erlitten haben und ihnen bewusst-wurden. Die daraus erfolgenden Erkenntnisse gaben sie in mündlicher und schriftlicher Form in einer bildhaften Sprache weiter. Der griechische Mythos entstand. Die ihnen bewusst gewordenen Erfahrungen wurden nun vor über 3000 Jahren schon erlebt und in ihren Geschichten festgehalten. Die Gewalten, die sie beschreiben werden „göttlich" genannt. Als „göttlich" wird das bezeichnet, was als „ewig" wirksam erkannt worden ist. Das, was damals als den Menschen ewiglich bestimmende Gewalten erkannt wurde, wird demnach auch heute (was sind schon 3000 Jahre im Verhältnis zur Ewigkeit?) uns Menschen beeinflussen. Bestätigen können wir diese Behauptung jedoch erst, wenn wir Heutigen die den griechischen Erkenntnissen zu Grunde liegenden Erfahrungen nachvollzogen haben. Erst dann können wir die GEWISSHEIT erlangen, was in den MYTHEN verborgen liegt und welche Bedeutung der „Mythos" im Orchester der Literaturgattungen hat. Die Erfahrung der menschlichen Entwicklung ist nach Homer eine natürliche und wird von den Menschen aller Zeiten erlebt werden. Welche Erfahrungen und welche Entwicklung können das sein?

Wir haben oben gesagt, dass die Erkenntnisse der Griechen aus den menschlichen Erfahrungen gewonnen wurden. Auf dieser Grundlage sind *CHAOS*, *URANUS*, *KRONOS* und *ZEUS* Bilder, die den bewusst gewordenen Erfahrungsgehalt bestimmter menschlicher Entwicklungsphasen beschreiben. Man wird heute den von den Griechen entwickelten Bildern erst dann etwas entnehmen können, wenn wir den von ihnen in den Mythen dargestellten Erfahrungsgehalt nachempfunden haben. Dieses wird dann möglich, wenn wir, wie Homer in seiner *Odyssee* beschreibt, unsere Aufmerksamkeit der Vergangenheit, unserer individuellen Vergangenheit und ihrer entsprechenden Erfahrungswelt zuwenden - wenn wir im Geiste *zurückgehen* und diese *erinnern*. Der Begriff „Erfahrung" beinhaltet, dass Erlebnisse in der Vergangenheit gemacht wurden. Diese Erlebnisse halten sich im Reich des Gestern auf. Um Erkenntnis über ihren Gehalt zu bekommen, müssen wir unsere Aufmerksamkeit der gegenwärtigen Welt entziehen und uns der Vergangenheit gegenüber öffnen. Die Aufmerksamkeit wendet sich diesem (inneren) Reich der Vergangenheit zu. Im Moment des Erinnerns, d.h. des Nacherlebens des vormals Erfahrenen, wird das Reich der Zeit verlassen. Durch das Nacherleben des zuvor Erlebten im Geiste wird dieses zu einer (jetzigen) Erfahrung. Durch das Nachempfinden dessen, was diese erinnerten Erfahrungen an Reaktionen (Schmerz, Macht, Liebe usw.) auslösten, wird die Erfahrung zu einer bewussten Erfahrung und eventuell zur Erkenntnis. Was ist, wenn die Göttergeschichten und deren Entwicklungen in die sichtbare Welt versetzte Darstellungen der in unserem Inneren gesetzmäßig stattfindenden Prozesse sind? Was ist, wenn der gemalte Götterkosmos somit seine erfahrbare Grundlage in unserer individuellen menschlichen Geschichte hat? Es wäre erstaunlich, wenn der so mit der Erde verwachsene Mensch, wie der „Grieche" es nach ihren Geschichten war, der die Wonnen des irdisch-leiblichen Lebens wohl zu schätzen wusste, dieser so irdisch-leidenschaftliche Mensch, Loblieder auf körperlose Erscheinungen verfasste und ihnen eine solch große Bedeutung zukommen ließ. Naheliegender ist es doch, dass die bewussten Menschen dieser Zeit in ihren Geschichten das festhielten und weitergaben, was sie als das Wertvollste am Leben erkannten und welches sie entsprechend ehrten – die irdisch-leibliche Erfahrung des Menschseins! *ATHENAIA*, die göttliche Gewalt der Erkenntnis, leitet Homers *Odysseus* während seiner Reise zum Ziel seiner Sehnsucht, *„Ithaka"*. Auch er, der Held der *Odyssee*, muss auf seiner Gefahren-vollen Reise, nachdem er die Insel der KIRKE besucht hatte, „zurück" reisen, um das Reich der Erinnerung zu betreten. Erst dann kann er seinen Weg in die Zukunft fortsetzen. Also betreten wir es doch, dieses Reich der *Erinnerung*, mit all den dort gesammelten Erfahrungsschätzen.

„Wir" kommen aus einer grenzenlosen und unkörperlichen Welt auf die ERDE. Mit der Geburt entweichen wir aus der engen Umklammerung des Bauches. Die Fruchtblase platzt und wir können den Mutterorganismus mehr oder weniger ausgetragen verlassen. Die Verbindung zur Mutter über die Nabelschnur wird durchtrennt. „Wir", die wir so sehr mit dem Herzschlag der Mutter verwachsen sind, verlassen diesen sicheren Ort, um uns außerhalb dieses Schutz-bietenden Leibes zu entwickeln. Körperlich getrennt von der Mutter ist jedoch die nicht sichtbare Verbindung zur Mutter vorhanden. Unsere Abhängigkeit von dem vertrauten Herzschlag der Mutter und deren Fürsorge für uns bleibt vorerst bestehen. Wir sind schutzlos. Wir brauchen Nahrung, Wärme und Schutz - eben ein Nest, welches uns all dieses bietet. Die Augen können nicht fixieren und es gibt somit kein sichtbares und konkret beschreibbares Wesen mir gegenüber. Die Welt ist noch konturlos und nicht fassbar. Wir sind mittendrin. Das Leben, die Welt wird von uns gefühlsmäßig, instinktiv, wahrgenommen. Angenehme Einflüsse (Stimmen, Gerüche, Geräusche usw.) geben das Gefühl der Geborgenheit und Sicherheit und wir können entspannt sein. Unangenehme Einflüsse, körperliche Berührungen, die wehe tun, bewirken, da wir diesen schutzlos ausgeliefert sind, neben dem schmerzlichen, unangenehmen Eindruck, den diese auf uns haben, dass die Situation als bedrohlich empfunden wird. Schreiend, laut wortlos rufend, streben wir danach, dieser Situation zu entkommen. Die „Welt" bleibt für lange Zeit ein Universum, dem wir schutzlos ausgeliefert sind und in der es zu Beginn der außer-mütterlichen Entwicklung neben der körperlichen und seelischen Wärme der Mutter lediglich den uns so vertrauten und Sicherheit versprechenden Herzschlag gibt, welcher uns vor diesem Unbegreiflichen schützt. Mit den uns umgebenden Geräuschen und Stimmungen werden wir mit der Zeit vertrauter. Wir fühlen uns sicherer. Die grundsätzlichen Bedürfnisse nach Nahrung und Sicherheit werden von uns durch den Leib zum Ausdruck gebracht, wie auch die satte Zufriedenheit und das Wohlbefinden so bekundet wird. Mit der Zeit werden wir nicht nur vertrauter mit der „Welt", sondern wir beginnen ebenfalls diese in ihren Konturen und Gestaltungen wahrzunehmen. Die Fähigkeit unserer Augen, Dinge zu fixieren, nimmt zu. Aus der zuvor schemenhaften, lediglich durch ihre Einflüsse auf uns erfahrbaren Welt wird jetzt eine „sehend" zu unterscheidende Welt. Das, was mir guttut, wird konkret „erkannt", wie auch dasjenige „erkannt" wird, was mir nicht guttut, das heißt, jetzt als *Bild* in meinem Gedächtnis gespeichert wird. Vorher schon ist die Erinnerung des wiederholt Erfahrenen (Hören, Riechen,

Fühlen usw.) prägend für unser weiteres Leben. Jedoch beruft sich zu dieser Zeit das Wiederkennen auf die Stimmungen, die zuvor aus der Welt auf uns einströmten und Gefühle der Sympathie (Offenheit, Sicherheit, Geborgenheit) oder Antipathie (Abwehr, Schutzreflexe, Ohnmacht) erweckten. Das Wiedererkennen des gesehenen Bildes wird zunehmend der Auslöser unserer Reaktionen. Dabei überdeckt das „Sehen" der Bilder nach und nach die Wahrnehmung der in diesen geborgenen Stimmungen, die uns zuvor zu entsprechenden Verhaltensweisen bewegten. Wir stellen uns jetzt durch das Wiedererkennen der Körper/Bilder auf das uns Entgegentretende ein. Sympathie, also Offenheit und Vertrauen bzw. Antipathie, also Abwehr und Schutzreflexe, gestalten auch auf dieser neuen Basis unser zukünftiges Verhalten. Der Inhalt der sichtbaren und sich abgrenzenden Körper werden für uns zunehmend unbewusster und die Menschen und Dinge werden zu sehend wahrgenommenen Repräsentanten der in der Vergangenheit als angenehm oder unangenehm empfundenen Erfahrungen. Nicht mehr ausschließlich der spontane Reflex auf das uns Zukommende prägt unsere Erwiderung, sondern wir beginnen schon in diesem frühen Entwicklungsstadium das uns später begleitende Verhalten zu zeigen, in der unsere Äußerungen und Reaktionen durch die uns unbewussten frühen Erfahrungen motiviert werden. In der weiteren Entwicklung treten die angenehmen und unangenehmen Empfindungen sowie die diese bezeichnenden Bilder in den Hintergrund bzw. in die Tiefen unseres Unbewusstseins. Das „Wort" wird dominierend. Dominieren heißt hier: Unsere Aufmerksamkeit verweilt beim die Körperwelt beschreibenden Wort, ohne das die in diesen verborgenen Gefühlsintensitäten ins Bewusstsein gelangen. Scheinbar automatisch und wie selbstverständlich wird das Gegenüber als sympathisch, neutral oder unsympathisch behandelt.

Während wir zu Beginn unserer Entwicklung noch EINS sind mit der Welt, es im Laufe der Entwicklung dann zeitweise durch ein sich bildendes, noch willkürlich auf der Bühne des Lebens erscheinendes „ICH" zu einer zeitweisen Trennung der zuvor beständigen Einheit kommt, wird diese (Einheit) letztendlich in einer festen „ICH" Ordnung aufgelöst. Das „ICH" des Menschen schiebt sich in den Vordergrund. Das Vermögen, „ICH"-los in die Welt zu streben, um zu erkunden was diese denn will, wird verloren. Zukünftig heißt es nur noch: „ICH" will!" Wir haben uns aus der Einheit in eine Zweiheit (die Welt - das „ICH") entwickelt. Somit durchleben wir in diesen Phasen des menschlichen Werdens folgende Entwicklung:

Das zu Beginn unseres irdischen WERDENS wahrgenommene, uns umgebende konturlose Universum reduziert sich im Verlauf der Entwicklung unserer Wahrnehmung auf einzelne, aus dem schemenhaften Universum herausgelöste Bilder. Wir lernen im Laufe der Zeit für diese zu Bildern gebundenen sichtbaren Gefühlseinheiten Worte und Begriffe zu finden. Werden diese zu Beginn als bewusste Bezeichnungen für Erfahrungen und die damit verbundenen Empfindungen verwendet, werden die die Dinge füllenden stimmungsvollen Inhalte später ins Unbewusste verdrängt. Wie die Dinge werden ebenfalls die die Dinge beschreibenden Worte und Begriffe im Laufe der Entwicklung beständig Gefühls-leerer. Das führt letztendlich zu einem Substanz-losen (Inhalts-losen) Weltbild, unter dessen Führung die Körper wie ebenfalls die diese beschreibenden Worte zu inhaltslosen Hülsen ohne Bedeutung verkommen. Da sich in einem kulturellen Zusammenhang die Menschen unter den gleichen oder ähnlichen Bedingungen entwickeln, führt diese Entwicklung letztendlich zu einer verbalen, aufs Materielle und damit auf die Oberflächen fixierten, „sehenden" Verstandeskultur und zu einer Diktatur des Wortes, in der das nicht weiterhin an die Erfahrung gebundene rationale Denken die Systematisierung der Beziehungen der Bilder und Begriffe leitet. „Verstandeskultur" bezeichnet hier eine Gemeinschaftsordnung, in der durch den Verlust der in den Worten lebenden Empfindungen dem Mitmenschen nicht weiterhin Erfahrungen „mitgeteilt" werden. Da es in dieser lediglich noch zum Austausch von Sinn-befreiten Worten (Lauten) kommt, verbleibt eine Gemeinschaft von Menschen, die Erfahrungen (Inhalte) nicht mehr „teilt", sondern die lediglich noch von „ICH" zu „ICH" „kommuniziert"! Es entsteht die Ordnung des „ICH" mit den tausenden von Teilchen, die wir bemüht sind, wieder zu einer Alles-beinhaltenden (ganzheitlichen) „Welt" zusammenzusetzen. Dieses Verlangen, dieses Streben nach Einheit und das durch diese Erfahrung ermöglichte Erleben der Harmonie, nennen wir „Sehnsucht".

Wenn wir die in den griechischen Geschichten dargestellten Bilder auf unsere zuvor „laienhaft-grob" gegebenen Entwicklungs- und Erfahrungsgeschichte beziehen und wir danach die Gewissheit haben, dass dieses „Sinn" gemacht hat, wären wir dem zu Beginn des Schreibens von Herrn Nietzsche ausgestoßenen Ruf nachgegangen. Wir hätten das luftige Reich des Unerforschlichen (der körperlosen Gespenster) verlassen und würden unsere Aufmerksamkeit, indem wir uns mit diesen Geschichten beschäftigen, der leibhaftigen Erfahrung, der Erde, dem irdischen Leib, dem Körper und was in diesem lebt – seinen Eingeweiden - zuwenden.

Nicht nur das christliche Weltbild geht davon aus, dass sich das Wesentliche des Menschen, seine Seele, bevor diese ihre irdische Laufbahn beginnt, vom Tod bis zur Wiedergeburt in dem geistigen, schrankenlosen Reich aufhält, welches die Griechen *CHAOS* nennen. Wenn wir nun, nachdem die Seele dieses Reich verlässt, um das Leben innerhalb eines Körpers zu beginnen und wir die von den Griechen gestalteten Bilder den oben beschriebenen irdischen Erfahrungen zuordnen, haben wir folgende Entwicklung:

Die Seele zieht ein in einen im Mutterleib wachsenden Körper, um sich darin zu entwickeln. Während dieser Phase bleibt der beseelte junge Menschenkörper, wie der junge *TITAN* innerhalb der *GAIA*, mit dem Mutterkörper verwachsen. *URANUS* die Fruchtblase, legt sich um das menschliche Wesen. Nachdem die Fruchtblase ihre Funktion (Versorgung und Schutz) beendet, verlässt das Menschenkind die Mutter *GAIA*. Die Nabelschnur, der Penis des *Uranus*, wird durchtrennt und der Raum und somit die Freiheit, sich zu entfalten, wird durch den Rückzug des *Uranus* dem jungen Menschenkind gewährt. Mit der Geburt, d.h. mit dem Gelangen in das Licht der Welt, werden nach der Mythologie u.a. die *GIGANTEN, die ERINNYEN* und die (schaumgeborene) *APHRODITE* geboren. Die erste Phase der Entwicklung im irdischen körperlichen Dasein wird demnach von den *gigantischen*, ständig kampfbereiten Kräften des Leibes sowie der die Verbindung suchenden seelischen Gewalt der Göttin dominiert. Die mit der Erde, also dem Leib verbundenen Kräfte der *Giganten*, seien diese „Hunger", „Durst" oder auch „Schmerz" genannt, bekunden sich mit kriegerisch ungebändigter Kraft, während die dem Körper einwohnende Seele sich mit der Mutter und mit der ihr schemenhaft erscheinenden, sie umgebenden „Welt" zu verbinden sucht. Die wiederholt gemachten Empfindungserfahrungen lassen die Zeit, *KRONOS* (das Gefühl des Menschen für die Gewalt der Zeit), mächtiger werden. Die Augen beginnen die Fähigkeit zu entwickeln, zu fokussieren und die ersten Bilder gestalten sich im Bewusstsein des wachsenden Menschen. Erfahrungen werden wiederholt erlebt. Mit Hilfe der Gewalt, die durch das Bild des *PROMETHEUS* zum Ausdruck gebracht wird, werden diese geordnet und systematisiert. Die Bilder werden benahmt. Worte und Begriffe, zu Beginn noch in eine zeitlose Ewigkeit eingebunden, füllen das Bewusstsein des Menschen. Die ungestümen *GIGANTEN* sowie die Gewalt der verbindenden *APHRODITE* sind unter der Herrschaft des *Titanen* KRONOS vorerst noch das junge Leben prägend. Die chaotischen Kräfte der *HUNDERTARMIGEN* und der *EINÄUGIGEN* werden unter der Herrschaft des KRONOS in den *TARTAROS* verband. Ordnung und Kontinuität entwickeln sich. *TARTAROS* ist innerhalb des Kosmos` der Götter die dunkle Unterwelt, aus der heraus die dorthin gebrachten Gewalten nicht offensichtlich in die Geschehnisse der durch Kronos beherrschten Lichtwelt eingreifen können. Wenn die Konkurrenzkräfte um die Herrschaft innerhalb dieses Götterkosmos` in die tiefsten Tiefen der im Erdinneren verborgenen Dunkelheit ihren Wohnort finden werden, jedoch am Leben bleiben, so folgt aus der Übertragung dieser griechischen Geschichten auf unsere individuelle Entwicklung folgendes: die an den Menschen gebundenen chaotischen Kräfte, werden mit voranschreitender Entwicklung in den immer dunklen *TARTAROS*, d. h. in das dem lichten Bewusstsein entzogene Reich des dunklen *UNBEWUSSTEN*, verdrängt. Der *TARTAROS* ist der dunkle, dem lichten Bewusstsein weit entfernte Ort, auf den unsere Aufmerksamkeit seit dieser Zeit kaum noch gerichtet wird. Die in diesem sich befindenden Kräfte haben scheinbar auf die Aktivitäten unseres Handelns keinen Einfluss. Während die Gewalt der *APHRODITE* und die Kraft der *GIGANTEN* weiterhin unter der Herrschaft der Gewalt „*KRONOS*" und seiner Geschwister die Grundlage des Menschen in seinem Bezogen-Sein auf die Welt bilden, werden die neuen göttlichen Gewalten, die *Olympier*, innerhalb dieser Ordnung „ausgebrütet". Wie die *titanischen* entwickeln sich die jungen olympischen Gewalten zu einer Stärke, sodass sie schließlich die Herrschaft über den Menschen fordern. Wie *KRONOS*, die „Zeit", die zuvor herrschenden Gewalt des *URANUS*´ ablöste, so übernimmt jetzt *ZEUS* die Herrschaft in dem

Seelenhaushalt des Menschen. Mithilfe der unter der *KRONOS*-Herrschaft in das Unbewusste verdrängten , jetzt aber daraus befreiten körperlichen und geistigen Kräfte der *HUNDERTARMIGEN* und der *EINÄUGIGEN* überwindet die Gewalt des *ZEUS* die bis jetzt herrschende Gewalt des *KRONOS*. Auch diese göttliche Gewalt wird nach erfolgreicher Machtübernahme des ZEUS in den *TARTAROS*, in die Dunkelheit des Unbewussten, gesperrt. Während der Herrschaft des *ZEUS* wird die Entwicklung des Menschen fortgesetzt. Die zuvor noch durch Unordnung geprägte titanische Entwicklungsperiode, für die die willkürlichen Willensimpulse kennzeichnend sind, schließt sich jetzt eine Herrschaftsperiode an, während der eine stabile Ordnung („ICH") herrschend wird. Die Macht der Willkür wird vom Menschen in den *TARTAROS* verwiesen und eine festgelegte Ordnung mit ihrer Werteordnung (Gut/Böse), veranlasst in Zukunft das Wollen des Menschen. Die Vermögen der Erkenntnis (*ATHENAIA)* und der Ausgestaltung der Materie (*HEPHAISTOS)* werden in der *ZEUS*-Periode dieser Entwicklung "geboren" und greifen zunehmend gewaltiger in die Lebensgestaltung des Menschen ein, während die *titanische* Gewalt des *PROMETHEUS* beständig schwächer wird, bis schließlich diese, den Menschen zuvor leitende Wahrnehmung, nach dem Willen der neuen Ordnung (ZEUS/ „ICH") an den Felsen gebunden und somit an das Materielle fixiert wird. Der griechische Mythos beschreibt hier in seinen Bildern, wie fortan diese entwicklungsbedingt uns „geschenkte" Fähigkeit, die Welt (und damit ebenfalls unseren inneren Kosmos) zu durchdringen, verloren geht. War es dem Menschen zu Beginn der *ZEUS*-Herrschaft (die Zeit des *Prometheus*) noch möglich, die *HUNDERARMIGEN* und die *EINÄUGIGEN* aus dem Unbewussten zu befreien, das heißt, kannte er ihre Gewalt sowie den Weg, um diese Kräfte zu befreien, so wird zu dieser Zeit der Zugang zum *TARTAROS* verschlossen. Der Mensch hat mit der Fähigkeit das ihn

Umgebende zu durchdringen ebenfalls die Fähigkeit, sein inneres Reich zu erforschen, verloren. Zu diesem Zeitpunkt bildet sich innerhalb der „ICH"-Ordnung des Menschen die Kraft, die in den griechischen Geschichten den Namen *Herakles* erhält. Das Vermögen des Menschen, Teil der göttlichen Welt zu werden, welches zuvor entwicklungsbedingt als ein natürlich sich entwickeltes Vermögen den Menschen geschenkt wurde, wird jetzt vom Menschen „erarbeitet" werden müssen. Mit Hilfe dieser menschlichen Fähigkeit namens „HERAKLES" gelingt es den göttlichen Gewalten, die nach Herrschaft verlangenden *GIGANTEN* (die an den Leib gefesselten Begierden) zu bezwingen und dadurch die göttliche Ordnung zu festigen.

Der Mensch ist in die Welt der Zweiheit getreten: Es gibt das „ICH" und das „NICHT-ICH". Auf dieser Grundlage wird sich die zukünftige Ordnung aufbauen. Die Ordnung scheint stabil. All die Seelenmächte, die den Griechen zufolge den Menschen bestimmen, sind in diesem Kosmos integriert und seine Entwicklung, sein WERDEN, scheint beendet. Aber, das wussten wohl auch schon die Griechen (aus welchem Film auch immer?): das Beste kommt zum Schluss. Neben dem Auftritt des *HEPHAISTOS* betritt die Gewalt der *ATHENAIA* nicht nur die ewig-göttliche kosmische Bühne, sondern wird auch irgendwann (?) die Führung der menschlichen Lebensgestaltung übernehmen. Sie, die dem „Kopf" des Zeus erwachsene Tochter, wird den individuellen Menschen sowie die Menschheit letztendlich in die Zukunft führen. Unter ihrer Leitung wird sich zwar das Verhältnis der Seelenmächte innerhalb des Menschen verändern, die von dem Herrn Homer in den Himmel erhobenen göttlichen Gewalten werden jedoch ewig Bestand haben. Wenn in der „*ILIAS*" die reisigen jungen Griechen *Troja* letztendlich nur deswegen überwinden können, weil sie die junge göttliche Gewalt *ATHENAIA* auf ihrer Seite haben, gibt Homer dadurch zu erkennen, dass das Vermögen zu „erkennen“ den Menschen zukünftig zu seiner höchsten Macht und „Schönheit“ und dem entsprechend zu seiner Erfülltheit und Vollkommenheit bringen wird. Er ging davon aus, dass das Erkenntnisvermögen des Menschen zukünftig im Haushalt der menschlichen Seelenmächte eine bedeutendere Rolle spielen würde, als es das bis heute tat. Er hat eben nicht mit dem Wahnsinn eines lahmen, verkrüppelten *Hephaistos* gerechnet. (Ach Gott, war der naiv, der Homer?)

Die ILIAS & die ODYSSEE

oder

Das ewige Hin und Her

Die *ILIAS* des HOMER beschreibt eindrucksvoll einen bestimmten natürlichen Entwicklungsschritt im Prozess des Werdens der Menschheit sowie des individuellen Menschen. Die in die Zukunft strebende griechische Seeleneinheit, das „ICH" des Menschen dieser Zeit setzt sich zusammen aus **sechs** Gewalten: dem *WILLEN* des *Agamemnon*, dem *MANGEL* des *Menelaos*, der *ERFAHRUNG* des *Nestor*, der listigen *BESTÄNDIGKEIT* des *Odysseus*, der *HOFFNUNG* des *Achilleus* und der *UNSCHULD* des *Patrokles*. Unterstützt wird diese Einheit in der Entwicklung durch die dem Menschen zugewandten göttlichen Gewalten der *HERA*, der *ATHENAIA* und des *POSEIDON*, mit deren Hilfe sie die der Gewalt des *APOLLO* anvertrauten bestehenden Machtzentrale *Troja*, die mit „Schönheit" umflorte und durch die Gewalten der *APHRODITE* und des ARES beherrschte Lebenskultur, nach langem Hin und Her, gemäß der Absicht der gewaltigsten göttlichen Macht, des kosmischen Energiebündels *ZEUS*, überwinden. Nachdem die die *Trojaner* beherrschenden göttlichen Gewalten überwunden und das Ziel, die Eroberung der „Macht" erreicht und währenddessen die „Unschuld" *Patrokles* verloren wurde, trennt sich die griechische Seeleneinheit, um in die eigenen Reiche des griechischen Imperiums „erwachsen", zurückzukehren. *Odysseus* tritt die längste und gefahrvollste Reise an, die Homer, die Entwicklung des *Odysseus* fortsetzend, mithilfe der Bilder der **ODYSSEE** beschreibt.

Die ODYSSEE

Der weitere Entwicklungsweg in die Zukunft

Während der WILLE *Agamemnon* des Unternehmens „Troja" nach seiner Ankunft in seinem Reich von seiner Frau und ihrem Geliebten (seine Frau *Klytamnestra* ist die Schwester der Schönheit *Helena*) getötet wird, gelangen der behobene Mangel, *Menelaos,* wie auch die Erfahrung, der alte Nestor, zurück in ihre Reiche. *Odysseus* tritt eine lange, beschwerliche Reise an, die weitere „10" Jahre dauern wird. Erst im „20". Jahr nach seiner Abreise erreicht er seine Heimat *Ithaka,* in der seine Frau *Penelopeia,* sein Sohn *Telemachos* (der weithin Kämpfende) sowie sein Vater *Laertes* ihn schon sehnsüchtig erwarten.

Stichpunktartig sollen hier die wesentlichen Stationen aus Odysseus Leben nach der Erfahrung *„Troja"* zusammengefasst werden.

vor Troja:

- Kindheit und Jugend in ITHAKA

- Verbundenheit mit *PENELOPAIA* – dem JETZT

- Fruchtbarkeit der Verbindung – *TELEMACHOS*

- GESTERN (*LAERTES*) und MORGEN (Sohn)

<u>**Troja:**</u> Übergang in das Alter der Macht

<u>**nach *Troja:***</u> *Die Odyssee*

Nachdem er der *Streitwelt* der *Kikonen* entfliehen kann, gelangt er auf die Insel der *Lotophagen.* Der Gefahr, seine persönliche Geschichte mit all seinen Erfahrungen zu *vergessen*, die ihn auf dieser Insel ereilen würde, kann er entfliehen, um die Insel des *Kyklopen* zu erreichen. Es ist die noch jugendlich anmutenden Neugierde, die den Odysseus veranlasst, die Insel der *Kyklopen* aufzusuchen. Es begegnet ihm dort eine riesenhafte Kraft. Diese einäugige, rohe und wilde in ihrem isolierten „felsigen" (körperlich erstarrten) Inselreich herrschende körperlich-massive Gewalt ist unberührt von jeder Kultur und deren Werte und droht nun, *Odysseus* zu überwältigen. Durch seine Tugenden der Vorsicht sowie seiner listigen Furchtlosigkeit kann er sich jedoch von dieser Gewalt befreien und seinen Entwicklungsweg fortsetzen. Während dieses Abenteuers werden ihm *sechs* seiner Gefährten von dem *Kyklopen* geraubt.

Das Bild des *Kyklopen* bringt die das „ICH" verschlingen (beherrschen) wollende Gewalt des körperbetonten Sexualtriebes zum Ausdruck. Nachdem *Odysseus* die ersten erotischen Abenteuer hinter sich hat, gelingt es ihm, sich dieser körperlichen Triebhaftigkeit zu entziehen und nicht davon in seinem zukünftigen Leben beherrscht zu werden. Das Bild des *Kyklopen* „steht" nach dieser Deutung des „einäugigen" Riesen für einen Phallus und damit für die Körperbetonte, sexuelle Gewalt, die dem Menschen im Laufe seiner natürlichen Entwicklung entgegentritt. *Odysseus* vermeidet es, sich von dieser Gewalt beherrschen zu lassen. Nachdem er ebenfalls die Insel der *Laistrygonen* mit Hilfe seines vorsichtigen Handelns verlassen kann, ohne der *Gefräßigkeit*, d.h. ohne in Zukunft sein Leben durch die Nahrungsaufnahme erfüllen zu müssen, zum Opfer zu werden, durchwandert er das unendliche Meer, um schließlich die Insel der *Kirke, AIAIA,* zu erreichen. Die meisten seiner Gefährten fielen der Leidenschaft der Gefräßigkeit zum Opfer, sodass er die Insel der *Kirke* lediglich mit einem ihm verbliebenen „*Schiff*" und der entsprechenden Anzahl von „*Gefährten*" betreten kann. Nachdem er durch göttliche Hilfe (*HERMES*) das Abenteuer mit der bezaubernden *Kirke* überstanden hat, ohne wie seine

Gefährten von dieser Gewalt in ein „Schwein" verwandelt worden zu sein, lebt er unter ihrer Führung ein angenehmes Leben. Der Alltag wird von ihm angenommen, ja geliebt. An der Seite dieses ihn liebenden Wesens vergisst er seine Sehnsucht. Ein Zustand des Bejahens und der Behaglichkeit, den diese Insel ihm gewährt, lässt ihn ein erfülltes Leben führen, bis schließlich seine *Gefährten* ihn an seine Heimat und die Sehnsucht danach erinnern. Die Sehnsucht wird hier das Motiv dafür, die *Reise*, trotz der vielen Annehmlichkeiten, die er auf dieser Insel findet, fortzusetzen. Er setzt seine Fahrt mit dem ihm verbliebenem *„Schiff"* und den wenigen dem Tode entronnenen Gefährten fort, jedoch *zurück*, um von dem Geist des Sehers *Theiresias* etwas über seine Zukunft zu erfahren. Dieser teilt ihm mit, dass er, werden die göttlichen Gesetze von ihm und seinen *Gefährten* eingehalten, wohlbehalten *mit* seinen *Gefährten* seine Heimat erreichen wird. Können diese Gesetze jedoch nicht eingehalten werden, wird er erst nach langer Zeit des Leidens *allein Ithaka* erreichen. Nach einem Zwischenstopp auf *Kirkes* Insel, setzt er seine Reise in die unbekannte Welt fort. Die Gefahr, durch die Verführungskünste der *Sirenen* an deren „Felsen" zu zerschellen, wird mit List gemeistert. Ebenfalls die Gefahr, zwischen dem „Felsen" der *Skylla* und dem berauschenden, alles verschlingendem Strudel der *Charybdis* hindurch zu gelangen, wird erfolgreich bestanden. *Odysseus* kann die Reise mit Ausnahme der wiederum *sechs Gefährten*, die er an die *Skylla* verliert, fortsetzen. Seine noch verbliebenen Gefolgsleute verstoßen später gegen die göttlichen Gesetze, sodass die in Zorn geratene göttliche Gewalt POSEIDON einen Sturm erwirkt, durch den nicht nur das „Schiff" des *Odysseus`* zerstört wird, sondern ebenfalls alle *Gefährten* das Leben verlieren. Er allein kann das Ufer der Insel der KALYPSO erreichen.

Nachdem Odysseus die Gewalt der *Kirke* „entzaubert" hat, lebt er in ihrem Reich ein erfüllendes Leben. Nicht in ein Tier verwandelt, wie seine Gefährten, also *nicht den leiblichen Bedürfnissen und Trieben* unterworfen, schafft er, solchermaßen vergeistigt, die Voraussetzung dafür, dass er mit dem Geist des *Theiresias* in Verbindung treten kann. Dabei ist die *Reise* „zurück" einem *„Erinnern"* gleichzusetzen; einer Umkehr der Blickrichtung vom Äußeren in das Innere, von der Zukunft - dem was vor ihm liegt - zur Vergangenheit. Die Fähigkeiten seiner erstarkten geistigen Kräfte machen es möglich, dass er daraufhin den *Sirenen* mit List widerstehen und die Bedrohungen, an der ratinalen Welt der *Skylla* zu zerschellen oder in dem Strudel der Leidenschaften, der *Charybdis*, seinen Geist auszuhauchen, überwinden kann. Die Menschheit, die zuvor die *kyklopischen* Kräfte überwunden hat, vergeistigt sich in der *Kirke* - Phase. Sie überwindet die Dominanz der leiblich-materiellen Bedürfnisse durch Erkenntnis der in diesen liegenden Kräften. Sie erwirbt sich dadurch die Fähigkeit, in die Zukunft zu sehen und entgegentretende Gewalten zu durchschauen, sodass sie den betörenden Klängen der *Sirenen,* der erstarrten Rationalität einer *Skylla* und den herrschsüchtigen Leidenschaften der *Charybdis* widerstehen und die Reise der Erkenntnis fortsetzen kann.

Wiederum schließt sich eine Periode der Sorglosigkeit und des Entspannens einer vorhergehenden Phase der Anstrengung und des Erleidens der aufgepeitschten Stimmungen (das unruhige Meer entspricht den unruhigen Stimmungen im Gefühlshaushalt des Strebenden) an. Die die Insel beherrschende geistige Macht namens *Kalypso* wünscht eine Ehe mit *Odysseus*. Jedoch seine noch ungestillte Sehnsucht nach *Ithaka* lässt diese nicht zu. Er wünscht, die Insel *Ogygia* verlassen zu dürfen, um weiterreisen zu können.

Auf Befehl des *Zeus* stimmt *Kalypso* letztendlich diesem Wunsch zu und verhilft *Odysseus* zu der weiteren Reise. Jetzt mit einem *Floß* ausgerüstet, verlässt er die Insel. Erneut der Gewalt des POSEIDON ausgeliefert, entfacht dieser wiederum einen Sturm, der das ihn tragenden *Floß* zerstört. Schwimmend gelangt er an das Ufer der Insel SHERIA, der Insel der *Phaaiken.*

Ohne *Schiff* und ohne *Gefährten* gelangt *Odysseus* auf die Insel der KALYPSO. Eine Verbindung mit dieser jetzt zur geistigen Kraft gewordenen Persönlichkeit ist von dieser göttlichen Gewalt erwünscht. Doch die tief empfundene Sehnsucht zur „Heimat" (und damit wird zum Ausdruck gebracht, dass diese Insel nicht die „Heimat" sein kann) lässt den Helden, der die *titanischen* Kräfte überwundenen und sich von den leiblich-materiellen Bedürfnissen befreit hat, weiter nach *Ithaka* streben.

Die Menschheit, die in sich die zu einem Verhalten zwingenden Leidenschaften der vorhergehenden Zeitalter überwunden und sich während dieser Phase von den irdischen Bedürfnissen befreit und dementsprechend beständig weiter vergeistigt hat, findet endlich wieder kurzzeitig Ruhe. Jedoch ist diese „Insel" nicht die letzte Station auf der Reise des Menschen zum Ziel. Die Sehnsucht des *Odysseus* deutet darauf hin, dass eine tiefer erfahrbare, glückseliger machende Welterfahrung noch bevorsteht. Der Mensch mag auf dieser Insel eine Vertiefung des durch das Erfahrene erlangten geistigen Zustandes erfahren, das Ziel seiner Entwicklung ist sie jedoch nicht.

Bevor wir die Insel der *Phaiaken* betreten, noch ein Wort zu den *Gefährten* des *Odysseus.* Diese erinnern an die Geschichte des Mannes, der sich aufmacht, um sich bei einem Meister in spirituellen Angelegenheiten in die Lehre zu begeben. Vor dessen Hütte angekommen, klopft er und bittet um Einlass, um diesem sodann sein Anliegen vorzutragen. Der

Meister blickt ihn durchdringend an und erwidert: "Wenn Du mein Schüler werden willst, musst Du „allein" kommen. All die anderen, die Dich begleiten, musst Du verlassen. Wenn Du allein bist, kannst Du wieder hereinkommen. Für die Vielen ist hier kein Platz." „Aber Meister, ich bin doch allein!" Der Meister schüttelt den Kopf und weist ihn hinaus. Der Mann setzt sich vor die Hütte des Meisters. Es dauert Jahre, bis er die „Anderen" aus seinem KOPF (aus seinen Gedanken) vertrieben hat und als er schließlich „all-ein" die Hütte betritt, wird er von dem Meister lächelnd willkommen geheißen.

Es ist naheliegend, die GEFÄHRTEN des Odysseus mit den ANDEREN dieser Geschichte gleichzusetzen. Einen anderen Ansatz, das Wesen der Gefährten zu begreifen, liefert ein Traum des Freund 2:

„Er wird beständig verfolgt. Mehrere Verfolger in der Absicht, ihn zu töten, sind immer hinter ihm her. Sie schießen auf ihn. Er hat jedoch keine Furcht. Er ist viel zu gewandt, viel zu schnell für diese Verfolger. Es ist wie ein Spiel. Er fühlt sich nicht wirklich bedroht. Seine Selbstsicherheit ist riesengroß – aber er ist ständig auf der Flucht vor diesen unbekannten Verfolgern. Bei einer erneuten Schießerei empfindet er so etwas wie Unlust und entscheidet aus diesem Gefühl, dieses sich beständig wiederholende Geschehen zu beenden. Er will nicht mehr fliehen. Er will dieses Spiel, welches ihn zwar nicht ernsthaft bedroht, jedoch beständig zu festgelegten Verhaltensweisen zwingt, nicht mehr mitspielen. Er gibt auf! Er kommt aus seiner Deckung und stellt sich, ein gutes Ziel bietend, vor seine Verfolger hin, bereitet seine Arme nach links und nach rechts aus und schaut, den Todesschuss erwartend, nach oben. Schüsse fallen - für kurze Zeit völlige Dunkelheit. „Er" findet sich sodann auf einem Träger einer Bahnhofsüberdachung wieder,

während seine Verfolger, die ihn suchen aber nicht sehen, unter ihm vorbeilaufen. "

Die Gewissheit, dass er „auf-geben" muss, um „frei" zu sein, nahm er mit aus diesem Traum.

Dieser Traum verdeutlicht nicht nur das geisterhafte Wesen der *Gefährten* des *Odysseus*. Er gibt ebenfalls einen Hinweis auf das Reich der „*Phaiaken*", insbesondere darauf, wie *Odysseus* auf seine heimatliche Insel gelangt: schlafend, unbewusst und ohne eigene Anstrengungen. Ebenfalls die in seiner Heimat verbliebenen, sich um seine *Penelopaia* bemühenden „*Nebenbuhler*", die *Odysseus* nach seiner Ankunft mit Hilfe der göttlichen Gewalt der *ATHENAIA*, seines Sohnes *Telemachos* und seiner treuen „*Viehhirten*" abschlachtet, gehören, wie seine ihn während der Reise begleitenden „*Gefährten*", in die Kategorie der „ICH" bildenden Kräfte. Damit die Gewalt „*Odysseus*" in *seinem Reich* herrschen kann, müssen die die Zuneigung seiner „*Frau*" (seiner Seele) begehrenden „*Buhler*", wie alle ihn begleitenden *Gefährten,* ihre Kräfte verlieren. Auf der Insel der *Phaiaken* sichert der Herrscher dieses Reiches dem *Odysseus* die Überfahrt zu seiner heimatlichen Insel zu. *Odysseus* erkennt, dass die Anstrengungen und Leiden jetzt hinter ihm liegen. Es herrscht die Gewissheit in ihm, dass er baldigst ohne eigene Bemühungen seine Heimat und seine Familie wiedersehen wird. In der sich in ihm einstellenden Entspannung erfährt er die Freude darüber so tief, dass Tränen des Glücks seinen Augen entweichen. Die Leiden zu Ende und die Heimat zum Greifen nahe; die Erfüllung seiner Sehnsucht. Er fühlt, dass er nach einer langen, beschwerlichen Reise angekommen ist. Dankbarkeit über dieses gefühlte Wunder durchströmt seinen entspannten Leib. In diesem Zustand berichtet er den anwesenden *Phaiaken* seine Abenteuer, die er nach *Troja* erleben musste, wodurch diese wiederum zu einer „*Erinnerung*" werden. Er wird geehrt, gefeiert und schließlich (man denke an den Traum des Freund 2) „schlafend" und innerhalb von kürzester Zeit von den *Phaiaken* in einem speziellen *„Schiff"* zu seiner heimatlichen Insel gebracht. Er erwacht in seiner Heimat, die er jedoch vorerst nicht wiedererkennt. *ATHENAIA* „öffnet" ihm die „Augen", sodass er erkennen kann, wo er sich jetzt befindet – auf der *„Insel"*, auf der alles für ihn begann!

Nach dem Durchleben der „Pubertät" begegnen dem Helden im fortschreitendem Leben Hindernisse, deren Überwindung die von HOMER beschriebene ENTWICKLUNG (*REISE*) erst möglich macht. Nachdem *TROJA* erobert wurde, kommt es zu den Begegnungen des Odysseus mit den *Kikonen*, den *Latophargen*, dem *Kyklopen*, den *Laistrygonen*, der *Kirke*, den *Sirenen*, wie auch der *Skylla* und der *Charybdis* sowie mit der *Kalypso*. Nachdem er alle Inseln besucht und wieder verlassen hat, findet er schließlich auf *SHERIA*, der Insel der *Phaiaken* „festen" Boden unter seinen Füßen. Dort finden seine Bemühungen um Fortsetzung der „Reise" ihr Ende. Die Last seiner „Waffen", die ihm zur Überwindung der Widerstände verhalfen – erduldende Furchtlosigkeit, ausharrende Beständigkeit und listiges Denken - fallen hier von dem Helden ab. Er fasst das erste Mal seit langer Zeit VERTRAUEN, gibt auf und offenbart sich. Entkräftet und erschöpft entspannt er sich.

Die letzte Stufe seines Entwicklungs- und Leidensweges ist gekennzeichnet durch *VERTRAUEN* und *ENTSPANN- UNG*. Er gelangt schließlich „schlafend" von dieser Insel der *Phaiaken* in seine Heimat. Dort angekommen übernehmen auf Anraten der Göttin der Weisheit seine alten Tugenden wieder das Kommando. Mit *ATHENAIAS* Hilfe gelingt es ihm, in seinem Reich den ersehnten Frieden herzustellen. *Odysseus* ist angekommen; seine Sehnsucht gestillt.

Über einige Figuren des griechischen Mythos

Aus der großen Palette der von HOMER gestalteten Figuren sollen im Folgenden vier dieser zu Bildern komponierten Qualitäten untersucht werden. Die *göttlichen* Gewalten **Prometheus** und **Hephaistos** sind zu begreifen als von den Griechen an den Himmel erhobene bildhafte Darstellungen der dem Menschsein ewig zu Grunde liegenden Wahrnehmungsqualitäten, die die Menschheit in den aufeinanderfolgenden Entwicklungsphasen ihrer Entwicklung prägen werden. Während diese beiden göttlichen Gewalten als dem Menschsein eigene (geschenkte, angeborene) Vermögen zu verstehen sind, können wir **Herakles**, diese große *menschliche* Qualität, als ein vom Menschen zu „erarbeitendes" Vermögen betrachten, welches es diesem ermöglicht, sich dem ewigen Reich der Götter zu nähern, um letztendlich Teil der Ewigkeit, der Heimat der Götter, zu werden. Mit dem in den Homerischen Geschichten eine bedeutende Rolle spielendem Ideal, welches zu erlangen das Ziel des Strebens der „Griechen" ist, der „**Schönheit**" soll hier begonnen werden.

HELENA

Wenn Homer in seiner „*ILIAS*" die Handlungen der als männliche Gewalten dargestellten Seelenkräfte in den Vordergrund treten lässt, bedeutet dieses nicht, dass die Gewalt, die durch das Bild der **Helena** zum Ausdruck gebracht wird, weniger mächtig auf die Seele des (damaligen) Menschen einwirkt. Wie auch *Achilleus* sich die meiste Zeit der Auseinandersetzung im Hintergrund aufhält, und doch die stärkste Kraft der Griechen bleibt, hält sich auch *Helena* zumeist unsichtbar wie ein Geist im Hintergrund auf. Dieser

Geist ist zwar beständig in der Seele des Streitenden wirksam, jedoch den Kämpfenden zumeist nicht bewusst. *Helena*, die schönste Frau des damaligen griechischen Universums, ist halb göttlichen Ursprungs. Niemand geringerer als *ZEUS* gilt als ihr Vater. Alle aus der Verbindung der Götter mit den Menschen geborenen Geschöpfe werden zu Bildern von Wirklichkeiten, die in alle Ewigkeit einen Einfluss auf das menschliche Streben haben. Heißen diese „Hoffnung", „Schönheit" oder anders, sie prägen in jeder Zeitepoche das Streben der Menschheit zutiefst. Dementsprechend wird nach diesen Geschichten ebenfalls der heutige Mensch, also wir, von diesen Gewalten im Denken, Fühlen und Wollen motiviert. So leitet das Bedürfnis, die „Schönheit" zu erlangen, die (griechische) Seele. Man strebt nach ihr, bis man sie „Eigen" nennen kann. Wenn der (griechische) Mensch diese nicht bei sich fühlt und diesen Zustand als „Mangel" erleidet, will er diesen Zu-stand zu seinem „Heil" (seiner Ganzheit) verändern. Er wird voller Hoffnung auf unschuldigste Weise (weil dieses Verlangen nach Homer" als ein „natürliches" zu verstehen ist) beständig danach streben, sich diese anzueignen. Nun ist mit dem, was hier als *Schönheit* bezeichnet wird, in jeder Kulturepoche etwas anderes gemeint. Die *Schönheit* eines Blinden wird andere Werte beinhalten, als es die *Schönheit* des Sehenden hat. Die *Schönheit* des noch traumhaft mit der Welt verwobenen Menschen wird anderer Qualität sein, wie die *Schönheit*, der der denkende Mensch nachstrebt. Diese wird sich wiederum von der *Schönheit* des an „Gott und die Liebe" glaubenden Christen unterscheiden. *Schönheit*, in den griechischen Geschichten dargestellt durch die *Helena*, ist als Bild zu verstehen, welches die Erfahrung der „Harmonie" zum Ausdruck bringt. Diese Erfahrung ist lediglich dann zu erleben, wenn alle derzeitigen Vermögen und Bedürfnisse in harmonischer Eintracht in einer machtvollen Ordnung des menschlichen Seelenkosmos` integriert werden können. Das Streben nach **Schönheit** ist, auch wenn der Mensch jeder

Kulturepoche sich in seinen Vermögen von der Menschheit vergangener und zukünftiger Kulturepochen unterscheidet, immer ein Streben nach „Vollkommenheit".

PROMETHEUS

Vorausgesetzt, dass die griechische Mythologie eine bildhafte Darstellung der Entwicklung der irdisch-menschlichen Erfahrung ist, sind ebenfalls die in die Geschichten hineingemalten Figuren des *Prometheus*, des *Herakles* sowie des *Hephaistos* Bilder, die einen festgelegten Erfahrungsgehalt beherbergen. Die griechischen Geschichten geben wieder, wie es um die Qualitäten dieser Erfahrungen bestellt ist sowie wann diese Erfahrungen vom Menschen im Laufe seiner Entwicklung gemacht werden. Daraufhin, d.h. in welcher Entwicklungsphase wird der Mensch durch die bildhaft dargestellten Erfahrungen in seinem Wollen bestimmt und über welche Qualitäten verfügen die das Menschengeschick zeitweise lenkenden Wahrnehmungen, sollen die griechischen Geschichten untersucht werden.

Prometheus Abstammung von den *titanischen* Eltern deutet darauf hin, dass es sich bei dieser Qualität *Prometheus* um eine recht früh in der Entwicklung der Menschen erlebte Erfahrung handelt. Die *titanischen*, noch überwiegend „ICH"-losen Kräfte beherrschen das menschliche Lebensgefühl. In dieser Phase der Entwicklung dominiert noch die Erfahrung „Einheit des Menschen mit der Welt" dessen Lebensführung. Der Mensch ist *träumend* eingebunden in die Ewigkeit. Das Erscheinen des *KRONOS* weist durch den Namen darauf hin, dass der Mensch in dieser Entwicklungsphase mit dem Zeitlichen in Berührung kommt. Dadurch, dass die „Zeit" als ordnendes Prinzip „erkannt" wird, wird deutlich, dass er in dieser Entwicklungsphase beginnt, dass Erfahrene *denkend* zu verarbeiten. Wenn der Mensch in dieser Zeit beginnt so zu denken, bleibt die „Welt" für ihn dennoch für längere Zeit eine Ewigkeits-Erfahrung. Der Traum des Lebens wird in der frühen Phase der Entwicklung lediglich zeitweise durch das denkende Reflektieren des Erfahrenen unterbrochen. „Entwicklung" heißt jedoch, dass es nicht bei dieser Erfahrung bleibt. „Entwicklung" heißt in diesem Fall, dass sich die Aufmerksamkeit dem denkenden Reflektieren der wiederholt gemachten Erfahrungen, welches den Traum „Leben" zuvor schon vereinzelt begleitet hat, zukünftig in einem verstärkten Maße zuwendet, was auf die Qualität der Wahrnehmung und Gestaltung seines Lebens entscheidenden Einfluss haben wird. Dieses reflektierende Denken, entwickelt sich in der frühen Phase der menschlichen Entwicklung, die in den griechischen Geschichten als die *Titanische* bezeichnet wird. Durch die Wahrnehmung der Zeit werden die Veränderungen innerhalb der zeitlichen Entwicklung erkannt. Es wird ebenfalls erkannt, dass der Mensch verändernd und gestaltend in diesen Prozess eingreifen kann. Die diese Phase kennzeichnende Erfahrung des menschlichen Lebens ist die beginnende Teilung der Einheit in „WELT" und „ICH". Dieses sich entwickelnde Vermögen des Menschen, auf Grundlage der Ewigkeit-Erfahrung denkend-reflektierend in die Gestaltung der Welt einzugreifen, wird von den Griechen durch die Figur des *Prometheus* dargestellt. Diese Figur wird in ihrer ganzen Qualität jedoch lediglich dann begreifbar, wenn wir die ihm zugestellten Brüder *Epimetheus*, *Atlas* und *Menoitios* als Teilaspekte dieser Figur betrachten.

Die göttliche Gewalt *Prometheus* wird von den über die Menschen herrschenden *titanischen* Gewalten „geboren". Er wächst zeitgleich auf mit den von seinem „Onkel" *Kronos* geborenen und später herrschenden olympischen Gewalten *ZEUS* und dessen Geschwister. Während die *titanischen* Gewalten nicht viel „Aufhebens" um das Menschengeschlecht machen, ist ihr Nachfahre *Prometheus* diesem sehr zugetan.

Er übernimmt die Fürsorge für dieses Geschlecht. Es ist sein Wunsch, die Bedingungen dieser irdischen Gestalt „Mensch", die so schutzlos neben all den anderen Geschöpfen auf der Erde ihr Leben dahinlebt, zu verbessern. Unter der Führung des *Prometheus* entwickelt sich die Menschheit. *Prometheus* wird auch der „Vordenkende", der „Vorausschauende" genannt, immer jedoch im Verbund mit dem ihm zugeschriebenen Bruder *Epimetheus*, dem Nachdenkenden, betrachtet. Unter der Obhut dieser göttlichen Qualitäten, des Vor- und Nachdenkens, erlebt der Mensch eine Entwicklung, die ihn zu einer großen irdischen Gewalt werden lässt. Erfindungen, die das Leben des Menschen sicherer und unabhängiger machen, führen dazu, dass die inzwischen an die Herrschaft gelangten *Olympier* diese Kreatur „Mensch" misstrauisch beäugen. Ebenfalls die göttliche Gewalt *Prometheus*, die bei der Machtergreifung des *ZEUS* entscheidend helfend mitgewirkt hat, ohne daraufhin einen festen Platz in der neuen Götterordnung zu bekommen, wird von dem jetzigen Herrscher argwöhnisch beobachtet. Obwohl *Prometheus* ihm durch seine Schläue (List) und Vorstellungskraft entscheidend zur Herrschaft verhilft und später, gemeinsam mit dem kunstfertigen *Hephaistos*, dabei hilft, die Geburt der göttlichen Gewalt *ATHENAIA* aus *ZEUS* zu vollenden, wird er durch diese Taten nicht in den herrschenden „OLYMP" aufgenommen, um gleichberechtigt mit *ZEUS* und dessen Geschwister über den Menschen zu herrschen. Er wird jedoch nicht, wie die anderen *titanischen* Gewalten, in den *Tartaros* verbannt und kann somit weiterhin seinen Einfluss auf die Menschen ausüben. Schließlich wird er durch die, den Willen des ZEUS ausführende göttliche Gewalt *HEPHAISTOS*, an den Felsen gebunden und damit sein Einfluss auf den Menschen beendet. Seine Bemühungen führen dazu, dass sich das Verhältnis des von ihm betreuten Menschen zu den göttlichen Gewalten verändert. Waren die Götter zu Beginn der

Entwicklung unter *Prometheus* Führung noch die allgewaltigen, über Tod und Leben entscheidenden Kräfte, denen man seine „OPFER" brachte, so wird das veränderte Selbstwertgefühl des Menschen und seine veränderte Einstellung hinsichtlich der überwältigenden Machtstellung der Götter in den griechischen Geschichten dargestellt durch die „Opfererzählung". Durch das „Opfer" bringt der Mensch seine Beziehung zu der ihn umgebenden Welt mit ihren (für uns Heutigen) nicht sichtbaren Gewalten zum Ausdruck. Es gibt die Qualität seiner Verbundenheit mit dieser wieder. Der Ursprung des Opfers an die Götter liegt wohl darin begründet, dass der Mensch sich in seinem Wohlergehen als abhängig empfindet von großen, mächtig auf ihn einwirkenden, nicht sichtbaren Gewalten. Umso ohnmächtiger und abhängiger er sich von diesen Gewalten fühlt, desto größer wird, im Falle der Beseitigung eines Mangels, seine Dankbarkeit diesen gegenüber ausfallen. Wenn die Dankbarkeit groß ist, findet das seinen Ausdruck in der Bereitschaft, durch das Opfer auf einen Teil der für das Überleben so wichtigen Erzeugnisse zu verzichten. Dieser Teil wird aus dem Gefühl der Dankbarkeit sowie der Hoffnung, diese Gewalten weiterhin für sich zu gewinnen, den göttlichen Kräften durch das Opfer übergeben. In der Erzählung der

„Opfergabe" des Prometheus

bietet der Mensch seinem obersten Gott *ZEUS* zwei Pakete an Opfergaben an. *ZEUS* soll entscheiden, welches von beiden er annehmen wird. Das erste Paket sieht schön und appetitlich aus. Es besteht jedoch im Wesentlichen aus gefällig verpackten Teilen des Rindes, welche der Mensch nicht zu seiner täglichen Nahrungsaufnahme benötigt. Es ist ein Paket aus in glänzendem Fett eingepackten Knochen und anderen für den Bedarf des Menschen minderwertigen Resten des Rindes. Das zweite Paket sieht unansehnlich und unappetitlich aus. Es enthält jedoch das für den Menschen so wichtige Nahrungsmittel „Fleisch". Diese Opfergabe ist der Versuch, die ehemals allmächtig seienden Götter zu täuschen. Nicht weiterhin die Dankbarkeit und das Interesse an dem Beistand der göttlichen Gewalten steht im Vordergrund. Das eigennützige Denken des Menschen, oder das Gefühl seiner Unabhängigkeit von den göttlichen Mächten, wird durch diese Form des Opferns dargestellt. Indem der Mensch dieser Zeitepoche der obersten göttlichen Gewalt *ZEUS* diese zwei Opfergaben so unterschiedlichen Wertes zur Entscheidung vorlegt, wird verdeutlicht, wie es in dieser Entwicklungsphase mit der Macht im Hause bestellt ist. Der Mensch betrachtet sich nicht mehr als ein Wesen, welches höheren Mächten (göttlichen Gewalten) ausgeliefert ist. Sein persönliches Machtgefühl („ICH") ist schon hier dermaßen groß, dass er die zuvor herrschende göttliche Allmacht, in der Meinung, diese hintergehen zu können, herausfordert. Das Selbstwertgefühl des Menschen hat sich zu einem Grad entwickelt, an dem er die Strafe des durch die Opfergaben herausgeforderten Gottes nicht mehr fürchtet. Es ist die Phase, in der die Dankbarkeit des Menschen gegenüber den göttlichen Gewalten übergeht in die Phase, in der das Opfer aufgrund der Gewöhnung an traditionelle Verhaltensweisen ausgeführt wird. Das Opfer wird Gewohnheit und ist nicht weiterhin der Ausdruck eines Gefühls der Abhängigkeit und Dankbarkeit.

Wird durch die Darstellung der Opfergabe zum einen das Selbstverständnis des Menschen in dieser Phase seiner Entwicklung wiedergegeben, so macht diese zum anderen deutlich, dass der Mensch dieser Kulturepoche, die Verbindung zu den göttlich-ewigen Gewalten verliert. War er zuvor eingebunden in diesen nebelhaft-fließenden Erfahrungsbereich, indem die göttlichen Gewalten ihren ewigen *OLYMP* erbaut haben und hatte der Mensch somit die „Erfahrung" GOTT, so verliert er zu diesem Zeitpunkt seine

Gewissheit der göttlichen Gewalten, indem er die Erfahrung der göttlichen Welt verliert. Seine Aufmerksamkeit wendet sich von diesem Reich ab, um sich der konkret sichtbaren Welt fester Körper zuzuwenden. Waren die göttlichen Gewalten zuvor eine „Gewissheit", weil Erfahrung, so werden sie jetzt „Vorstellungen" und Bilder. Zeigt uns die „Opfererzählung", wie sich unter der Führung des *Prometheus* das Verhältnis des Menschen zu dem Göttlichen entwickelt, so gibt der griechische Mythos ebenfalls die Antwort des *ZEUS* auf diese Entwicklung in der folgenden Geschichte wieder. *Zeus* entwendet dem Menschen, als er sieht, wie „überheblich" dieser unter der Führung des *Prometheus* geworden ist, das „FEUER". Die göttliche Gewalt *Prometheus*, die ja nicht nur mit dem nachdenklichen *Epimetheus*, dem starken und beständigen *Atlas*, sondern ebenfalls mit den rebellischen Eigenschaften der ihm verbrüderten göttlichen Gewalt des *Menoitios* beschrieben wird, stiehlt daraufhin

„das" Feuer

aus dem „göttlichen" Reich, um es dem Menschen zu bringen. Dadurch gerät *ZEUS* dermaßen in Rage, dass er *Prometheus* an den „Felsen" binden lässt und die Menschheit mit der Frauengestalt der *PANDORRA* bestraft. Der Mensch hat zwar jetzt das *FEUER* wieder zur Verfügung, jedoch mit diesem hat er sich gleichzeitig sämtliche in der *Büchse der Pandora* befindlichen Übel eingehandelt. Die Wirkung des *Prometheus* auf den Menschen wird durch das Binden seiner Gewalt an den Felsen beendet. Auch wenn er nach Generationen des Leidens von dem Felsen befreit wird, so bleibt er doch nach seiner Lösung eine ohnmächtige Gewalt. Befreit wird er aus seiner Gefangenschaft durch eine menschliche Gewalt. Diese wird in den Geschichten zu ***dem*** gewaltigen Helden ausgeformt, dem der Namen *HERAKLES* gegeben wird.

Wenn für uns zu Beginn des Lebens die denkende Erfassung der Welt noch keine Rolle spielt, sondern die intuitive Aufnahme und das Durchdringen dessen, was wir so Welt nennen das „In-der-Welt-Sein" und die Reaktionen bestimmt, kommt es in der menschlichen Entwicklung „natürlicherweise" (*HERA*) dazu, dass die wiederholt gemachten Eindrücke, die in der noch frühen „ICH"-losen Zeit gewonnen werden, später in eine Ordnung gebracht werden. Die erkannten Erfahrungen werden im Nachhinein denkend systematisiert. Diese mit Worten und Begriffen in eine Ordnung gebrachten Wahrnehmungserfahrungen bilden die Grundlage für das entstehende Weltbild sowie für die Qualität des „ICH". Das noch „ICH"-lose Erforschen der Welt, indem diese mit allen den Menschen zur Verfügung stehenden Sinnen wahrgenommen wird und die denkende Verarbeitung dieser erlebten Eindrücke zu einer Ordnung, können wir als eine frühe Phase der Entwicklung des Menschen/der Menschheit betrachten. Diese menschliche Entwicklungs-phase mit der entsprechenden Welterklärung wird nach den griechischen Geschichten von einer Qualität beherrscht, die wir *Prometheus"* nennen.

Schreitet der Mensch in dieser natürlichen Entwicklung voran, werden die *Prometheus*`schen Forschungs-erkundungen seltener, und damit ebenfalls die Möglichkeit, die erstarkende Ordnung des „ICH" oder des gewonnenen Weltbildes durch gegenwärtige Erfahrungen zu korrigieren oder in Frage zu stellen. Hat das durch das Denken gebildete „ICH" erst einmal den herrschenden Platz in der Organisation des Menschen eingenommen, wird die Qualität der *Prometeus*`sche Welterfahrung zu einer Bedrohung der denkend hergestellten Ordnung. Jede Form der Loslösung von dieser erstarkten (erstarrten?) Ordnung wird der herrschenden Ordnung verdächtig. *Prometheus* wird schließlich von der stärkeren Gewalt *ZEUS* an den „*Felsen*" gebunden und ist dadurch keine Gefahr mehr für den Bestand der (göttlichen) Ordnung, die den Menschen in die Zukunft führen wird. An Hand der in den Geschichten dargestellten *OPFERERZÄHLUNG* wird beschrieben, wie es gegen Ende dieser von *Prometheus* dominierten Epoche der frühen menschlichen Entwicklung mit der Beziehung des Menschen zum Göttlichen bestellt ist. Hat er es vorerst mit einer Welt, die durch den unendlichen Raum und die unendliche Zeit geprägt ist; hat er es zu Beginn dieser Entwicklung mit einer schemenhaften, sich nicht abgrenzenden, körperlosen Erfahrungswelt zu tun und war diese also „Erfahrungssache", wird sie im Laufe der Entwicklung zu einem „Bild" (Ansichtssache). War das Leben des Menschen zuvor ein „ICH"-loser, durch willkürlich auftretende Willensimpulse geprägter Traum, wird sein Fühlen und Wollen sich zukünftig innerhalb der vom Denken entworfenen Ordnung bewegen. Die Grenzen und Möglichkeiten sind von dieser festgeschrieben. „Gut" und „Böse" ist definiert. Sein „ICH" ist fest und stark geworden. Die Meinung, das Leben durch eigene Fähigkeiten meistern zu können, ist vorherrschend. Wenn es in den griechischen Geschichten weiterhin heißt, dass *Prometheus* den Menschen, kurz vor seiner Gefangenschaft an dem kaukasischen Felsen das Feuer aus dem göttlichen Bereich *zurück* bringt, stellt sich natürlich die Frage, welches *Feuer* der griechische Mythos wohl damit meint.

Es wird in den griechischen Geschichten erzählt, dass diese Wahrnehmungsqualität namens *Prometheus* das *Feuer* dem göttlichen Reich entwendet. Allgemein wird mit diesem Bild *„Feuer"* das materiell-sichtbare Feuer, welches das Fundament menschlichen Schaffens und Entwickelns unter der späteren Herrschaft der göttlichen Gewalt *HEPHAISTOS* war und immer noch ist, gleichgesetzt. *„Feuer"* als Energie, die der Materie zugeführt werden muss, damit diese sich dem

Wunsch des Menschen entsprechend verändern kann. Er stiehlt das Feuer jedoch aus dem *„göttlichen"* Reich, um es dann den Menschen zu bringen. Da es aus dem göttlichen, d.h. körperlos-geistigen Reich gestohlen wird, können wir davon ausgehen, dass es sich nicht um das sichtbare *Feuer* handeln wird, welches wir mit diesem Begriff in Verbindung bringen. *„Feuer"* nennen wir in der Regel die Erscheinung, die sich ergibt, wenn die feste, sichtbare Materie in den nicht sichtbaren gasförmigen Zustand überführt wird. Bei diesem Vorgang wird Energie in Form von Wärme und Licht freigesetzt, was wir sehen und spüren können. Das Wahrgenommene und seine Wirkung auf uns wird als „Feuer" bezeichnet. Das „Feuer" erwirkt den Übergang des erstarrt-verdichteten Materials in den konturlos-gasförmigen Zustand. Nun bringt *Prometheus* dem Menschen das *Feuer*, als dieser sich nicht mehr in die göttliche Einheit eingebunden fühlt, sondern eine relativ große Distanz zu diesem ewig-göttlichen Reich spürbar ist. War das Vermögen des Menschen, zu Beginn seiner Entwicklung mit seiner Aufmerksamkeit in die göttlichen Bereiche zu gelangen, ein natürlich Gegebenes, wird es dem sich in eine Ordnung hineinentwickelten Menschen mühevoll, die feste Ordnung mit seiner Aufmerksamkeit zu verlassen. War zuvor die Teilnahme an dem göttlich-ewigen Reich einem Loslassen (der „ICH"-Ordnung) vergleichbar, wird das Gelangen in die göttliche Sphäre in der späteren Ordnung lediglich durch die Überwindung des „ICH" möglich. Dieses Vorhaben ist gekennzeichnet durch Anstrengung. Um diese Anstrengung erfolgreich zu leisten, ist Energie notwendig. Bevor der Vorausdenkende und -schauende *Prometheus* die Menschen-gestaltende Aufgabe beendet, sorgt er dafür, dass der Mensch mithilfe des *Feuers,* sprich *ENERGIE*, die Möglichkeit erhält, mit seiner Wahrnehmung den Rahmen der „ICH"- Ordnung zu verlassen, um mit seinem Bewusstsein am göttlichen Reich teilzuhaben.

Die griechischen Geschichten erzählen, wie *Prometheus* von einem menschlichen Helden, der diese Energie zu größtem Erfolg nutzte, von dem Felsen befreit wird. Sie gaben dieser machtvollen Qualität den Namen *HERAKLES*.

HERAKLES

Wie diese Figur, durch die ein Vermögen des Menschen bildhaft dargestellt wird, sind auch die anderen Figuren, wie z.B. *Achilleus*, *Helena, Aeneas*, Verbildlichungen besonderer Gewalten. In ihnen ist nicht nur das zeitlich-Menschliche dargestellt, sondern sie haben zudem noch die Mitgift des ewig Göttlichen erhalten. Somit ist eine Qualität dieser Gewalten deren Unsterblichkeit und damit deren ewige Wirksamkeit im Streben des Menschen. Der griechische Mythos gibt die Entstehungsgeschichte des Menschen und der Menschheit wieder und gibt ebenfalls ein Spiegelbild der Seele des damaligen Menschen. Solch ausgestaltete Figuren wie *Herakles*, gehören als tatsächlich wirkende Gewalt oder als ein zu dieser Zeit im Menschen angelegtes Vermögen, und somit der Möglichkeit, mit diesem in die Welt hineinzuwirken, zum Seelenhaushalt der menschlichen Seele. Heute scheint man lediglich die äußere (oberflächliche) Gestalt des Mythos zu fassen. Geschichte und geographische Bestimmungen bilden den Schwerpunkt dieser Auseinandersetzung mit den alten Geschichten unserer Vorgänger auf dieser Erde. Solchermaßen werden die in ihnen dargestellten Erfahrungen und Erkenntnisse sowie die künstlerischen Bemühungen der Verfasser, Erfahrungen des Mensch-Seins wiederzugeben, wie so oft verleugnet. Letztendlich wird der Inhalt des Mythos von unserem VERSTAND auf dem Scheiterhaufen der OBJEKTE verbrannt. Unsere Erfahrungen mit diesen nur kurz auflodernden Strohfeuern zeigt uns jedoch, dass diese Feuer nicht wärmen.

Also *Herakles*, diese so mächtige Gestalt, die in den griechischen Geschichten so große Taten vollbringt: Warum handelt sie so? Was sind das für Taten, die sie vollbringt? Wie kommt sie auf diese Taten? Warum heißt diese Kraft *Hera-kles* bzw. was hat sie mit der Göttin *Hera* zu tun?

Der griechische Mythos beschreibt nicht ausschließlich die Qualität dieser *Herakles*-Gewalt, sondern er stellt ebenfalls dar, zu welcher Zeit in der Entwicklung der Menschheit sich dieses Vermögen im Menschen bildet. Dieses bildet sich innerhalb der *Zeus*'schen Ordnung zu einer Zeit, nachdem die *titanische* Wahrnehmungs-Gewalt *Prometheus* an die materielle Erde gefesselt wurde. Der Mensch verliert zu dieser Zeit seiner Entwicklung die Fähigkeit, auf natürliche Art und Weise die Ewigkeit zu durchdringen. Wenn nun diese von Zeus gewollte menschliche Kraft *Herakles* nicht nur den *Adler* des *Zeus* vernichten, sondern zudem die göttliche Gewalt *Prometheus* „befreien" kann, so wird in diesen Bildern angedeutet, dass in der *Herakles*-Kraft ein gewaltiges Vermögen der „willentlichen" Wahrnehmung der Welt sowie des Handelns verborgen liegt.

Die griechische Mythologie entwirft auf bildhafte Weise eine Ordnung der Gewalten, welche das Wollen der Menschen dieser Kulturepoche leitet. Die Menschen dieser Zeit und dieses Raumes wussten oder ahnten es, dass das sichtbar Körperliche lediglich der Ausdruck (die Verkörperung) des darinnen wirkenden seelischen Lebens ist. Jede Pflanze, jede Quelle wie auch jede Landschaft wird im Zusammenhang mit ihren nicht sichtbaren Wesenheiten empfunden und gedacht. Das materiell Sichtbare ist für den Menschen seelisch belebt. Auf dieser Grundlage ist es weder möglich, den Baum lediglich als Material für den Eigenbedarf zu betrachten noch diese „*Herakles*-kraft" auf eine aus- schließlich körperliche Gewalt zu reduzieren, wie wir es heute, durch die beliebten Spielfilme und Serien verführt, gewohnt sind. So werden ebenfalls die Götter und Helden in den griechischen Geschichten zu sichtbaren Verdichtungen der den gezeichneten Körpern einwohnenden nicht-sichtbaren Gewalten. Die Größe dieser Kraft *HERAKLES,* beschreibt der griechische Mythos an Hand der von dieser zu erledigenden Aufgaben. Wenn diese menschliche Kraft die von *Eurystheus* vorgegebenen Taten besteht und erfolgreich abschließen kann, ist in dem Mythos keine Wertung dieser Taten bekundet. Es wird lediglich darauf hingewiesen, dass

- diese Taten dem Menschen dieser Kulturepoche unmöglich auszuführen erscheinen bzw. die Taten nach der herrschenden Tradition nicht auszuführen sind.

- diese Taten auf Anraten des Gottes Apollon und gegen die Gewalt der Göttin *HERA* ausgeführt werden. Da *Herakles* die Sühneleistungen im Dienst des *Eurystheus* zu erledigen hat, kann man sagen, dass diese Taten zwar von *Herakles* ausgeführt werden, jedoch nicht seinem eigenen Willen entspringen.

- diese Taten mit der Überwältigung des *Nemeischen Löwen* beginnen und mit dem Eindringen in das Reich der Götter sowie des Totenreichs enden.

Es ergeben sich, wenn man sich dieser Gewalt nähern und sie begreifen will, unter anderem folgende Fragen:

- was kennzeichnet die Beziehung des *Herakles* zu dem Gott *ZEUS* und der Göttin *HERA*, wobei zu ergründen ist, welche Gewalten mit diesen (Götter)-Bildern dargestellt werden?

- was kann man der dargestellten „*Herakles*"-Biographie entnehmen, um die Qualität dieser Gewalt zu „verstehen"?

- Was vollbringt er für Taten? Welche Bedeutung haben diese? Ist in der Folge der Taten eine Entwicklung dieser als *Herakles* bezeichneten Kraft zu erkennen?

- Was bedeutet es, wenn diese menschliche, zeitlebens gegen die Göttin *HERA* anstrebende Kraft letztendlich, nach ihrer Auflösung mit dieser im Götterreich versöhnt und dort sogar mit ihrer Tochter *HEBE* verbunden wird.

Beginnen wir mit der im griechischen Mythos festgehaltenen Entstehungsgeschichte dieser Kraft.

Vater *ZEUS* verkündet das Erscheinen eines großen Herrschers unter den Menschen, den er mit einer Sterblichen gezeugt habe. *HERA*, eifersüchtig, beschleunigt jedoch die Geburt des *Eurystheus*, während sie die Geburt des *Herakles,* des von *ZEUS* so gepriesenen Gottessohnes, hinauszögert. *Eurystheus* wird Herrscher über die Menschen. *Herakles* muss sich mit einer untergeordneten Rolle begnügen. Schon in seiner Kindheit machen sich in dieser schnell wachsenden Gestalt seine großen Kräfte bemerkbar. In seinem Kindbett sind seine Kräfte und sein Tatendrang schon soweit ausgebildet, dass er die ihn bedrohenden *„Zwei Schlangen"* erwürgt. Später, noch jugendlich, erlegt er den *Löwen von Kithairon*, eine seiner ersten Heldentaten. Er verbindet sich mit einer Frau. Aus dieser Verbindung werden Kinder geboren. In einem von *HERA* verursachten Wahn tötet er seine ihm Nächsten. Das Orakel von Delphi befiehlt ihm, zur Abbüßung seiner Schuld eine festgelegte Zeit dem Herrscher *Eurystheus* zu dienen. Während dieser Sühnezeit im Dienste seines Herrschers, der in die griechischen Geschichten als schwächlich hineingezeichnet wird, bewältigt er die 12 gestellten Aufgaben erfolgreich, um nach Be- endigung dieser Aufgaben von dem menschlichen Wesen, welches ihm am stärksten zugeneigt ist, den „Tod" zu finden. Noch lebendig aber leidend, verbrennt er in den Flammen des zuvor von *ZEUS* bestimmten Scheiterhaufens, um schließlich in den Götterhimmel zu gelangen. Dort wird er mit der Tochter der *HERA* vermählt, nachdem die Spannung, die das Verhältnis dieser beiden Gewalten (*HERA-Herakles*) auf der *irdischen* Bühne bestimmte, dem Feuer zum Opfer fielen.

„*Herakles*" – das Wunschkind des ZEUS

Nach dem kosmischen Willen (*ZEUS*) ist es bestimmt, dass sich der Mensch zukünftig die Qualitäten des *Herakles* aneignet. Dieses wird im Mythos dadurch zum Ausdruck gebracht, dass „Vater" *ZEUS erfreut* und *stolz* die gewaltige Macht seines Sohnes vorhersagt. Wenn es nach seinem Willen ginge, würde diese menschliche Kraft in Zukunft das Leben der Menschen beherrschen. Doch *HERA*, die Gewalt der natürlich-irdischen Entwicklung, bietet Widerstand. Damit wird zum Ausdruck gebracht, dass diese *Herakles-Kraft* zwar eine dem kosmischen Willen entsprechende, jedoch keine natürlich-irdisch sich entwickelnde menschliche Gewalt ist. Wie dem *Odysseus* das Ziel von *ZEUS* gegeben wird und dessen Bruder *POSEIDON* die zu überwindenden Widerstände erwirkt, wird ebenfalls der *Herakles*-Kraft von *ZEUS* das Ziel gegeben, nur das in diesem Fall die durch *HERA* verursachten Widerstände von *Herakles* überwunden werden müssen.

Herakles und HERA`s Brust

Mit der göttlichen Nahrung, die er aus der Brust der Göttin *HERA* saugt, nimmt *Herakles* durch diese die den göttlichen Gewalten vorbehaltene Speise in sich auf und wird, trotz der großen Spannungen zwischen der menschlichen und der göttlichen Gewalt, durch diese Handlung mit der Göttin verbunden. Dabei ist bedeutsam, dass *ATHENAIA* dieses

Ereignis in die Wege leitet und dadurch zu erkennen gibt, dass sie dieser menschlichen Kraft zugetan ist und beistehen will. Die dargestellte Handlung verbindet die Kraft *Herakles* mit *HERA und* sie bezeugt ebenfalls die Gewogenheit der göttlichen Macht der Erkenntnis zu der Kraft, die wir *Herakles* nennen.

Herakles und die „Schlangen"

Schon im jungen Alter erwürgt die Kraft *Herakles* zwei ihn in seinem Kindbett bedrohende Schlangen. Die „Schlange" wird als die bildhafte Darstellung der traditionellen Wissensqualität verstanden. *Herakles* beseitigt durch diese Handlung die Möglichkeit, von dem Wissen, welches durch die bisherigen Erkenntnisse gewonnen wurde, überwältigt zu werden. Er „tötet" in sich durch diesen Vorgang die ihn zu bestimmten Handlungen zwingende Gewalt des bisherigen Wissens, welches zuvor durch Erfahrungen gewonnen wurde. Er wird in Zukunft handeln, ohne von dieser Qualität motiviert zu werden und „neue" Erfahrungen erleben. Es ist die Abkehr vom Traditionellen sowie die Zuwendung zu neuen, bisher in diesem Lebensraum unbekannten Erfahrungen, die diese Kraft auf solch besondere Weise handeln lässt. Ihre Handlungen sind folglich aus der Tradition des Denkens, Fühlens und Wollens nicht abzuleiten und zu verstehen. In dem Mythos verletzt *Herakles* zudem unwillentlich den *Zentauren Chiron*, der das bis zu dieser Zeit herrschende Wissen mit seinen Erfahrungen und seiner entsprechenden Weisheit zum Ausdruck bringt. Indem er das Alte in sich vernichtet, befreit er sich von der Vergangenheit. Dieses Bild des *„Schlangenmordes"* bringt zum Ausdruck, dass diese Kraft *Herakles* eine neue, noch junge, sich entwickelnde Kraft des Menschen ist.

Herakles und die Tötung seiner Verwandten

Herakles wird eine gewaltige Kraft. Er hat sich in jungen Jahren von den traditionellen Werten, die dem Menschen Struktur, Halt oder ein „ICH" geben, befreit. Hat er sich als junge Kraft von der Tradition getrennt, entledigt er sich jetzt durch die Vernichtung seiner ihm Nächsten aller menschlichen Bindungen, die ihn ebenfalls in die Zukunft hinein mit der irdisch-sinnlichen Welt verstricken würden. Die Kraft, die wir *Herakles* nennen, ist *allein*. Unter Eurystheus' Herrschaft vollbringt er 12 Taten, die dem derzeitigen, der Tradition verhafteten Menschen nicht erfolgreich zu meistern und deswegen unmöglich auszuführen erscheinen. Sie beginnen mit der Überwältigung des Nemeischen Löwen und führen nach der Überwindung anderer Gewalten zum Eindringen dieser Kraft in göttliche, ewige Bereiche. *Herakles* macht mit aufeinanderfolgenden Aufgaben und zunehmendem Alter eine Entwicklung durch. Beginnt sie vorerst mit der Überwindung irdischer Kräfte, wird ihre Aktivität am Ende in göttliche Räume geführt. Nach erfolgreicher Beendigung seiner Sühne-zeit wird er von seiner Frau Desdemona gegen ihr Wissen und Wollen getötet. Um die durch ihr Eingreifen verursachten Schmerzen zu beenden, lässt er sich verbrennen. Die Götter entführen ihn aus dem Feuer und nehmen ihn in ihrer Heimat, dem Olymp, auf.

Wir können aus der dargestellten Geschichte des *Herakles* erkennen, dass diese Figur

- als eine der Menschheit dieses Raumes unbekannte Willenskraft zu begreifen ist, die sich von der Tradition der bisher herrschenden Weisheit und des Wissens gelöst hat.

- als eine Willenskraftraft zu begreifen ist, die sich von allen Beziehungen löst und sich dadurch von der

Vergangenheit, der *Zukunft* und der „realen" *körperlichen Gegenwart* trennt.

- als eine absichtslose Kraft zu begreifen ist, die als pure Tatkraft von einem außerhalb von ihr wirkenden Willen motiviert wird.

Welcher Kraft in uns Menschen ist es nun möglich, solchermaßen zu handeln? Nach der griechischen Einsicht haben ebenfalls wir Heutigen diese *Herakles*-Kraft in uns. Kennen wir dieses von uns zu erarbeitendes Vermögen?

Die 12 „Auf – Gaben"

Anhand der 12 Aufgaben wird die Qualität dieses Vermögens sowie die Arbeit, die wir verrichten müssen, um uns diese anzueignen, beschrieben. Dieses Vermögen in uns Menschen, welches die griechische Mythologie *Herakles* nennt und in die Opposition zur göttlichen Gewalt *HERA* bringt, leistet in ihrem Sühne-dienst 12 Taten, die dem Menschen der griechischen Zeit nicht durchführbar erschienen. Losgelöst von den Erfahrungen der Vergangenheit und der Kultur der Gegenwart, Gedanken- und Sprach-los, als Konsequenz aus dem Verlust von Vergangenheit und Gegenwart, kann die *Herakles*-Kraft als nach Taten drängender, jedoch absichtsloser Wille bezeichnet werden. Wie auch in der ODYSSEE die Hindernisse, die *Odysseus* zu überwinden hat, von den einsichtigen Griechen nicht willkürlich gesetzt werden, beschreiben die Taten des *Herakles* ebenfalls eine Entwicklung. Dieses meint, dass diese neu dem Menschen einwohnende Gewalt, will sie als eine sich entwickelnde Kraft gelten, notwendiger maßen ihren Dienst mit der Überwindung des „*Nemeischen Löwen*" beginnen und mit der Überwältigung des Höllenhundes „*Kerbereus*" beenden muss. So gesehen wird man die 12 Taten als einen Ausbildungsweg bezeichnen müssen, der die Entwicklung der Qualität dieser *Herakles*-Kraft beschreibt. Nach jeder begangenen Tat wird diese Kraft", zu ihrem Herrscher *Eurystheus*, diesem schwachen „ICH", zurückkehren, um diesem die Früchte der ausgeführten Handlungen zu bringen. Erfährt während dieser Entwicklung *Herakles* größere Kraft, so ist ebenfalls die den Menschen beherrschende Gewalt, die wir *Eurystheus* nennen, einer Entwicklung unterworfen. Ist dieser Herrscher zu Beginn der Aufgaben noch präsent, so zieht er sich im weiteren Verlauf zurück, bis er schließlich der *Herakles*-Kraft nicht weiterhin persönlich entgegentritt. Das scheinbar herrschende „ICH" verschwindet beständig weiter in den Hintergrund, während *Herakles* mit jeder neuen bewältigten Aufgabe machtvoller und präsenter wird.

Der LÖWE

Der **Löwe** gilt als der König der Tiere. Er ist der Herrscher im tierischen Reich. Dieser *Löwe* ist jedoch nicht mit bekannten Waffen zu bezwingen. Viele haben sich daran versucht, aber, da dessen Fell unverletzlich ist, haben sie die gewaltige Kraft des Tieres nicht bezwingen können. Die *Herakles*-Kraft „erwürgt" dieses Wesen. Der *Löwe* bringt bildhaft eine Gewalt zum Ausdruck, die das Leben des Menschen seit langem beherrscht. Diese ist bisher nicht zu überwinden gewesen. Erst die neue Gewalt *Herakles* ist in der Lage, diese den Menschen beherrschende Kraft zu überwinden. Diese (willentlich) erwürgend nimmt er ihr das Leben (Energie) und damit die Herrschaft. Was hat bisher den griechischen Menschen beherrscht? Das Begehren nach Essbarem, nach körperlicher Liebeslust, nach körperlicher Stärke und anderen, dem irdisch-Körperlichen zugeschriebenen Trieben, sind das Denken, Fühlen und Wollen des Menschen dieses Zeitraumes bestimmend. Dieser *Löwe*, nicht nur wild (unbeherrscht) und gefräßig (gierig), wird zum Bild für diese dem Leib zugeschriebenen Bedürfnisse. Mit der Überwindung des

Nemeischen Löwen wird dargestellt, mit welcher Aufgabe die Ausbildung der *Herakles*-Kraft beginnt:

mit der Überwindung der Herrschaft des Leibes über die menschliche Persönlichkeit.

Die HYDRA

Die *Hydra* ist ein mehrköpfiges Ungeheuer, welches im wässrigen Element zu Haus ist. Für jeden abgeschlagenen Kopf wachsen ihr zwei neue nach, sodass es unmöglich erscheint, die *Hydra* zu bezwingen. Der Kraft *Herakles* gelingt jedoch auch dieses, indem er ihre Halsstümpfe mit Feuer ausbrennt. Er verhindert auf diese Weise das Nachwachsen der Köpfe. Der abgetrennte Hauptkopf des Ungeheuers, welcher unsterblich ist, wird von ihm unter einem Berg von Geröll begraben und das Blut der *Hydra* als tödliches Pfeilgift benutzt.

Die *Hydra* ist das Bild für die in uns Menschen wirkenden Kraft der Gefühle und Leidenschaften. Sie sind im Kern nicht sterblich, gehören dem Menschsein an aber sollen diesen nicht beherrschen. Verdrängt man eine Leidensqualität, wird diese sich über unterirdische Bahnen neue Wege suchen, um verdoppelt das Leid zu vergrößern. Das Blut ist giftig und kann das Leben des mit diesem Blut infiziertem Wesen vernichten. *„Die Halsstümpfe des Ungeheuers werden mit Feuer ausgebrannt"*. Das *Feuer*, das *Licht* sind Bilder, die die „Erkenntnis" oder das Bewusstsein zum Ausdruck bringen. In diesem Falle kann man wohl sagen, dass das Nachwachsen und Wuchern der Leidenschaften von diesem Vermögen (*Herakles*) verhindert wird, indem es das Wesen der *Hydra* „erkennt" und die entsprechenden Gegenmittel findet.

Der Beginn der Ausbildung dieser Kraft *Herakles* widmet sich der Befreiung von der die Lebensgestaltung bestimmenden Herrschaft des Leibes und der Leidenschaften.

Die HIRSCHKUH

Die *kerynitische Hirschkuh* (Hirsch u n d Kuh?), die als Wind-schnelles Wesen der Göttin *Artemis* zugehörig ist, zu fangen, wird die dritte Aufgabe sein, die die *Herakles*-Gewalt zu bewältigen hat. Bei dieser Aufgabe liegt der Schwerpunkt, neben der Vergrößerung der Willenskraft, in dem Erlernen der *Beständigkeit* und der *Ausdauer*. Durch die Gewalt *Herakles* hat der Mensch die Herrschaft des Leibes und der Leidenschaften überwunden. Mit dieser neuen Aufgabe wird diese sich die Kraft, die in der Ausdauer, Schnelligkeit und Beständigkeit der *Hirschkuh* liegt, aneignen. Mit diesen Qualitäten versehen, kann die *Herakles-Kraft* letztendlich die *Hirschkuh* einfangen und lebendig zu ihrem Auftraggeber bringen.

Der EBER

Die Überwindung des *Erymantischen Ebers* scheint gleichbedeutend mit der Beglückung zu sein, die der Mensch erfährt, wenn seine innerlich erstarrte Welt durch die wärmende Frühlings-Sonne aufgetaut wird. Das Leben, welches zuvor in der frostigen Kälte des „*Ebers*" erstarrte, wird durch die wärmenden Strahlen der Sonne zu neuem Wachstum und neuem Leben angeregt. Es erwachen die Lebensgeister. Das Leben öffnet sich nach der langen Herrschaft des Winters, der den Menschen in eine von Allem entfernende Erstarrung bannte, wieder der Welt. Die trostlose, kalte Leere in *Herakles* wird gefüllt mit der frühlingshaften Wärme der Sonne, unter deren Herrschaft diese Gewalt erblüht. Man kann vermuten, dass die Übungen zum Erlangen der Ausdauer und Beständigkeit den *Herakles*-Geist belebt und die eisige Distanziertheit zur Welt aufge- brochen wird durch Wärme und Lebensfreude. Der *Erymantische Eber,* der diese Kraft in einer erstarrten, lebensfeindlichen Haltung bannte, wird durch Übung in der Beständigkeit überwunden. Neue Lebenskräfte erfüllen die Seele. Mit diesen Kräften versehen, macht sich *Herakles* auf, die nächste Tat zu bestehen

Die STALLUNGEN

Waren die ersten Aufgaben notwendig, um den Willen des Helden *Herakles* zu stärken und zu festigen, so liegt der Schwerpunkt dieser Aufgabe in der *Reinigung* des Seelenhaushaltes. Die Schlacken, die in der Vergangenheit angehäuft wurden, werden nicht dadurch, dass er Hand anlegt, sondern dadurch, dass er die Natur in Gestalt der beiden abwärts fließenden Flüsse (Energien) walten lässt, entfernt. Die zwei Ströme werden miteinander verbunden, um mit größerer Kraft die durch die Altlasten gefüllten und stinkenden Räume freizumachen. Entscheidend bei dieser Aufgabe ist es, dass die beiden Ströme willentlich-bewusst miteinander verbunden werden, um diese Wirkung „Reinigung" zu erzielen. Als Resultat dieser Handlung haben wir die *Leerheit* und damit die *Unschuld* der gereinigten (inneren) Räume.

Der STIER

Der *Stier* ist ein Geschöpf der Stimmungen (*POSEIDON*). Intensive Gefühle werden leicht zu Leidenschaften, die den Seelenhaushalt des Menschen beherrschen. Leidenschaften heißt „Leiden". „Leiden" gefährdet die innere Ordnung, die Sicherheit und Ruhe schafft. Leidenschaften können ganze Seelenlandschaften verwüsten. Der *Stier* ist ein kräftiges, wildes Tier, in diesem Fall unbeherrscht, zügellos. Die Kraft

Herakles zähmt diese zerstörerische Leidenschaft und legt ihr Zügel an, sodass eine unbedrohte innere Ordnung hergestellt wird. Die Leidenschaft wird zwar von der *Herakles*-Kraft kontrolliert und gezähmt, jedoch wird sie nicht vernichtet. Sie, die Kraft des *Stieres*, wirkt im inneren des Menschen wie ein Feuer, welches den Menschen zu Taten antreibt und ihn erstrahlen lässt. Jedoch muss er Herr über dieses Feuer werden, welches sich ansonsten zu einem Buschbrand ausweiten kann, das die ganze Persönlichkeit des Menschen aufzehrt und vernichtet. Die 6. Aufgabe ist *der Kontrolle dieses den Menschen belebenden inneren Feuers gewidmet.*

Die ROSSE

Diomedes ist ein Sohn des *ARES*. „*ARES*" ist ein Bild für die ewig im Menschen wirkende Gewalt des Bestreitens und des Trennens. Der Beherrscher dieser *Rosse* kennt also lediglich den Zank und die trennende Zergliederung. Beständige Trennung ohne Versöhnung und Wiederver- binden führt zum Tod des Ganzen. *Die Rosse des Diomedes fressen Menschen.* Sie vernichten deren Persönlichkeit, nicht weil sie von Natur aus so veranlagt sind, sondern weil die Kraft *Diomedes* sie zu diesem Verhalten zwingt. *Herakles* zähmt die *Rosse*, indem er ihnen ihren Herrscher (und damit ihren Willen) *Diomedes* zum Fraß vorwirft. Von dessen Herrschaft befreit, werden sie folgsam und willig, bedürfen jedoch auch weiterhin, wie der *Stier* der Führung und Kontrolle.

Ebenfalls mit dem Bild „*Ross*" wird auf ein Wesensmerkmal des Menschen gewiesen. „*Rosse*", „*Pferde*" gelten als Bilder für die Intelligenz des Menschen, die den Zusammenhang seiner Lebenswelt durchdringt. Werden diese Verstandes- kräfte nicht von einer ganzheitlichen Kraft geführt, so wirken sie trennend im Sinn von „der (inneren) Einheit wider- streitend". Die Wirkung dieser Art von Verstandeskraft, die sogenannte *Intelligenz*, wird dann für den Menschen „tödlich" sein, wenn sie ihn von zu erlebenden Wirklichkeiten und somit Erfahrungsbereichen des Lebens abtrennt. *Herakles* befreit durch diese Tat die unter dem Einfluss des Diomedes (ARES) stehenden Verstandeskräfte.

Die VÖGEL

Mit ihren metallischen Federn, die sie auf die Menschen schleudern, verletzen oder vernichten die *Stymphalischen Vögel* diese. Da sie die Federn lediglich auf den Menschen abschießen, werden die *Vögel* eine Bedeutung für den menschlichen Seelenhaushalt haben. Das, was den Menschen von den Tieren unterscheidet, ist, dass er denkt. Das Denken setzt sich zusammen aus Worten. Die Worte fliegen durch das luftleere Gedankenreich wie die *Vögel* durch die nicht sichtbare Luft. Die Worte können den ganzen Menschen verletzen wie es die Federn der *Stymphalischen Vögel* tun. „Verletzen" meint, dass das davon *betroffene* Wesen in dessen vollen Entfaltung seiner Vermögen und Anlagen behindert wird. Die Anwesenheit der bedrohlichen Vögel/Gedanken führt dazu, dass der Mensch eine Schutzhaltung einnimmt. Die *Herakles*-Kraft schafft durch die Vertreibung der *Vögel* einen „leeren", alle Möglichkeiten in sich tragenden Lebensraum und die Schutzhaltung des Menschen kann aufgelöst werden. Der Mensch wird frei.

Die AMAZONEN

Hyppolyte, die Königin der Amazonen, besitzt ein „Schmuckstück", dass sie vom Gott *ARES* bekommen hat. Durch dieses Schmuckstück verfügen die *Amazonen* große Gewalt in einer Ordnung unterschiedlicher Gewalten. *Herakles* soll dieses Schmuckstück der *Hyppolyte* entwenden und es dem *Eurystheus* bringen.

Die *„Amazonen"* werden zu einem Bild für die Gewalt der Weiblichkeit in der griechischen Welt. „Gewalt haben" meint, die Kontrolle über andere zu haben. In diesem Fall ist es die Weiblichkeit, die die Gewalt, in der Regel, über die Männlichkeit hat. Die *Herakles*-Kraft widmet sich hier der Aufgabe, die Gewalt, die die Weiblichkeit auf die Männlichkeit ausübt, zu überwinden. Der Mensch soll von dem ihn natürlicherweise beherrschenden Zwang der körperlichen Anziehung (Eros) befreit werden. In dem Mythos eignet sich diese menschliche Gewalt das „Schmuckstück" der *Hyppolyte* an, um es dem *Eurystheus* zu bringen. Damit wird bildhaft beschrieben, dass die Kraft, die wir *Herakles* nennen, das natürliche Verlangen der Geschlechter zueinander überwindet.

Wie schon in den vorherigen Aufgaben kann sich der Mensch durch die *Herakles*-kraft von Zwängen und Gewalten befreien, denen der Mensch natürlicherweise (*HERA*) unterworfen ist. Wurden die bisherigen Aufgaben/Taten dem irdisch-persönlichen Dasein des Menschen zugeordnet, wird mit den letzten drei Aufgaben die Aufmerksamkeit dieser Gewalt auf das ewig-göttliche, also Leib-freie Reich gelenkt. Auch in diesem Reich hat die *Herakles*-Kraft Taten zu vollbringen. In diesem Zusammenhang wird darauf hingewiesen, dass *Herakles* sich in den „Eleusischen Mysterien" einweihen ließ. Die Mysterien-Schulen waren immer Einrichtungen, die den Menschen zur Einsicht in die nicht offensichtliche aber allem Leben zu Grunde liegende göttliche Ordnung führen wollen. Auf Grund dieser Schulung gelingt es der *Herakles*-Kraft in die ewigen Sphären einzugehen und wohlbehalten wieder daraus in die irdische Wirklichkeit zurückzukehren. Natürlich kann auch nur derjenige, der diese Einweihung in die Geheimnisse des Lebens erfahren konnte, Auskünfte über diese geben. Oder mal anders gesagt: Wer den Brokkoli gegessen hat, kann dessen Wirkung auf Seele und Leib wiedergeben. Wer lediglich den Geruch des Brokkoli wahrnehmen konnte, dem wird es natürlich unmöglich sein, über dessen Wirkungen sowie die in den Mysterien gelehrten letzten Wirklichkeiten genauere Aussagen zu geben. So ist jeder Mensch, der den Brokkoli wie ebenfalls die Erkenntnis der letzten Wirklichkeiten nicht erfahren hat, in der Situation, dass er eigentlich nichts darüber aussagen kann. Es verbleibt ihm lediglich, mit dem Bogen seiner Intuition, der mit der Sehne der Logik gespannt ist, seine Wortpfeile in die Richtung abzuschießen, in der er die zu begreifende Wirklichkeit erahnt. Ob er mit diesen Spekulationen das Wesentliche trifft, darüber gibt es keine Gewissheit. Die gibt es nur für die Richtung, in die er in diesem Moment schießt. Also schießen wir!

Die göttlichen RINDER

Die Kraft, die wir *Herakles* nennen, soll die vom *Riesen Geryones* bewachten göttlichen *Rinder* dem *Eurystheus* bringen. Diese *Rinder* befinden sich im göttlichen Reich. *Herakles* muss in dieses Reich gelangen und zudem, um dann die *Rinder* aus diesem Reich zu entführen, den drei-leibigen *Riesen* überwinden. Der *Riese* verbildlicht eine große Gewalt, die *Herakles* zu überwinden hat. Sie ist gekennzeichnet dadurch, dass sie sich aus *drei* Leibern zusammensetzt. Da wir es hier mit Bildern zu tun haben, die nicht sichtbare Gewalten darstellen, können es keine „Leiber" sein. Ich spanne meinen Bogen, ziele, und lasse meinen Pfeil schwirren auf die Gewalt der *ZEIT*. Diese hat drei Leiber: die Vergangenheit, die Gegenwart und die Zukunft. Um die Zeit zu überwinden, muss die *Herakles*-Kraft zuvor die Göttin *HERA*, die göttliche Gewalt der natürlichen zeit-bedingten Entwicklung, verletzen und zur Aufgabe zwingen, denn das Überwinden der Zeit ist keine dem Menschen natürlich gegebene Fähigkeit. Erst danach und nach der Überwindung des dargestellten *Riesen* kann die *Herakles-Kraft* den Lohn dieser Anstrengung mit sich führen und dem *Eurystheus* bringen bzw. die Beute als zusätzliche Energie in sich aufnehmen. Wenn also die Aufgabe darin besteht, *die Zeit zu überwinden,* bildet sie die Grundlage für die nächste Aufgabe, die erneut in das zeitlose Reich des Göttlichen führt.

Die GOLDENEN ÄPFEL

Herakles soll die Äpfel der *Hesperiden* stehlen, die an dem göttlichen Baum des Lebens wachsen und von den *Hesperiden* sowie einem hundertköpfigen *Drachen* bewacht werden. Es wird gesagt, dass *Herakles* auf dem Weg zur Ausführung dieser Tat den an den Felsen gebundenen *Prometheus* befreit. Dieser soll ihm dafür den Weg zu dem Garten gewiesen und ebenfalls seine Handlungsweise bestimmt haben. *Herakles* wird den sich dort befindenden *Atlas* dazu bewegen, ihm die Äpfel aus dem nahegelegenen Garten zu besorgen. *Atlas*, einer der *titanischen* „Brüder" des *Prometheus*, trägt ewiglich auf der Erde stehend den Himmel und sorgt somit dafür, dass dieser nicht auf die Erde stürzt. Einerseits trennt er die beiden Wirklichkeiten voneinander, andererseits verbindet er (durch sich) diese beiden Bereiche miteinander und wird somit zu einem wahren Bruder des vor-denkenden *Prometheus* und des zurück-denkenden *Epimetheus*, indem er durch dieses Bild des ewig Verbindenden zur Gewalt des *JETZT* wird, welche ebenfalls die beiden Mächte des *Pro-* und *Epimetheus* miteinander verbindet: vor – jetzt – zurück. *Herakles* wird bei dieser Handlung kurzzeitig zu der *Atlas-Kraft*, indem er dessen Aufgabe, die Trennung sowie die Verbindung der beiden Welten, übernimmt. *Die Äpfel der Hesperiden*, so wird gesagt, seien *ZEUS* und *HERA* von der *GAIA* zur Hochzeit geschenkt worden und weisen somit zurück auf eine weit zurückliegende Periode der irdischen Entwicklung. Darauf deutet ebenfalls die Unterstützung hin, die die *Herakles*-Kraft durch die *Titanen-*

Kräfte erfährt. *Herakles* führt mit dieser Handlung die Aufgabe, an den Ursprung des Menschen und der Welt zurückzukehren, erfolgreich aus.

ZERBEREUS

Als letzte Aufgabe wird dem *Herakles* aufgetragen, den das Totenreich bewachenden Hund *Zerbereus* dem *Eurystheus* zu bringen. Um diese Aufgabe erfolgreich bewältigen zu können, muss diese durch die Ausbildung der Mysterien gegangene Gewalt das Reich des Gottes HADES betreten und wieder verlassen können. *Herakles* überwindet durch den eigenen Willen die Gewalt des *Zerbereus* und führt diesen vor *Eurystheus* und wieder zurück in die Welt des HADES. Er gelingt wiederholt in dieses Reich und verfügt somit ebenfalls über die Fähigkeit, dieses Totenreich wieder zu verlassen. Mit der letzten Aufgabe überwindet er das, was allgemein unter dem „TOD" vorgestellt wird.

Die Kraft, die wir *Herakles* nennen, hat durch diese Taten die Herrschaft der leiblichen Bedürfnisse und Leidenschaften, somit die Verführbarkeit des Menschen durch leibliche Reize, überwunden, um danach ermächtigt zu sein, dem ewigen Reich der Götter teilhaftig zu werden. Diese Entwicklung wird die menschliche Einstellung zu Leben und Tod verändern. Man kann diesen Entwicklungsweg des *Herakles* als einen Weg beschreiben, der den Geist des Menschen von der Vorherrschaft des Leibes befreit bis dieser letztendlich die körperliche Hülle abstreift (Feuer), um sich mit dem ewigen göttlichen Geist zu vereinen. Wie der indische Buddha, der aus seinem Leib heraus erstrahlend zu den Göttern fuhr, wird ebenfalls dem **griechischen Buddha,** dem Bewusstsein, das wir **„HERAKLES"** nennen, eine hitzig-leuchtende Heimfahrt gewährt.

HEPHAISTOS

oder

Der Wurmfortsatz der griechischen Götterwelt

Der Mensch der griechischen Zeit wird in seinem Denken, Fühlen und Wollen geprägt durch die Ordnung, die der griechische Mythus bildhaft in den Götterhimmel malt. Er fühlt sich eingegliedert in einen ewigen Kosmos und ist der ihm ungewissen Gewalt des *ZEUS* unterworfen. Zudem befindet er sich auf der Erde (*HERA*) und ist ebenfalls deren Gesetz des Werdens untertan. Die Gewalten der verbindenden *APHRODITE* und des trennenden *ARES*, die in dem gewordenen *Troja*, welches unter der Schirmherrschaft der göttlichen Gewalt *APOLLON* steht, die Herrschaft ausüben, bestimmen seine Handlungsweisen und Ziele. Nach den ewigen Gesetzen des Universums und des irdischen Werdens kommt es zwar in der Entwicklung des Menschen zu den Inseln des Stillstandes und der Ruhe, jedoch bedeuten diese Ruhephasen nicht das Ende der Entwicklung. Neue Götter werden geboren und verlangen danach, dass der Mensch ihrer Gewalt den entsprechenden Raum in seinem Seelengefüge sowie in seinem äußeren Umfeld gibt. Dieser Vorgang verändert den bisherigen Status Quo und sprengt die bis dahin herrschende Ordnung und ihre Grenzen. *„Troja"* muss überwunden werden, damit die Entwicklung des Menschen mit den „neuen" göttlichen Gewalten fortschreiten kann. Als neue göttliche Kräfte gelten *ATHENAIA* und auch *HEPHAISTOS*.

ATHENAIA entspringt dem *„Kopf"* des *ZEUS*. Dadurch bringt der Mythos u.a. zum Ausdruck, dass diese göttliche

Gewalt als eine dem kosmischen Willen erwünschte zu begreifen ist bzw. diese als den Menschen in die Zukunft führende Willensgewalt den ewig gültigen Gesetzen des kosmischen Willens entspricht. Es wird hier bildhaft dargestellt, dass die Gewalt der „Erkenntnis" zukünftig für die menschliche Weltbegegnung eine führende Rolle spielen wird.

Die göttliche Gewalt des *HEPHAISTOS* jedoch, einer Eigenfrucht der HERA, wird von *ZEUS* als minderwertig abgelehnt. Die griechischen Geschichten bringen durch ihre Bilder zum Ausdruck, dass diese im Menschen wirkende Gewalt, keine die Menschheit *führende* sein kann. Als ein ewiger Diener der göttlichen Gewalten erfährt sie lediglich dann Wertschätzung, wenn sie, vom göttlichen Willen dazu aufgefordert, die Verherrlichung des Göttlichen kunstfertig zum Ausdruck bringt. Solange sie die „Funktion" des Dienens erfüllt, gedeiht der göttliche Organismus und die göttlichen Gewalten können machtvoll auf den Menschen einwirken, oder anders gesagt: verbleibt die dem Physischen und Zeitlichen zugewandte Aufmerksamkeit des *Hephaistos*, bei ihrer zum Dienen der anderen göttlichen Gewalten bestimmten Aufgabe, wird der Organismus „MENSCH" gedeihen und sich zu höherer Potenz entwickeln. Verlässt diese Gewalt die ihr durch die ewige Ordnung festgelegten Grenzen, wird sie die göttlichen Gewalten *HERA, APHRODITE, ARES* und *PROMETHEUS* versuchen zu „*binden*". Die ausschließlich dem Materiellen zugewandte Aufmerksamkeit würde den Menschen beherrschen und die anderen Seelenmächte (die anderen göttlichen Gewalten) wären scheinbar ihrer Kraft beraubt.

Zweiheit (Zweifel) – Kontrolle – Strategie: Begriffe, die die Methode *Hephaistos*'scher Herangehensweise an die Welt beschreiben. Das der sich unter dieser Herrschaft entwickelnde „Verstand" letztendlich diesen Qualitäten entsprechen und nach dem Märchen „Brüderchen und

Schwesterchen" zum „*Tiger*" werden muss, ist logisch. Somit sind ebenfalls die als „Erfolge" gefeierten technischen Errungenschaften mit den dieser göttlichen Gewalt zugeschriebenen Mängeln behaftet. Seien es im Speziellen die Gen-, die Atom- oder andere Techniken, die dieser *Hephaistos*'schen Wahrnehmung entwachsen; sei es der diese erschaffende Verstand; sei es das Phänomen „*Märkel*", oder sei es im Allgemeinen die auf das Materielle fixierte Aufmerksamkeit des Menschen; alle diese Erscheinungen sind Geburten dieser Art und Weise, die Welt wahrzunehmen und dementsprechend eine Werteordnung aufzustellen. Ist es nicht so, wenn der göttliche Wurmfortsatz *HEPHAISTOS* seine ursprüngliche Funktion nicht mehr ausführen kann, weil er „entzündet" ist, er den Bestand der Götter- und Menschenwelt bedroht? Ist es nicht so, dass, wenn der Hephaistos'sche Verstand die anderen zur menschlichen Wirklichkeit gehörenden Vermögen zur Bedeutungslosigkeit bringt, indem er diese „bindet", er den Menschen an seiner sich befreienden Entwicklung (WERDEN) hindert und dadurch aus der „Welt" letztendlich einen geistlosen Schrottplatz macht?

Die Hephaistos'sche Gewalt

Nach den griechischen Geschichten ist *Hephaistos* eine Eigenfrucht der *HERA*. Er entwickelt sich getrennt von den anderen göttlichen Gewalten und wird mit den festen, körperlichen Erscheinungen der Erde verbunden. Anders als der Cousin des *ZEUS,* der von den *Titanen* abstammende *PROMETHEUS*, der seine Aufmerksamkeit in den ewig bestehenden Himmel richtet, um danach das intuitiv Erfahrene mit Hilfe der wachsenden Verstandeskräfte in eine Ordnung (z.B. der göttlichen Welt) zu bringen, richtet die Gewalt *HEPHAISTOS* ihre Aufmerksamkeit ausschließlich auf das Materielle. Sucht die *Prometheus*'sche Gewalt u.a. Antworten auf die dem menschlichen Sein zu Grunde liegenden Fragen:

„Wer bin ich?" „Was ist der Mensch?", sucht die später geborene Gewalt des *HEPHAISTOS* lediglich Antworten auf Fragen, die sich ausschließlich auf die Gestaltung der materiellen Welt beziehen. Ist der *Prometheus*'sche zu Gewissheiten führende Weg der durch die Erfahrung der Selbst-(„ICH") Auflösung zur Selbsterkenntnis führende, ist die *Hephaistos*'sche Erfahrung durch Selbstverleugnung gekennzeichnet und führt zur Selbstvergessenheit. Ist die Grundlage des *Prometheus*'- schen Erkenntnisprozesses die Durchdringung des Ganzen (die Erfahrung der Einheit), so ist das Mittel des *Hephaistos*'schen Forschens das Beobachten des Prozesses, den der Gegenstand durchläuft und somit die Zweiheit (Subjekt-Objekt). Ist die Gewinnung der Gewissheiten durch die nach Einheit strebende Erkenntnisweise des PROMETHEUS ausschließlich dann möglich, wenn die KONTROLLE verloren wird, ist die Kontrolle über den Prozess Bedingung und Ziel des *Hephaistos*'schen Erkenntnisweges.

Diese Spätgeburt *HERA*'s ist nicht wie die anderen Götter und Göttinnen makellos. Sie wird als *klein*, *schwach* und *krumm* beschrieben, sodass HERA sich schämt, diese „Missgeburt" ihrem Gatten zu zeigen. Dieser verbannt diese neu geborene göttliche Gewalt dann auch mit Abscheu aus dem Götterhimmel und entsorgt *Hephaistos* auf die „Erde". Während sich alle anderen göttlichen Gewalten in den Götterhimmel einordnen, wird diese göttliche Gewalt vorerst mit der Erde und damit dem Materiellen verbunden. Sie richtet ihre Aufmerksamkeit ausschließlich auf die Verarbeitung des Stoffes und damit auf das De-Teil. Die Aufmerksamkeit bleibt hier auf das Spezielle und somit auf den von der Ganzheit abgetrennten Ausschnitt fixiert. Nach dem Erlangen der Meisterschaft in der Bearbeitung der Körperwelt wird diese Gewalt wieder dem göttlichen Reich als eine ausschließlich dienende Qualität eingegliedert werden.

Welcher Wert wird dieser Fähigkeit, sich auf die Körperwelt zu konzentrieren, in den griechischen Geschichten gegeben? Das Vermögen, die Aufmerksamkeit ausschließlich auf die materielle Welt zu richten, wird als, verglichen mit den durch die anderen Götter zum Ausdruck gebrachten Qualitäten, minderwertig betrachtet. Ist der Mensch auf ewig dem WERDEN (*HERA*) unterworfen; ist er in seinem Verhalten durch die beiden Gewalten Sympathie oder Antipathie (*APHRODITE/ARES*) bestimmt; ist er durch die ihn erfüllenden Leidenschaften und seelischen Stimmungen (*POSEIDON*) in das irdische Leben eingebunden und wird er sich in Zukunft lediglich durch die Erkenntnis (*ATHENAIA*) seiner Grundlagen von der Herrschaft der leiblichen Bedürf-nisse befreien können, so ist die *Hephaistos*'sche Fähigkeit, materielle Dinge zielbezogen zu behandeln, eine zwar den Menschen bezeichnende, jedoch nicht eine diesen beherrschende Gewalt. In den griechischen Bilderge- schichten wird *Hephaistos* zwar wieder in den ewig auf Erden wirkenden Götterkosmos eingegliedert, erhält dort jedoch weiterhin eine untergeordnete, den Willen der göttlichen Gewalten ausführende Rolle. Diese göttliche Gewalt wird dadurch nicht „gerade", „schön" oder „herrlich-gewaltig" wie die anderen Götter. Sie bleibt eine willenlose und deswegen reagierende Gewalt. Wenn auch nicht durch einen eigenen Willen bestimmt, so reagiert diese im Menschen wirkende Gewalt auf die Zurückweisung, die sie von den anderen Göttern erfährt, mit Neid. Die Gefühle des Neides und der Rache an den anderen Göttern, die dem Gefühl der Minderwertigkeit entspringen, werden für *HEPHAISTOS* ebenso ein Motiv, sich diesen gegenüber zu verhalten, wie andererseits seine Ergebenheit zu diesen.

Der entfesselte HEPHAISTOS

In folgenden Bildern wird die widersprüchliche Beziehung der Hephaistos`schen Gewalt zu den anderen Göttern dargestellt:

Das Binden *der HERA*

Es wird beschrieben, dass er der gewaltigsten irdischen Macht HERA (seiner „Mutter") einen goldenen Thron erschafft, den er jedoch mit unsichtbaren Fesseln ausstattet. Diese sollen die göttliche Gewalt des Werdens in Fesseln legen und zur Ohnmacht bringen können.

Das Binden der APHRODITE und des ARES

Es wird beschrieben, dass er von *ZEUS* zum Ehemann der *APHRODITE* bestimmt wird (nachdem er von der jungfräulichen *ATHENAIA* abgewiesen wurde). *APHRODITE* vereinigt sich in seiner Abwesenheit mit *ARES*. Mit den in seinem Ehebett versteckten Fesseln zwingt er die beiden göttlichen Gewalten zur Bewegungslosigkeit. Er bindet sie. Die Götter, die der erboste *HEPHAISTOS* als „Augen-Zeugen" herbeiruft, brechen bei diesem Anblick in ein „göttliches" Gelächter aus. Die Fesselung der göttlichen Gewalten des *ARES* und der *APHRODITE*, die zusammen die Grundlage des menschlichen Verhaltens bilden, werden durch die Fixierung der menschlichen Aufmerksamkeit auf das Körperlich-Stoffliche gebunden und *scheinbar* wirkungslos. Der Versuch des *HEPHAISTOS`*, diese göttlichen Gewalten zu überwältigen, erzeugt *göttliches* Gelächter. Vordergründig bezieht sich das Gelächter auf die bildhafte Komik des Dargestellten. Aber könnte es auch sein, dass die Götter über den Versuch des auf das Zeitlich-Materielle fixierten Menschen lachen, das ihn ewig Bewegende und Motivierende wirkungslos zu machen, indem er dieses bindet oder ignoriert?

ZEUS verbindet die *Hephaistos*`sche mit der versöhnenden Gewalt der *APHRODITE*. Es klappt jedoch nicht so recht mit dieser von *HEPHAISTOS* begehrten Ehe. *APHRODITE*, die Verbindung suchende Gewalt, ist dem *ARES*, der trennend wirkenden Kraft im Menschen, zwanghaft verbunden. Diese beiden gegensätzlich wirkenden Kräfte ziehen sich an. Wenn der Chef *ZEUS* dennoch der *Hephaistos*`schen Gewalt die Ehe mit dieser göttlichen Gewalt zusagt, kann man daraus entnehmen, dass es wünschenswert und ein Segen für die Welt und den Menschen wäre, dessen auf das Materielle fixierte Wahrnehmung mit dem Versöhnlichen und in den Zusammenhang bringenden Vermögen der *APHRODITE* zu vereinen.

Es ist die „Sehnsucht" des auf die *Hephaistos*`sche Qualität fixierten Menschen, die Verbindung mit dem Göttlichen einzugehen. Allein ist er durch seine Fixierung auf das Materielle nicht in der Lage, die ersehnte Verbindung mit dem Geistigen einzugehen. Bedeutet doch „Fixierung der Aufmerksamkeit", dass der Mensch sich lediglich auf einen Bereich des Lebens konzentriert, was zur Folge hat, dass die anderen zum Leben gehörenden Bereiche nicht wahrgenommen werden können. *HEPHAISTOS* ist somit das Bild für die im Menschen agierende Gewalt, die den Menschen aus dem Zusammenhang mit dem Ewigen herauslöst was gleichzeitig die Sehnsucht nach Einbindung in das Ganze in ihm entstehen lässt.

Es ist in diesem Zusammenhang bezeichnend, dass die göttliche Gewalt *POSEIDON*, Herr des „Flüssigen" und damit der (im Menschen) fließenden Stimmungen und Leidenschaften an *HEPHAISTOS* mit der Bitte, die beiden göttlichen Gewalten doch frei zu geben, herantritt. Ist doch gerade das

Zusammen- bzw. Wechselspiel von *APHRODITE* und *ARES* das Feuer, welches die Gefühle, Stimmungen und Leidenschaften in Wallung bringt, und somit ihn in seiner Bedeutsamkeit erhöht, er, der „Erderschütterer", also der, der das Feste, also ebenfalls eine erstarrte Ordnung, durch die Gewalt des Fließens und Strömens beständig bedroht.

Das Binden des Prometheus

Es wird beschrieben, dass der *Hephaistos`schen* Gewalt von dem Willen ZEUS befohlen wird, die göttliche Gewalt des *PROMETHEUS* an den Felsen zu binden. Die Machtlosigkeit dieser dem Menschen angeborenen Fähigkeit wird erwirkt durch die *Hephaistos`sche* Gewalt, indem der Mensch verführt wird, seine Aufmerksamkeit lediglich noch auf das Materielle zu richten, und sich von dem Ewigen und Ganzen (somit ebenfalls von der *Prometheus´schen* Wahrnehmungs-qualität) abzuwenden. Dass sich diese Entwicklung des Bewusstseins von einem in die Ewigkeit eingebundenen zu einem an die Zeitlichkeit gebundenen Menschen, natürlich, also im Einklang mit den kosmischen Gesetzen vollzieht, wird in den griechischen Geschichten dadurch zum Ausdruck gebracht, dass die Handlung des *HEPHAISTOS* dem Willen *ZEUS* entspringt.

Das Binden der Leidenschaften

Es wird in der „*ILIAS*" beschrieben, dass *HEPHAISTOS* in der Schlussphase der Eroberung *Trojas* dem *Achilleus* auf göttlichen Befehl der *HERA* zu Hilfe kommt. Von dieser dazu aufgefordert, bekämpft er mit seiner feurigen Energie erfolgreich die diesem entgegenwirkenden Flussgötter. Das neu im Menschen wirkende, auf das Materielle bezogene strategische Denken überwindet die der natürlichen Entwicklung entgegenwirkenden Leidenschaften einer vorhergehenden Entwicklungsstufe. In dieser Situation fesselt die *Hephaistos'sche* Gewalt die leidenschaftlichen Gefühlsfluten und verhilft *Achilleus* zu seinem zukünftigen Sieg über *Hektor*.

Diese vier bildhaft dargestellten Szenen mögen als Beispiele aus den griechischen Geschichten herausgestellt werden, um durch diese die göttliche Gewalt HEPHAISTOS zu beschreiben. Auch wenn er in den griechischen Ge-schichten nicht als vollwertiges Mitglied in den Götterhimmel aufgenommen wird, so verfügt er dennoch über das Vermögen,

- das natürliche WERDEN (*HERA*) zu behindern,

- die beiden menschlichen Grundlagen des Handelns Sympathie und Antipathie oder *APHRODITE/ARES* zu fesseln,

- die Prometheus'sche Wahrnehmung an das Physische zu fixieren,

- die der Entwicklung entgegenwirkenden Leidenschaften in kontrollierbare Bahnen zu bannen.

Seit den griechischen Zeiten sind einige Stunden und Tage vergangen. Man weiß heute noch, wie man *ZEUS* schreibt. *Prometheus* ward seit seinem Abgang vom Kaukasus nicht mehr gesehen und die anderen Götter fielen nur selten in die Aufmerksamkeit des Menschen ein. Wenn dem Herrn Heine die griechischen Götter noch traumhaft erschienen und in seiner Seele ihren göttlichen Duft hinterließen, so gilt heute die auf alle Bereiche angewandte Praxis des aufgeklärt-wissenden, eben modernen Menschen: *aus dem Auge, aus dem Sinn!* Aber damit sind die nicht sichtbaren Kräfte vielleicht „gebunden", jedoch deren Wirksamkeit nicht aufgehoben. Ist der Mensch heute nicht in der Situation des kleinen Kindes, welches sich die Hände vor die Augen hält und den umherstehenden Menschen voller Überzeugung zuruft: „Ätsch, Ihr könnt mich gar nicht sehen!"

Die *Hephaistos*`sche Wahrnehmungsqualität kommt erst spät unter der Schirmherrschaft des göttlichen Willens ZEUS in die Herrschaft ausführende Position. „Zu kurz gekommen", „minderwertig", „lahm", „behindert"! Das sind die Bilder, die diese göttliche Gewalt *HEPHAISTOS* beschreiben. Andererseits verhilft diese Gewalt gemeinsam mit den göttlichen Gewalten des Werdens, der Erkenntnis und der seelischen Stimmungen den Griechen zum Sieg über die *trojanische* Lebenskultur und schafft damit die Voraussetzung, dass *Odysseus* seinen Entwicklungsweg fortsetzen kann. Die *Hephaistos*`sche Gewalt wird in den griechischen Geschichten zwar ebenfalls als eine göttliche Gewalt dargestellt, jedoch als eine Gewalt, die aus dem Gefühl des Neides den anderen göttlichen Gewalten, und damit der Entwicklung des Menschen oder der Menschheit, zeitweise entgegenwirkt.

Nun, was ist aus dieser Menschheit bis heute geworden. Konnte sie sich dem Ziel ihrer Sehnsucht annähern? Ist sie unter der Führung *ATHENAIAs* kenntnisreicher geworden? Hat sie „erkennen" können, dass dort, wo der Mensch sein Leben nach den Regeln des „klugen" *Hephaistos*`schen Verstandes führt, die Voraussetzung für das Entstehen eines übergroßen Mangels (*Sehnsucht*) geschaffen wird? Hat sie „erkannt", dass dieser göttliche Gehilfe, dieser mickrige, immer beschäftigte und neidisch auf die anderen Götter blickende, unterwürfige *HEPHAISTOS* mittlerweile keinen Chef mehr über sich empfindet und schaltet und waltet, wie es ihm genehm ist? Hat sie „erkannt", dass diese, das Bewusstsein des Menschen prägende, hyperaktive Willen-Losigkeit mittlerweile den Menschen und damit die Welt beherrscht?

Die drei Erscheinungen *PROMETHEUS, HERAKLES* und *HEPHAISTOS* sind als Wahrnehmungsqualitäten des

Menschen zu betrachten. Diese bildhaft dargestellten Gewalten erscheinen in der Entwicklung der griechischen Ordnung nicht zufällig zu bestimmten Zeiten. Entspricht *PROMETHEUS* der der natürlichen Entwicklung des Menschen entsprechenden frühen (titanischen) Welt-Wahrnehmungsphase, in der das sich bildende „ICH" des Menschen noch der Erfahrung der alles relativierenden EWIGKEIT ausgesetzt ist, bildet sich die *Herakles*-Kraft zu einer Zeit, in der das „ICH" fest in eine Ordnung eingebunden ist. Die Gewalt des *PROMETHEUS* verliert zu dieser Zeit ihre Herrschaft über den Menschen. Sie entwickelt sich, an das Materielle gebunden, zur OHNMACHT. Die menschliche Gewalt *Herakles* befreit diese Gewalt von ihrer Fixierung an den Felsen. Die *Prometheus*'sche Welterfahrung, die dem Menschen in dieser frühen Entwicklungsphase eigen, also nicht „gewollt" ist, wird abgelöst durch das „willentliche" Vermögen des Menschen, die „ICH"-auflösenden Erfahrungen zu machen. Gab es zuvor kein „ICH", dass hätte irgendetwas „wollen" können (wie in einem Traum, indem ein „ICH" nicht anwesend ist und folglich ein persönlicher Wille nicht die Handlung des Geträumten bestimmt), bildet sich die *Herakles*-Kraft im Menschen als „Sohn" des *ZEUS*. Mit diesem menschlichen Vermögen wird es dem Menschen jetzt möglich, die festumgrenzte Ordnung „willentlich" zu verlassen, um in das ewige Götterreich zu gelangen. Mit dieser Gewalt ist dem Menschen ein Vermögen gegeben, welches, wenn es denn in dieser Zeitepoche (des individuellen Menschen und der Menschheit) angewandt und zur Grundlage des „Wollens" ausgebildet worden wäre, der Entwicklung der Menschheit einen Impuls in eine andere Richtung gegeben hätte. Wir wären nicht dort, wo wir jetzt sind! Es hat jedoch eine andere Wahrnehmungsqualität die menschliche Entwicklung entscheidend geprägt. Aus der göttlichen Ordnung geboren, also ebenfalls als ein natürliches Vermögen zu betrachten, schwingt sich der Gott *HEPHAISTOS* und damit das

Vermögen, die Aufmerksamkeit der materiellen Welt zuzuwenden, von seiner einstmaligen Dienerschaft zur Herrschaft über den menschlichen „Willen" auf. Die Fixierung der menschlichen Wahrnehmung auf die Konturen der sich voneinander abgrenzenden Körper führt dazu, dass die das Leben beherrschende Ordnung sowie das ihr zu Grunde liegende Weltbild, erstarren. Wenn *HEPHAISTOS* seine den Göttern dienende Position verlässt, um sich in eine herrschende Stellung zu erheben, so heißt dieses ebenfalls, dass die seine Wahrnehmungsqualität leitenden Prinzipien, Distanz und Trennung von Objekt und Subjekt u.a., ebenfalls in die alltägliche Weltbegegnung und die entsprechende Lebensgestaltung übertragen werden. Diese Prinzipien, die in der Erforschung und Bearbeitung der materiellen Welt ihren Sinn haben, werden auch in dieser Sphäre zu der herrschenden Herangehensweise an die „Welt" und an „sich". Es scheint so, dass, wollen wir diese Entwicklung rückgängig machen, um den Verstand wieder in seine dem Leben dienende Position einzuordnen, wir die Hilfe der menschlichen Kraft *Herakles* sowie den Beistand der göttlichen Gewalten der *ATHENAIA* und des *CHRISTUS* bedürfen. Mit der Hilfe der in diesen liegenden Qualitäten der Meditation, der Erkenntnis und der Liebe kann die Erstarrung, die durch die Fixierung der menschlichen Aufmerksamkeit auf das Vermögen des *HEPHAISTOS* erwirkt wurde, überwunden und ein Paradies auf Erden gestaltet werden. Machbar ist es, wir müssen es lediglich „wollen"!

Der „Göttliche Z O R N"

„Singe, oh Göttin, den Zorn des Achilleus"

So beginnt Homer die *ILIAS*. „ZORN"! Hm? Und dann noch der ZORN des *Achilleus*, einem Sohn der Götter! Mit dem Wort „göttlich" bezeichnet Homer die Gewalten, die „ewig" auf den Menschen einwirken werden. In diesem Sinne ist auch diese Stimmungslage „ZORN" auf den Menschen zu beziehen. Wir gehen davon aus, dass Homer (und seine Übersetzer), die Worte, Silben und Buchstaben bewusst an bestimmten Stellen einfügt und bei diesem Wort „ZORN" keine Ausnahme macht. Was unterscheidet das, was durch den Begriff „ZORN" zum Ausdruck gebracht wird von den anderen Begriffen, die ebenfalls ablehnende oder unwillige Gefühlslagen zum Ausdruck bringen?

Die ablehnenden Gefühle, die z.B. durch den Begriff „Wut" zum Ausdruck gebracht werden, benötigen in der Regel einen *sichtbaren,* äußeren Anlass, um ausgelöst zu werden. Dieser ist als Ursache, die die Reaktion „WUT" hervorbringt, festzustellen. Das Gefühl der Wut bezieht sich auf einen konkret sichtbaren Anlass. Es verbindet sich mit dem Gegenstand der Ablehnung zu einer offensichtlichen Ursache/Wirkung-beziehung. Das Gefühl „WUT" ist ein *persönliches* Gefühl des Menschen, da diese Reaktion bei dem einen ausgelöst werden kann, während bei einem anderen diese Reaktion nicht erfolgt. „Persönlich" meint ebenfalls, dass es von der gefühlsmäßigen Situation der Persönlichkeit abhängen wird, ob ein bestimmter Anlass zur Wut führt oder nicht. Wenn heute vereinzelt die Gewissheit herrscht, dass dieser Planet "Erde" durch den Menschen in seinem Fortbestand bedroht wird, erwartet man, dass die politischen Parteien Kraft der ihnen im Vertrauen übergebenen Herrschaft einträchtig dieser Entwicklung entgegenwirken. Da diese (Parteien) die Entwicklung jedoch scheinbar nicht wahrnehmen oder wahrnehmen wollen, kommt es bei dem Betrachter dieses Dramas zu einem Unmut über diese beobachtete Tatsache. Anstatt dass entsprechende Maßnahmen als Antwort auf die erkannten, auf uns zukommenden Probleme getroffen werden, spielen die die Menschen scheinbar anführenden Politiker weiterhin, als wären wir nicht in Gefahr, ihre „alten" gewohnten Spiele. Parteienzank und Herrschaftsstrategie, Postenschieberei, ein bisschen „Monopoly" sowie „Brot und Spiele" für die Bevölkerung. Das kann schon ganz schön wütend machen, wenn man diesen Widerspruch – Das, was getan werden müsste und Das, was getan wird – miterleben und erleiden muss. Das Gefühl der „WUT" richtet sich auf die Politiker und den sie begleitenden Tross an wissenschaftlicher Kompetenz, die sogenannten Experten, die auf diesen offensichtlichen Missstand nicht „wirklich" reagieren (da sie die Entwicklung dieses Missstandes zum eigenen „Vorteil" unterstützt haben?).

Die Empfindung „göttlicher ZORN" beschreibt nach Homer nicht die persönliche Stimmungslage des einzelnen Menschen als eine Reaktion auf einen sichtbaren Gegenstand. Die *BIBEL* schreibt ihrem *Gott* unter anderem zu, dass er ein „zorniger" *Gott* sei. Hier, wie in der *ILIAS* des Homer, wird die Empfindung „ZORN" mit dem Göttlichen, dem zeitlos-Unpersönlichen in Verbindung gebracht. Was heißt es, wenn die *ILIAS* als der *ZORN*-Gesang des *Achilleus* vorgestellt wird? *Achilleus*, der zuvor als „die Hoffnung" beschrieben worden ist? *Achilleus* ist nach Homer die „Hoffnung" der neuen, mit bisher unbekannten Vermögen ausgestatteten Menschenpersönlichkeit, an die Herrschaft zu gelangen, um die „SCHÖNHEIT" (die damalige Vollkommen-heit) zu erobern. Diese Generation ist bestrebt, die Gestaltung der Zukunft entsprechend ihrer neuen Vermögen zu übernehmen. „*Troja*", das Bild für die zuvor herrschende Kulturstufe, die dem mit dem neuen Erkenntnis-

Vermögen ausgestatteten Menschen nicht entsprechen kann, wirkt dieser Entwicklung entgegen. In der „alten" Kultur- und Gesellschaftsform, die von den „unbewussten" Leidenschaften beherrscht wird, kann sich das neue Vermögen, die denkende, zu Bewusstheit führende Gewalt der Erkenntnis, nicht entfalten. Die sich auf Unbewusstheit gründende Herrschaft und ihre davon profitierenden Eliten werden in ihrem Bestand durch diese neue, sich entwickelnde Gewalt der Erkenntnis in ihrer gesell-schaftlichen (herrschenden) Position gefährdet. Sie verwei-gern den von dieser „neuen" Gewalt geführten Menschen die Anerkennung und die ihnen gebührenden Stellungen in der gemeinschaftlichen Ordnung. Die von diesem Vermögen „Erkenntnis" erwirkten Bestrebungen müssen, sollen die alten Machtverhältnisse weiterhin Bestand haben, unterdrückt werden. Dem „neuen" Menschen wird somit die Freiheit, sich zu entfalten und in Zufriedenheit (Schönheit) zu leben, verwehrt. Die Beschränkung der sich entwickelten Vermögen (Fähigkeiten) über eine längere Zeit erzeugt eine die Entwicklung der Menschheit begleitende Stimmungslage, die wir den göttlichen „ZORN" nennen können. Die Tatsache, dass die im Äußeren herrschende Struktur, die alte Herrschaftsform mit ihren Absichten und Zielen, nicht der erworbenen Fähigkeit des sich weiterentwickelten Menschen entspricht, schafft eine *zornige* Grundstimmung, die eine die „Welt" umfassende Spannungslage erzeugt, die sich in verschiedenen Reibungen äußert. Nach Homer kommt es in der Entwicklung der Menschheit jedes Mal, wenn diese wieder einen Entwicklungsschub in Hinsicht auf die Anlegung neuer Vermögen erfährt, zu dieser Stimmungslage, die wir „ZORN" nennen. Diese Stimmungslage ist zu allen Zeiten die Voraussetzung für die Überwindung der bisher herrschenden Denk- Handelns- und Gefühlsstrukturen. Hatten die vorherigen gesellschaftlichen Strukturen, die dem in dieser Ordnung herrschenden Willen entsprachen ihre natürliche Berechtigung

(Unschuld), da diese dem Menschen das Überleben gewährleisteten und ihm dazu verhalfen, vorhandene Vermögen zur höchsten Blüte auszubilden, so beginnen sie jetzt den sich entwickelnden Menschen im Ausleben seiner neuen Bedürfnisse zu beschränken. Entwickelt sich der zuvor „blinde" Mensch zu einem „Sehenden"; entwickelt sich der „wortlose" zu einem „wortreichen"; entwickelt sich der zuvor der Willkür ausgesetzte zu einem in einer Ordnung eingebundenen „ICH"-Menschen, wird sich ebenfalls die Gemeinschafts-struktur (idealerweise) entsprechend verändern und sich dieser neuen menschlichen Wirklichkeit „anpassen". In dieser Phase der Entwicklung, in der das Bestehende, also das zuvor Gewordene, durch das Strebend-Werdende überwun-den wird, kommt es nach Homer jedes Mal zu den durch die Reibungen verursachten Spannungen. Diese Spannungen erwirken letztendlich das kosmische Gewitter, indem sich der ZORN in der Überwältigung des Bestehenden (*Troja*) entlädt.

Wir können davon ausgehen, dass es während des Übergangs der Menschheit von der *Uranus*-Entwicklungsphase, in der der Mensch noch eingebettet in der Mutter *Gaia* verharrt (Einheit), in die *Kronos*-Phase, in der der Mensch zwar sehend und beweglich, jedoch der herrschenden Willkür noch ausgesetzt ist, sowie von der *Kronos*-Phase in die Ordnung des *Zeus* zu diesem ZORN gekommen ist. Zudem ist es offensichtlich, dass auch wir (heutigen) Menschen diese Phasen mit den entsprechenden Spannungslagen in unserer individuellen Entwicklung erfahren. Nun erfährt der Mensch während der *Zeus*-Ordnung ebenfalls Veränderungen, die von dem göttlichen Zorn begleitet werden. In dieser Phase ist der Mensch zwar in seiner Körperlichkeit (Gestalt, Form) weitgehendst festgelegt. Die festgelegten leiblichen Eigenschaften erfahren natürlich den nach *HERA* bestimmten Wachstums- und Alterungsprozess. Entscheidende Veränderungen innerhalb dieser gewachsenen Ordnung sind jedoch in der Regel auszuschließen. Alle menschlichen Vermögen (Gewalten) haben ihren Platz gefunden. Die weitere Entwicklung unter der Führung der *ATHENAIA* bezieht sich von nun an lediglich auf die Neuordnung der der Persönlichkeit einwohnenden Kräfte. Die Entwicklung der Vermögen des Menschen während der *ZEUS*-Phase kann folgendermaßen beschrieben werden: Nach der ZORN-dominierten Stimmungslage, die den Übergang des Menschen von der *KRONOS*-beherrschten (WILLKÜR) in die *ZEUS*-Periode (ORDNUNG) begleitet und sich durch Streit, Kampf, Krieg, allgemein als Reibung kundtut, beginnt die Entwicklung des durch *ZEUS* bestimmten Zeitalters. Der überwiegend „ICH"-lose, noch einheitlich mit der Welt verbundene Mensch, entwickelt sich in dieser Zeit zu einem Verstandes-begabten und schließlich zu einem vom Verstand beherrschten Menschen. Mit dem Hilfsmittel „Denken" ist der Mensch zu Beginn dieser Phase bestrebt, die Wirklichkeiten des Universums zu erforschen, um sodann mit seiner Hilfe ein die kosmische Ordnung abbildendes Weltbild zu gestalten.

Die Wiedergabe der aus den Erfahrungen gewonnenen Erkenntnisse erfolgt in Bildern, die in einen Zusammenhang gebracht werden. Diese Phase wird beherrscht durch den Gestaltungsdrang des *Prometheus*, der Veränderungen des alltäglichen Lebens, sei es Ackerbau, Militär oder Medizin, sowie ebenfalls die Aufstellung einer Götterordnung (Mythologie), zur Folge hat. Es erfolgt ein Klima des ZORNES, als der mitherrschende *PROMETHEUS* durch den Willen des *ZEUS* von der göttlichen Gewalt *HEPHAISTOS* an den Felsen gebunden wird. In dieser Entwicklungsphase wird der Mensch schon beherrscht von dem ehemaligen Hilfsmittel „Denken". Die Fähigkeit des Ordnens der wahrgenommenen Erscheinungen mit Hilfe des Verstandes wird in Zukunft ausschließlich auf die körperliche und ihm sichtbare Welt angewandt. Das „Große und Ganze" bzw. die Ewigkeit entzieht sich seiner Wahrnehmung. Lediglich die Beobachtungen auch der kleinsten und entferntesten körperlichen Erscheinungen werden „registriert" und in sprachlicher Form wiedergegeben. Das Göttliche, das Ewige außerhalb und innerhalb des Menschen ist nicht weiterhin Inhalt des Forschens. Der Duft der Ewigkeit wird nicht mehr vernommen und die Diktatur der Leiblichkeit mit ihren Leidenschaften beherrscht das Leben. Es kommt zu einer erneuten ZORN-Atmosphäre, als die (göttliche) Gewalt der Erkenntnis, *ATHENAIA*, ihren Herrschaftsanspruch über das Wollen des Menschen geltend macht. „*TROJA*", das Symbol für die alte von *APHRODITE* beherrschte Kulturstufe, muss überwunden werden, soll die junge göttliche Gewalt die Herrschaft antreten. Reibungen, Krieg und Kampf drücken diese Stimmungslage „ZORN" wiederum aus. Der auf seine Gefühle und Leidenschaften fixierte Mensch erfährt unter ihrer Herrschaft schließlich das Vermögen, das Leibliche mit denkender (Selbst-) Erkenntnis zu durchdringen, um dadurch zu einem, von der Diktatur der Leidenschaften befreiten Verständnis der Welt zu gelangen. *ODYSSEUS*, begleitet von *ATHENAIA* stellt diesen Weg bildhaft dar. Wenn auch die göttliche Gewalt *ATHENAIA* bis heute ihre Herrschaft nicht antreten konnte, hat sie mittlerweile in ihren zukünftigen Herrschafts-ambitionen Unterstützung bekommen. Eine neue göttliche Gewalt, die des „*CHRISTUS*" hat sich mit ihr verbunden, um die Verantwortung für das menschliche Wohlergehen zu übernehmen. *GOTT*, auf den sich diese „neue" göttliche Gewalt beruft, wird in der Fortsetzung der (Mythen), dem christlichen Testament, nicht ausschließlich als „zorniger" *Gott*, sondern ebenfalls als „Arzt" dargestellt, der den Menschen zur „Heilung" (Ganzheit) führen will. Die Gesundheit des Menschen, von der ebenfalls die Gesundheit der Welt abhängt, ergibt sich auch unter der neuen göttlichen Gewalt dann, wenn alle Vermögen, die in die menschliche Gestalt gelegt wurden, sich in die Welt entfalten können. Die „Erkenntnis" mit der „Liebe" herrschend - und der Leib (also ebenfalls die Erde), als der dieser Herrschaft anvertraute Knecht, wird gesunden. Das Leben wird bewusster Traum.

Die Kunst des H O M E R

Tja, da hat der Homer einen wunderschönen Mantel gestrickt. Er hat alle Fäden, die er in seiner Erfahrungswelt finden konnte, zusammengetragen, um daraus nach dem Motto „Dichtung und Wahrheit" diesen bunten Umhang zu gestalten. Die schillerndsten Farben, rhythmisch angeordnet, und mit unsichtbarer Bewusstheit grundiert, lösen bei dem Betrachter die intensivsten Gefühle aus. Nun kann man sich bei der Beschäftigung mit dem griechischen Mythos auf die einzelnen Maschen konzentrieren und diese untersuchend, deren Kunst- fertigkeiten sowie deren Mängel hervorheben – eine tiefere Wirkung wird sich bei dieser Betrachtungsweise nicht einstellen. Wenn man beginnt, die Einzelheiten des Mythos` auf ihre historischen Hintergründe und „real-historische" Wahrheiten zu untersuchen, hat man Erkenntnis-technisch verloren. Man kann „verorten" soviel es möglich ist; das dem Mythos einwohnende Leben mit all seinen Erfahrungen und Erkenntnissen wird dadurch vernichtet. Seine Botschaft wird ignoriert, indem man den Mythos zu einem „Objekt" macht und sich somit diesem gegenüber, wie man es heutzutage gewohnheitsmäßig tut, die Distanz bewahrt und (objektiv) entgegen-stellt. Oder glaubt man wirklich, dass es lediglich der von Homer mit Worten gestrickte schöne Mantel ist, der den Wert seiner Geschichten ausmacht?

Neben der Leistung, die „erkannten" Erscheinungen und Kräfte in einer (göttlichen) Ordnung verbunden zu haben wird man in diesem Mythos das für die denkende Entwicklung so

Typische des Unterscheidens bzw. Trennens eines Ganzen in die Einzelkräfte wiederfinden. Man kann ebenfalls wahrnehmen, dass die Meisterschaft im Erkennen der Zusammenhänge in Bezug auf den menschlichen Leib und die Seele so außerordentlich umfassend ist, dass wir heutigen diesem, wenn überhaupt, wenig an Erkenntnis hinzuzufügen haben. Man wird weiterhin erkennen, dass Homers Werke nicht nur aufzeigen, wie der Mensch seiner Zeit in die Welt gestellt ist, sondern ebenfalls, auf welche Weise sich die Menschheit aus dieser bestehenden (griechischen) Ordnung heraus in die Zukunft hinein entwickeln wird. Am Beispiel des *Odysseus*, begleitet von der Göttin *ATHENAIA*, wird das WERDEN der zukünftigen Menschheit dargestellt. Und *ATHENAIA* ist die göttlich-gewaltige Kraft der Erkenntnis.

Damit ist schon des Menschen Weg vorgegeben, denn die Erkenntnis muss den Menschen notwendiger maßen in die BEWUSSTHEIT (*Christus*) führen.

Die Seele des blinden Sehers *Theiresias* weissagt dem *Odysseus* dessen Zukunft:

Es ist nicht vorstellbar, dass das beschriebene Land und deren Menschen den Griechen bekannt sind. Im Gegenteil werden die Griechen sich ein Land, dessen Menschen von den Errungenschaften der beiden Kulturmerkmale (Das Schiff mit seinem Ruder, gesalzene Speise) nichts wissen, nicht vorstellen können, es sei denn, man verlegt dieses „Land" in die Zukunft. Der, der die alte Ordnung verlässt, um dieses Land aufzusuchen, also in die Zukunft strebt und dadurch weist, ist *Odysseus, der* listig/wissende Mensch. Nun unterscheidet sich der Held *Odysseus* nicht nur durch die Fähigkeit des listigen Denkens von seinen Mitstreitern, sondern ebenfalls durch seine ihm tief einwohnende SEHNSUCHT. Ein Sehnen und Suchen gibt es erst dann, wenn der paradiesische Zustand der Einheit verlassen worden ist. Durch das Denken, welches der in die Zukunft weisende Mensch zu seinem Menschsein zählen wird, wird die Einheit jedoch in eine Zweiheit (der erfahrende und der *über* diese Erfahrungen nachdenkende Mensch) verändert. Die Auflösung der Zweiheit in die paradiesische Einheit, ist nicht nur das Ziel der Reise *Odysseus`*, sondern, nach den griechischen Geschichten, das Ziel der Reise des damals zukünftigen, d.h. *heutigen*, Menschen.

Die Aufmerksamkeit des Menschen ist heute überwiegend einer von dem rationalen Verstand (als eine der möglichen Verstandesformen) entwickelten Ordnung zugewandt. Überwiegend meint hier, dass sich die Aufmerksamkeit während des Schlafes, war sie zuvor auf die von den Worten dominierte „Wach"-Ordnung gerichtet, in die Bilderwelt zurückzieht. Wir können beobachten, dass bei unserem Eintritt in die Schlaf- und Traumwelt die Wörter den Bildern (und deren andersorientierten Ordnung) Platz machen und sie das Regiment in uns erst wiederergreifen, wenn wir aus dem Schlaf ins „Wache" zurückkehren. „ICH", der ich während des Schlafes nicht „war", kehre mit den und durch die Worte(n) wieder zurück. War die Schlaf- und Traumwelt dem „ICH" des Griechen noch so nahe, dass die Bilderwelt (Träume) bewusst in die Wach-Welt hineinwirken konnte, war ihr Verstand dennoch schon so entwickelt, dass dieser die innerlich wahrgenommenen Erfahrungen beschreiben, erklären und in eine zusammenfassende Ordnung bringen konnte. Dass diese Ordnung wiederum in Bild-Form dargestellt wird, deutet darauf hin, dass die Menschen dieses Zeitalters ihre innere Wirklichkeit sowie ihr Verhältnis zur Welt empfindend begriffen haben und ein Interesse daran hatten, diese Empfindungserfahrungen den Zuhörern so nahe als möglich zu bringen, um diese (Erfahrungen) ebenfalls in ihnen auszulösen. Dagegen fassen wir Heutigen, die wir unser Verhältnis zur „Welt" meinen denkend begreifen zu können, das erarbeitete Erklärungsmodell in Worte zusammen. Der denkende Mensch hat sich während dieser Entwicklung die Gedankenwelt erobert. Er hat jedoch gleichzeitig die Verbindung zu den in den Worten verborgen-en Bildern und den diese füllenden Empfindungen (Inhalt, Substanz) verloren.

Über die Geistlosigkeit

des Menschen der „griechischen" Zeitepoche

Die griechischen Mythen sind die gesammelten, künstlerisch bearbeiteten Darstellungen der Lebenserfahrung und Weisheit des Menschen (dieses Raumes?) bis zu dieser Zeit. Sie geben eine Entwicklung des Menschen und der Menschheit bis zu diesem Zeitpunkt der Menschheitsperiode wieder. Zum Inhalt haben die griechischen Geschichten die Erfahrungen und Erkenntnisse, die sie aus dem irdischen Leben gewonnen haben. Ihre Erfahrungsschätze bergen sie ausschließlich aus dem irdischen körperlich-seelischen Sein und dessen Entwicklung. In dieser werden Gesetzmäßigkeiten erkannt und als allgemeingültig für die menschliche-irdische Entwicklung betrachtet. Ihr Weg der Erkenntnis ist gekennzeichnet durch die nicht-denkende Erfahrung „Welt". Erkannt wird so ebenfalls die Geschichte des individuellen Menschen bis in die Tiefen des *Tartaros*, selbst der *HADES* ist vor einer *HERAKLESKRAFT* nicht sicher. Das „Verstehen" dieser endlich-Irdischen Welt erfolgt durch teilnehmende Erfahrungen oder das ERINNERN an die erlebten Erfahrungen. Die entsprechend erkannten Qualitäten und Gesetze werden als göttliche Ordnung in den Himmel gemalt. Die Zeitepoche, welche der Erfahrung der irdischen Entwicklung in einem Körper vorangeht, wird „*CHAOS*" genannt. Da der griechische Mensch seine Erfahrungen lediglich in der körperlich-irdischen Welt erleben konnte, ist es nicht verwunderlich, dass er die Erfahrung des „*CHAOS*'" nicht wiedergegeben hat. Wäre diese Zeitepoche „*CHAOS*" von unseren Vorfahren dieser Zeit durchdrungen worden, hätte also diese (geistige) Welt mit zu ihrer Erfahrungswelt gehört, können wir sicher sein, dass sie, bei der Meisterschaft, die sie in der Darstellung der im Menschen wirkenden Kräfte gezeigt haben, ebenfalls für die Beschreibung dieser Erfahrungswelt die entsprechenden Bilder gefunden hätten. Aber diese Erfahrungswelt „*CHAOS*" war noch nicht Teil ihres Lebens. Das „*CHAOS*" wurde erst Erfahrungswelt des Menschen, als der „Geist" in die Seele des Menschen einzog. Dadurch, dass der göttliche Wille, (und somit ebenfalls das vormalige Reich des „*CHAOS*"), Teil der menschlichen Erfahrungswelt wurde (durch den göttlichen „Sohn" und Mittler Jesus *CHRISTUS*), wurde es dem Menschen jetzt möglich, dass durch diesen und in diesem „Geist" erlebte, zu erfahren, zu erinnern und darzustellen. Da in dieser Phase der Entwicklung dieses neue Vermögen in dem Menschen „geboren" wird, wie schon zuvor das „Sehen" und das „Denken" in den vorhergehenden Kulturepochen, verändert sich nicht nur dessen Seelenhaushalt entscheidend, ebenfalls die Erfahrung „Welt" und das dieser entsprechende „Weltbild" wird um eine Dimension erweitert. War die Entwicklung des Menschen vorchristlicher Zeit zeitlich begrenzt und beschränkte sich auf die Zeit der Geburt in einem Körper bis zu dessen Sterben und dem damit verbundenen Abstieg der Seele in den Hades, so wird seit dem Zeitpunkt *„Golgatha"* aus der gradlinigen Entwicklung des Menschen von „Geburt" bis zum „Tode" eine „runde Sache". Wurde zuvor die menschliche Aufmerksamkeit von der göttlichen Gewalt *ATHENAIA* in die tiefsten, dem Alltagsbewusstsein fernsten Reiche geführt, so durchdringt der zukünftige, mit Geist versehene und zu Bewusstheit kommende Mensch ebenfalls die nichtsichtbar-geistige Welt mit der Leuchtkraft des *„CHRISTUS"*. Nach den in den griechischen Mythen beschriebenen heidnischen Erfahrungen eines gradlinigen und einmaligen Werdens, haben wir es seit dem Zeitpunkt „GOLGATHA" mit einer allem zugänglichen Erfahrungswelt zu tun, in der sich nach der Phase von körperlicher Geburt bis zum körperlichen Tod eine Entwicklung des menschlichen Geistes von Tod bis zur wiedererfolgenden Geburt in einen irdischen Leib hinein anschließt. Zukünftig wird man aufgrund dieser Erfahrung von „Wiedergeburt" sprechen, die zuvor von einigen „aufgeweckten Geistern" schon vermutet worden sein mag. Verändert sich zu diesem Zeitpunkt die Qualität der Erfahrungswelt, und somit ebenfalls der Inhalt der Erinnerung, so verändert sich ebenfalls die Qualität der Sprache als Ausdrucks- und Mitteilungsmittel der erlebten Erfahrungen. Alte Worte bekommen einen neuen Wert. Neue Worte und Begriffe, die die jetzt neuen Erfahrungen sprachlich wiedergeben, werden geboren. War die Sprache in ihrer Welterklärung zuvor gebunden an die Wiedergabe der von jedem Menschen erfahrbaren und somit auch zu erinnernden „persönlichen" Geschichte, wird sie zukünftig den Menschen „unpersönliche", geistige Wirklichkeiten mitteilen, die zu erfahren es den meisten Menschen bis zu diesem Zeitpunkt nicht möglich war. Sprache, das Wort, wird Mittel, um damit „ewig-göttliche Erfahrungen" zu beschreiben. In sinnlich fassbar gegebenen „Bildern" werden Worte und Mitteilungen zu Gleichnissen, die auf geistig-göttliche Wirklichkeiten hinweisen.

War es die Leistung des Homer, durch die Worte Bilder zu gestalten, die den Betrachter seiner Werke auf die den Buchstaben zu Grunde liegenden Empfindungen und Erfahrungen hinweisen, obliegt es den ihm zeitlich folgenden Menschen einer anderen (Erfahrungs-) Kultur die Erfahrung „Geist" und "Liebe" bildhaft dazustellen. Wenn heute das spannungsreiche Verhältnis zwischen der SEHNSUCHT und dem realen Eingebunden-Sein in die irdisch-körperliche Welt den Menschen zu bestimmten Handlungen treibt, wird der Mensch der griechischen Zeitepoche, weil die von der Realität abweichende Sehnsucht nicht das ihn motivierende Element in seinem Seelenhaushalt darstellte, nicht unter dieser Spannung und diesem Widerspruch, gelitten haben. Eine heutige Werbung für materielle Produkte, die mit „LIEBE" wirbt, würde den Fernsehkonsumenten dieser vergangenen griechischen Zeitepoche nicht angesprochen haben, da dieser kein Verlangen nach „LIEBE" hatte. Da er kein Verlangen danach hatte, konnte er in dieser Beziehung keinen Mangel empfinden. Empfindet er keinen Mangel, greifen die mit LIEBE versüßten Werbeparolen nicht. Greifen diese nicht, kauft er eben kein Auto. So können wir aus den bei den Ausgrabungen nicht gefundenen PKW schließen, dass der Mensch dieser Zeitepoche nicht durch seine „Sehnsucht nach LIEBE" zu Handlungen veranlasst und die Gestaltung seines Lebens durch andere Qualitäten motiviert wurde. Wenn die LIEBE und die SEHNSUCHT für unsere Vorgänger keinerlei Bedeutung hatten, können wir davon ausgehen, dass ihr Leben ohne diese beiden Kräfte gestaltet wurde. Die Kinder werden nicht „liebevoll", jedoch „wohlwollend" angeschaut. Die Frau wird nicht „geliebt" oder „erkannt", jedoch „begehrt" und „geachtet". Es ist nicht wichtig, von seinen Mitmenschen „geliebt" oder „gemocht" zu werden, da „Ruhm", „Tapferkeit" und andere Qualitäten als Werte für die Gemeinschaft von höchster Bedeutung sind. Fällt der geistige Teil, der das „Begehren" oder „Wohlwollen" erst zu dem macht, was wir „LIEBE" nennen, weg, verbleibt der körperliche Aspekt des Bestrebens. Dieses durch die Gewalten *ARES* und *APHRODITE* dominierte unbewusste Bestreben prägt den Alltag des Menschen jener Zeit. Der Duft des Geistes, der heute über allem schwebt, ist nicht wahrnehmbar. Was verbleibt jedoch letztendlich, wenn wir diese (geistige) Qualität aus den verschiedensten, alltäglichen Erscheinungen des Lebens herausziehen? Was ist „Humor" ohne den Duft des Geistes? Welche Qualität drückt sich in der „Freude" aus, wenn man ihr den Geist entzieht? Ist das „Einander erkennen" ohne Geist möglich? Sind wir als geistlose Menschen nicht blinden Menschen gleichzusetzten, die das Licht nicht sehen können? Wenn man auch manches Mal bei der Anteilnahme an den wirtschaftlichen sowie den politischen Werbesendungen den Eindruck hat, als habe sich seit dem Ereignis von *„Golgatha"* der Mensch nicht wesentlich verändert, weil eine Entwicklung von der Geistlosigkeit hin zur geistvollen Weltbegegnung in diesen nicht spürbar wird, so kann dadurch jedoch nicht das „Werden" des Menschen in Frage gestellt werden. Es wird lediglich deutlich, dass der heutige Mensch und die geistlosen Gesellschaftsstrukturen, in die er sich eingelebt hat, als nicht „zeitgemäße" und somit als anachronistische Modelle der Weltbegegnung zu werten sind, da der heutige Mensch weit hinter seiner möglichen Entwicklungsfähigkeit zurückliegt. Er wird nun einmal, worauf der griechische Mythos schon seit über 3ooo Jahren hinweist, von der göttlichen Gewalt *ATHENAIA* begleitet, die den Menschen in die Zukunft betreuen wird. Der Mensch hat in ihr das Vermögen, die „irdische" Welt und somit sich selbst zu „erkennen". Wenn der *CHRISTUS* dann, ebenfalls seit über 2ooo Jahren, die noch kalt-silbern glänzenden philosophischen Erkenntnisstrahlen der *ATHENAIA* durch die gold-warmen, alles durchdringenden Liebesstrahlen erleuchtet, muss man sich doch fragen, warum er diese Vermögen, die ihn der Insel der Glückseligkeit, *ITHAKA* oder dem *Paradies*, näher bringen können, nicht nutzt!

A R B E I T

Wenn das Wort „ARBEIT" in dem Zusammenhang mit Homers Geschichten nicht angemessen sein würde, hätte der Herr VOSS das griechische Wort wohl nicht solchermaßen übersetzt. Dieses Tun des Menschen als, wie es heute üblich zu sein scheint, „Jobben", „Maloche", „Schaffen" zu umschreiben, würde dem Geschehen nicht gerecht werden. Man könnte „ARBEIT" im Sinne Homers als eine Anstrengung begreifen, die ein über die Gewinnung materieller Güter hinausführendes Ziel verfolgt. Sie ist das angestrengte Tun des *werdenden* Menschen. Der *LOHN*, der sich aus dieser Anstrengung ergibt, ist die größere Erfülltheit des Lebens, welche der Mensch erfahren kann, wenn die Arbeit auf das Ziel „Auflösung der Sehnsucht" bzw. „Erfahren der Einheit" gerichtet ist. „ARBEIT" wird zu einer Sinn-erweiternden Tätigkeit, deren Ziel nicht in der materiellen Sphäre begründet liegt. Sie ist ein Streben nach Abschluss, nach Ganzheit, nach Vollkommenheit - eben nach SCHÖNHEIT.

Die „sehende" Blindheit

Wir leben in einer Kultur in der in der Regel lediglich das Offensichtliche, das mit den physischen Augen Sichtbare, seinen Wert hat. Seien es die mit unseren Augen nicht wahrnehmbaren kleinsten Teilchen, wie zum Beispiel die Atome und Moleküle, werden diese, ihre Beschaffenheit und ihr Bestreben, uns jedoch an Hand von Modellen „bildhaft" vorgestellt. Wir haben den Eindruck, wir könnten sie, jedenfalls in unserer Vorstellung, „sehen". So werden die kleinsten Teilchen unseres Erklärungsmodells „Welt" sichtbar gemacht und dass daraus erfolgende materielle Weltverständnis, nachdem die „Welt" eine Zusammensetzung fester und sichtbarer Teile ist, wurde vorherrschend. Diese Weltbetrachtung bestimmt unser Handeln bezogen auf die Welt und ihrer Geschöpfe darinnen. Wir sind der Überzeugung, dass wir die Entwicklungen der Vergangenheit, die gegenwärtigen Prozesse wie auch die der Zukunft an Hand dieses Modells erklären können. Die auf dieser Grundlage der materiellen Weltauffassung gewonnenen Erkenntnisse und entwickelten Hilfsmittel maschineller Art wurden in den Alltag des Menschen eingebaut und mit der Zeit zu dem nicht hinterfragten Zentrum unseres gesellschaftlichen Lebens. Das musste dazu führen, dass sich der Mensch nicht nur dem Rhythmus der Maschine, sondern ebenfalls ihrer seelenlosen Mechanik anpasste. Wenn die Maschine defekt ist, wird sie, um weiterhin ihre Funktion erfüllen zu können, repariert. Wenn wir nicht ordnungsgemäß „funktionieren", gehen wir in der Hoffnung zum Arzt, dass dieser uns „repariert" und wir dadurch in Zukunft gesellschaftskonform funktionieren können. Das Axiom, auf welches sich die Praxis der menschlichen Gestaltung der Welt gründet und letztendlich zu den heute wahrnehmbaren Konsequenzen führen muss, lautet: „Das, was wir als die „Welt" verstehen, in der wir uns von körperlicher Geburt bis zu unserem leiblichen Tod bewegen, ist eine endliche Ansammlung von körperlich sichtbaren Teilen. Natürlich wären neben anderen Geschöpfen ebenfalls wir Menschen diesem Erklärungs-modell unterworfen. Dementsprechend wäre der „Friedhof" kein Ort, an dem wir unseren „Frieden" finden, sondern lediglich ein Schrottplatz, an dem unsere verwesenden Körper entsorgt werden. Der griechische Mythos teilt dieses Axiom und die daraus erfolgende Gestaltung des Lebens nicht. Jedes Geschöpf, jede Gegend oder regional gebundene Erscheinung wie Wald, Quelle, Fluss oder anderes, ist sichtbarer Träger der ihnen zugeordneten nicht sichtbaren Seele. Alles ist beseelt und letztendlich erst durch das Vorhandensein einer Seele lebendig. „Lebendig" meint: ein Mensch oder eine Landschaft geht durch die Wirkung, die sie auf ihre Umgebung ausüben, ein Verhältnis ein. Nur ein beseeltes Geschöpf entwickelt die Kraft, in seine Umgebung hineinzuwirken. Wenn der Mensch heute die griechischen Geschichten mit einem auf die körperlichen Erscheinungen festgelegtem Weltverständnis liest, bleibt das Unverständnis dessen, was in diesen an wundersamen Dingen dargestellt wird, zurück. Sicherlich erscheinen sie uns als „schöne", zeitweise recht „grausame", zuweilen „amüsante" und „merkwürdige" Geschichten. Aber eigentlich glauben wir nicht, dass das größte literarische Vermögen, welches die Menschen der griechischen Kulturepoche uns hinterlassen haben, darin besteht, den Zuhörern amüsante oder grausame Geschichten, noch dazu teilweise so sonderbaren Inhaltes, zu geben. Wir „ahnen", es steckt mehr „darin"!

Wir gehen davon aus, dass für den damaligen Menschen alle Erscheinungen beseelt waren und der körperlich-sichtbaren FORM eine nicht sichtbare Seele zugeschrieben wurde. Wenn wir nun unsere Fixierung auf das Sichtbare lösen, um unsere Aufmerksamkeit den in den Körpern wohnenden nicht sichtbaren Kräften zuzuwenden, werden ebenfalls wir diese Geschichten „lesen" können. Diese nicht sichtbaren Seelenkräfte des Menschen werden in den griechischen Geschichten durch Bilder sichtbar, und damit ebenfalls für den auf die Körperwelt fixierten Betrachter in ihren Verhältnissen zu anderen nicht sichtbaren Seelenkräften „erkennbar" gemacht. So findet der zur Erkenntnis oder Erleuchtung strebende Wille des Menschen seinen bildlichen Ausdruck in der Figur des *Herakles*. Die Bedeutung mit den entsprechenden Schlussfolgerungen, die sich, so gelesen, aus den griechischen Geschichten ergibt, wird vollkommen anderer Qualität sein, als wenn ein Leser, der auf ein materielles Weltbild fixiert ist, an die griechischen Geschichten herantritt. Ein Beispiel aus den griechischen Geschichten:

Nach diesen hatte der griechische Held *Herakles* einen Sohn, der ihm von all seinen Söhnen am ähnlichsten war. Die Mutter dieses Sohnes hieß „*Auge*", was in dieser Zeit wohl auch ein Wort für „Licht" war. *Auge* war eine *Priesterin* der ATHENAIA. Nach den griechischen Geschichten wurde sie auf dem Gelände eines ATHENAIA-Tempels von dem Helden *Herakles* vergewaltigt und gebar daraufhin den Sohn namens *Telephos* bzw. *Telephanes*. Wenn wir diese Geschichte nun auf der Grundlage unseres materiellen Weltverständnisses lesen, „sehen" wir eine körperliche Gewalttat, nämlich die Vergewaltigung dieser Frau durch den Helden. Wir beobachten eine verwerfliche Tat eines ansonsten hochgelobten und erwünschten Helden, welche damit begründet wird, dass diese Vergewaltigung „gottgewollt" war und der ausführende Held „nebenbei" betrunken gewesen sei. Ein für den Leser irritierender Image-Schaden des ansonsten so bewunderten Gottessohnes und seines Vaters? Wenn man die Geschichte jedoch von der Körperlichkeit befreit und die schon zuvor dargestellten Gewissheiten dieser Geschichte zu Grunde legt, wird (nicht nur) diese beschriebene Handlung eine andere Bedeutung erhalten:

„*Auge*", das „lichte", nach Erkenntnis strebende Bewusstsein (*ATHENAIA* wurde zuvor als Gewalt der Erkenntnis begriffen), wird von *Herakles*, dem nach Erleuchtung strebendem Bewusstsein, überwältigt, um durch diese Vereinigung das dem Vater so ähnliche, *das weithin leuchtende Bewusstsein „Telephanes" zu gebären.*

Auf der Grundlage, die Welt ist lediglich eine Ansammlung körperlicher Erscheinungen, bleibt diese „*Telephanes*"-Schilderung lediglich eine Tat, die eine zerstörerische Handlung zum Ausdruck bringt. Wird diese Darstellung jedoch von einem Verstand „gelesen", der die körperlichen Erscheinungen als Verbildlichung nichtsichtbarer Kräfte einordnet, kann diese Geschichte als Beschreibung für ein innerseelisches Ereignis eines Menschen begriffen werden, welches die Wirkung hat, in der Menschenseele etwas Neues (*Telephanes*) entstehen zu lassen:

Das „Lichte", zur Erkenntnis strebende helle Bewusstsein (*Auge, ATHENAIA*) des Menschen wird überwältigt von der nach Erleuchtung strebenden Kraft namens *Herakles*. Durch diese Überwältigung der Erkenntniskraft durch das „meditierende" Welterfahren wird ein neues, der *Herakles-Kraft* sehr ähnliches Bewusstsein im Menschen geboren – „*Telephanes*", *das weithin leuchtende Bewusstsein*.

Der „blinde Seher" Theiresias

oder

Was heißt schon „blind"?

Nun gab es zur Zeit des Homer, wie auch in unserer Zeit unterschiedlich einsichtige Blinde. So sind in seinen Werken ideale Blinde dargestellt, die die in Ihnen liegenden Anlagen zur höchsten Blüte ausgebildet haben. Auch damals gab es wohl jede Menge „leise Blinde" und nur wenige „weise Blinde". *Kalchas*, der „Seher" aus Homers Geschichte *„Ilias"*, in der er die Helden in ihrem Bestreben unterstützt, die Herrschaft *Trojas* zu überwinden, vermag mit seinen Augen die körperliche Welt zu fixieren. Er ist nach unserem Verständnis nicht blind. Er verfügt jedoch, im Gegensatz zu seinen Mitmenschen, über die Fähigkeit, die Fixierung auf die konturhafte Sinnenwelt zu lösen und mit seiner Aufmerksamkeit in die ewig fließende Nebelwelt einzutauchen. Er ist in der Lage, tiefer verborgene Entwicklungen wahrzunehmen und aus seiner „Schau" auftauchend, seinen Mitmenschen aktuelle Probleme umfangreicher zu deuten, als diese es in ihrer Kurzsichtigkeit können. Welchen Wert dieser Befähig-ung in der homerischen Welt zugemessen wurde, ist dem Verhalten *Agamemnons Kalchas* gegenüber zu entnehmen. Er, der Führer und WILLE der nach *Troja* strebenden gewaltigen Streitmacht unterwirft sich letztendlich der ihm persönlich nicht angenehmen Deutung des *Kalchas* und damit der Macht des „Sehers". Ob die Aussprüche der Seher nun tiefere Deutungen des Wirkenden oder anders genannt werden, auf jeden Fall hatte die damalige Menschheit anscheinend das auf Erfahrung beruhende Vertrauen in diejenigen Menschen, die die Gabe des „Sehens" hatten, sodass sie deren Rat in der Regel folgten. Wenn *Kalchas* über die Fähigkeit verfügt, Erscheinungen intuitiv wahrzunehmen und zu deuten, so scheint *Theiresias*, diese wichtige Figur in der griechischen Mythologie, darüber hinaus über weitere Fähigkeiten zu verfügen.

Es wird in den Geschichten beschrieben: *Theiresias* ist ein Priester des *ZEUS*. Er beobachtet zwei miteinander sich paarende Schlangen. Er erschlägt die weibliche Schlange. Daraufhin wird er von *HERA* in eine Frau verwandelt. Er/Sie heiratet und bekommt Kinder. Nach sieben Jahren beobachtet er wiederum zwei sich miteinander paarende Schlangen und erschlägt dieses Mal die männliche, worauf sie/er wieder zum Mann wird. Da er in seinem Leben die Erfahrung machen konnte, die männliche und die weibliche Gefühlswelt zu erleben, wird er von *ZEUS* und *HERA* bei der Frage, ob der Mann oder die Frau bei der körperlichen Vereinigung mehr Lust empfindet, hinzugezogen. *Theiresias berichtet*, dass die Frau 9-mal so viel Lust empfinden würde als der Mann. *HERA*, erbost darüber, dass er hinter dieses weibliche Geheimnis gekommen ist, schlägt ihn daraufhin mit *Blindheit*. *ZEUS*, dem dieses nicht recht ist aber diese Tat nicht rückgängig machen kann, schenkt ihm zum Ausgleich eine siebenfache Lebensdauer und die ihn zur Achtung bringende Weisheit. Nach einer anderen Geschichte des griechischen Mythos`, erblickt *Theiresias* die Göttin *ATHENAIA* während ihres Bades. Er „erblickt" diese, als sie, sich unbeobachtet wähnend, „nackt" ist. Zur „Strafe" dafür, dass *Theiresias* die Göttin „nackt" gesehen hat, wird er von ihr mit *Blindheit* geschlagen. Theiresias Mutter bittet *ATHENAIA* darum, diese Handlung wieder rückgängig zu machen. Aber auch diese göttliche Gewalt verfügt nicht über die Fähigkeit, die von ihr verursachte Wirkung rückgängig zu machen. Da es ihr leidtut, so an *Theiresias* gehandelt zu haben, verleiht sie ihm die Fähigkeit, die Sprache der Vögel zu „verstehen" und das Privileg, seine Weisheit mit in den *Hades* zu nehmen. Die vordergründige

Widersprüchlichkeit, in der *Theiresias* zum einen als *„blind"* beschrieben und zum anderen als „Seher" bezeichnet wird, zeigt auf, dass die Griechen es sich mit dem Begriff *„sehen"* nicht so einfach machen. In unserer Kultur wird derjenige Mensch als „blind" bezeichnet, der die körperlichen Abgrenzungen der sichtbaren Welt nicht wahrnehmen kann. Da er nicht in der Lage ist, die (gegenwärtige) Körperwelt mit den Augen zu „erkennen", sich jedoch unsere alltägliche Lebenspraxis (Verkehr, Bewegung, Arbeit usw.) sowie unser Welt-bild auf diesem Vermögen *„sehen"* gründet, wird nach heutigem Verständnis diese Unfähigkeit als Mangel bzw. als eine Behinderung eingestuft. Andererseits teilen wir mit den Griechen nicht deren Fähigkeit, in den von den Augen „gesehenen" Körpern ebenfalls die diesen einwohnenden nicht-sichtbaren Kräfte oder Seelen zu „sehen" und zu „erkennen". Diese Qualitäten können wir, wie ebenfalls die Griechen, nicht mit unseren physischen Augen sehen. Die nicht stofflichen Phänomene werden an ihren Wirkungen erkennbar und beschreibbar. Unsere Unfähigkeit, diese für die Augen nicht sichtbaren Kräfte und ihre Wirkungen wahrzunehmen, die in der Praxis ihres Alltags unvorstellbar war und ihrer Erfahrung sowie ihrem Weltbild so sehr widersprach, würden die Menschen der griechischen Kulturepoche wahrscheinlich als Behinderung eingestuft haben.

Kalchas, der „Seher" in Homers *Ilias* kann die Kontrast-reiche Welt der Körper wahrnehmen. Er verfügt jedoch zudem über die Fähigkeit, die Fixierung seiner Aufmerk-samkeit von dieser „Kontrast-reichen Körperwelt" zu lösen, um mit dieser sodann in die ewig-körperlose Welt einzutauchen. Letztendlich unterwirft *Agamemnon* sich dem Willen der Götter, die in diesem für die Augen nicht zu durchschauenden Reich ihren ewigen Olymp erbaut haben. Zu diesem haben die Seher,

Sänger und Deuter Zugang, um durch diesen Kontakt, die empfangenen Botschaften den Mitmenschen zu überbringen.

Theiresias wird neben der Blindheit durch eine lange Lebenszeit voll tiefer Erfahrungen und Erkenntnisse beschrieben. Er hat sich, und dadurch unterscheidet er sich von dem Seher *Kalchas*, durch sein langes Leben das erworben, was der Mensch mit „Weisheit" bezeichnet. Er ist nicht nur in der Lage, aktuelle äußere Phänomene zu deuten, sondern er ist ebenfalls befähigt, größere zeitliche Perioden des irdischen Werdens sowie der Entwicklungsgeschichte des individuellen Menschen zu überschauen und deren Gesetzmäßigkeiten zu erkennen. Aufgrund dieser Eigenschaft wird er in den griechischen Geschichten zum Ratgeber für die in diesen handelnden Gestalten. Werden hier die Helden mit seiner Weisheit konfrontiert, so muss auch der strebende *Odysseus* auf Anraten der *KIRKE* das Totenreich aufsuchen, um von dem verstorbenen *Theiresias* Auskunft über die Zukunft seiner „Reise" zu erfahren.

Wenn schon zuvor gesagt wurde, dass das junge, gerade das Erdenlicht erblickende Wesen „Mensch", heute wie damals, noch nicht in der Lage ist, einzelne Gestalten oder Formen außerhalb seiner selbst wahrzunehmen, könnte man dieses Wesen als „blind" bezeichnen. Die Augen, noch nicht befähigt, sich abgrenzende körperliche Erscheinungen zu fixieren, nehmen die Welt lediglich schemenhaft, als hell und dunkel, vielleicht auch farblich unterschieden wahr. Da die Augen nicht als Erkenntnisquelle für die Durchdringung der Welt dienen, wird diese mit den anderen Sinnen kennengelernt. Wie bei blinden, also nicht mit den Augen sehenden, Menschen, die anderen Sinne stärker ausgebildet werden und somit den Bezug zu der sie umgebenden Welt herstellen, so werden bei dem jungen Wesen ebenfalls die Erinnerungen aus diesen Quellen gespeist. Das „Sehen" der Welt, geht hier nicht den Weg über die Augen. Wenn das Auge beginnt, mit zunehmendem Alter die Fähigkeit zu entwickeln, einzelne Dinge aus der zuvor unteilbaren Welt herauszulösen und den Blick auf Gestalten und Formen zu konzentrieren, ziehen sich die zuvor wahrgenommenen „unsichtbaren" Wirklichkeiten hinter die mit den Augen sehend wahrgenommenen Gestaltungen zurück. Man könnte die jetzt gesehene Wirklichkeit als eine Verdichtung aber ebenfalls als eine Erstarrung der zuvor beweglichen und nicht zu trennenden Welt bezeichnen. Die zuvor nicht fest-zulegende, einheitliche Welt wird durch die Fixierung auf diese neue Fähigkeit, sowie durch die Gewöhnung an diese Art und Weise wahrzunehmen, zu einer Aneinanderreihung einzelner aus dem Ganzen herausgelöster Körper. Schließlich wird die Aufmerksamkeit ausschließlich an diese Gestalten gebunden und die ewig unschuldige Göttlichkeit der Welt wird vollständig aus dem Bewusstsein getilgt. Nicht weiterhin die Wirkungen der Erscheinungen werden „gesehen", sondern in Zukunft werden lediglich die Oberflächen der körperlichen Erscheinungen wahrgenomm-en. Diese Entwicklung der Augen, die zur (unbewussten) Dominanz der Sehfähigkeit über die anderen sinnlichen Vermögen führt, macht der Blindgeborene nicht mit. Es kommt bei diesem nicht zu einer Fixierung auf das mit den physischen Augen sehend Wahrnehmbare. Die „Welt", weiterhin durch die anderen Sinne erfahren, bleibt fließend, bleibt in Bewegung. Die Aufmerksamkeit sowie das daraus erfolgende Bewusstsein bleibt an das Ganze gebunden, welches nicht „gesehen", dessen Wirkungen jedoch „empfunden" und sodann denkend verarbeitet und „erkannt" werden. Der Augen – SCHEIN wird die aus dieser Erfahrung erfolgende Einschätzung nicht beirren. Der, der die Erfahrung des „Sehens" nicht gemacht hat und dessen Bewusstsein von Beginn an mit dem Fließenden einer gestaltlosen Welt verwoben war und der die Welt und ihre Phänomene somit lediglich an den von ihm erfahrenen Wirkungen „erkennt", ist in den griechischen Geschichten

Demodokos, der *„blinde SÄNGER"* des *phaiakischen* Hofes. Dieser muss, wenn er denn diese Fähigkeit ausgebildet hat, „MEISTER" (der Wirkungen) genannt werden. Er ist derjenige, der den *Odysseus*, der ja nun nicht gerade als sentimentales Weichei beschrieben wird, zu Tränen rühren kann. Er, der Sänger, verfügt über die Gabe, das Innerste in unserem Helden in Bewegung zu bringen. Wenn zu Beginn seiner Reise der *Seher Kalchas* eine wichtige Rolle in Bezug auf die erfolgreiche Entwicklung des *Odysseus* nimmt, gibt ihm, etwa gegen Mitte seiner Entwicklung (auf seiner RÜCKREISE in die Innerlichkeit), der Geist des *Theiresias* entscheidende Ratschläge und Impulse. Am Ende seiner Reise begegnet er dem *blinden* Sänger *Demodokos* auf der Insel der *Phaiaken*. Wenn also der „Seher" *Theiresias* und auch der „Sänger" *Demodokos* in der griechischen Mythologie als „blind" beschrieben sind, werden diese zu „Wissenden", deren Erkenntniss nicht aus der alleinigen Wahrnehmung der" körperlichen Gestalten erfolgt. Sie sind in der Lage, die für die Augen unsichtbaren Wirklichkeiten der Welt wahrzunehmen sowie das Wesentliche aus dieser (WELT) „herauszulesen". Sie sind, da sie nichts mit dem Schein der Welt zu tun haben, von diesem nicht verwirrt und können ihre Aufmerksamkeit auf die erfahrbaren Wirklichkeiten richten um darin die irdischen Gesetzmäßigkeiten zu finden. Ihr Welt"bild" ist aus der nicht sehenden Erfahrung „Welt" entstanden.

Theiresias, nicht von Geburt an blind, der durch sein langes Leben reich an Erfahrungen ist, wird in der „Odyssee" für *Odysseus* zum Ratgeber in Bezug auf dessen zukünftiges Geschick.

Theiresias und die „nackte" ATHENAIA

Tja! Da hat der *Theiresias* die ATHENAIA „nackt" „gesehen" und wurde daraufhin von ihr, der göttlichen Gewalt der Erkenntnis, mit „Blindheit" geschlagen! Wie geht das? Was will uns der griechische Mythos damit sagen? Es ist ja schon ein schwieriges Unternehmen, eine nicht-sichtbare Gewalt zu „sehen". Diese nicht-sichtbare Wirklichkeit dann auch noch „nackt" zu „sehen" erscheint uns heutigen Voyeuren doch sehr unmöglich! Wenn dieses Bild nicht im Zusammenhang mit den anderen, uns so Aussage-voll erscheinenden griechischen Geschichten zu lesen wäre, könnte man frei nach Asterix und Obelix denken: „Die spinnen die Griechen!" Jedoch taucht dieses Bild dort auf, wo es darum geht, die Erscheinung des in den Geschichten so ungewöhnlichen wie auch bedeutenden Helden *Theiresias* zu beschreiben. Alles andere fügt sich irgendwie logisch in eine Ordnung ein. Warum sollte sich dieses Bild des „die-Göttin-nackt-Sehens" nicht ebenfalls auf logische Art und Weise in die von den Griechen entworfene Ordnung einordnen lassen? Hm! Probieren wir es einmal!

Also, *Theiresias* hat die Göttin „nackt" gesehen und wurde daraufhin von dieser nicht-sichtbaren Gewalt mit Blindheit „bestraft". Sie konnte diese „Bestrafung" jedoch nicht rückgängig machen. Warum nicht? Ist sie doch eine so große Gewalt, dass sie veranlassen kann, dass diese menschliche Gewalt „erblindet". Dann wird sie doch ebenfalls über die Gewalt verfügen, das Geschehene ungeschehen zu machen. Aber dieses ist ihr nicht möglich. Warum nicht?

Wenn wir eine uns vor Augen liegende Erscheinung durch die Erfahrung mit dieser in ihrer wesentlichen Wirklichkeit „erkennen" und wir somit „wissen", was sich „wirklich" in dieser Erscheinung verbirgt, so ist es uns nicht möglich, unsere Augen in Zukunft vor dieser Wahrheit zu verschließen. Nicht das Offensichtliche wird in Zukunft bestimmend für unser Verhältnis zu dieser Erscheinung. Das Nicht-Sichtbare, jedoch Wahrgenommene (Erkannte) und als Wirklichkeit „Gesehene" wird die Art und Weise unseres Verhaltens dieser Erscheinung gegenüber veranlassen. Wir sind dieser „Erscheinung" gegenüber dadurch, dass unsere Reaktionen und

Erwartungen in Zukunft nicht durch den „Augenschein" bestimmt werden, „blind" geworden. Diese „Blindheit" wird lediglich durch eine enorme, die „erkennende" Persönlichkeit betroffene Demenz insofern rückgängig zu machen sein, indem man sich nach dem „Vergessen" der zuvor durchschauten Wirklichkeit wieder der „Täuschung" des Augenscheins hingibt. OK! Wenn man eine Sache durchschaut hat, wird man in der Regel nicht so tun können, als wenn dieses nie geschehen wäre. (Wir können die Erkenntnis nicht rückgängig machen)

Die göttliche Gewalt *ATHENAIA* wird aus dem Kopf des ZEUS geboren. Schon bei ihrer Geburt ist sie zum einen vollkommen ausgewachsen und zum anderen mit den ihren Feinden Schrecken einflößenden Waffen versehen. Sie, die Gewalt der Erkenntnis, ordnet sich als die Tochter des ZEUS in den himmlischen Götterkosmos als eine wehr- und streitbare Kraft ein, die der Gewalt der *APHRODITE* und des *ARES* überlegen ist und, diese bekämpfend, zunehmend die menschliche Entwicklung gegen die „alten" herrschenden Gewalten vorantreibt. Die Erkenntnis lässt den Menschen das Spiel seiner Leidenschaften durchschauen, was insofern zu einer gewissen „Blindheit" führt, da die in diesen „gesehenen" Wirklichkeiten ihn nicht nur aus der zwanghaften Befolgung der entsprechenden Bedürfnisse und Triebe befreien, sondern ihm eine neue Motivation zu handeln und ein neues Ziel des Wollens und Strebens geben. Eine neue, anzustrebende Erfahrungswelt der Vollkommenheit namens „Schönheit" wird „geboren". Er wird „blind" für die ihn zuvor beherrschenden Wirklichkeiten. Weiterhin wird er insofern „blind" für die irdisch-sichtbaren „Erscheinungen", weil er durch die „Erkenntnis", wie in der „Odyssee" dargestellt, wissen wird, dass seine Vollkommenheit und damit sein größtes Wohlgefühl (die Erfüllung seiner Sehnsucht) n i c h t in der irdisch-endlichen und sichtbaren Welt zu finden ist. Die Wirkung „Blindheit" (gegenüber den leidenschaftlich-körperlichen Erscheinungen) ist somit eine Folge der „Erkenntnis" dieser. Wenn diese „Blindheit" von uns als eine „Bestrafung" gedeutet wird, so hat das wohl etwas mit unserer Fixierung auf die stoffliche „Welt" der Körper zu tun, die wir ohne unser „Sehen" meinen, nicht beherrschen zu können. Jede Beeinträchtigung unserer „Sehkraft" wird durch diese Besessenheit als eine in die Ohnmacht führende Behinderung bewertet. Wenn es uns Heutigen schon schwerfällt, die Gewalt der Erkenntnis zu „sehen", erblickt der *Theiresias* diese „nackt". Das Gegenteil von „nackt" ist „bekleidet". Bekleidet ist die Göttin mit ihren Waffen; bekleidet ist die denkende „Erkenntnis" mit ihren Worten. Erfährt der Erkennende nun die „Erkenntnis" ohne Worte, wird ihre Qualität ihm in seinem Wesen „offenbart". Aus dem zuvor in ihm herrschenden Wissen wird die sein ganzes Wesen ausfüllende „Gewissheit". „Gleiches erkennt Gleiches!" Nach diesem Motto erfährt und „erkennt" der nicht durch seine Persönlichkeit bekleidete Geist *Theiresias* das Wesen der „Erkenntnis". Der von den persönlichen Gefühlen und Gedanken befreite Geist, der „nackte" Mensch, erfährt in sich die „reine" Erkenntnis. Die griechischen Mythen, als sprachlicher Ausdruck dieser „Schau" und der entsprechenden Bewusstheit, werden, wie hier im Fall der „nackten" Göttin zu einer bildhaften Darstellung der Qualität der „reinen Erkenntnis". Das Bild „*Theiresias- erblickt-die-ATHENAIA-nackt*" würde sich auf dieser Grundlage, in die von den Griechen entwickelte logische Ordnung der auf der Erde herrschenden Wirklichkeiten einfügen. Es wäre somit kein Ausschnitt aus einer griechischen peep-show, sondern die tiefsinnige Darstellung der aus der „reinen Schau" gewonnenen „Erkenntnis der Erkenntnis".

THERSITES

oder

über den Wert der tönenden Rede

„Der häßlichste Mann vor Ilios, war er gekommen:
Schielend war er und lahm am anderen Fuß und die Schultern
Höckrig, gegen die Brust ihm geengt; und oben erhub sich
Spitz sein Haupt, auf der Scheitel mit dünnlicher Wolle besäet.“

So beschreibt der Herr Homer das Phänomen, welches mit den strebenden Griechen vor *Troja* das Land betritt. Gleich zu Beginn der Auseinandersetzung vor *Troja*, als *Agamemnon* der täuschende Traum von *ZEUS* eingegeben wird und er (*Agamemnon*), um die Stimmung des Volkes zu prüfen, dieses mit der Heimkehr in Versuchung bringt, treten die beiden tönenden Redner in den Vordergrund.

Thersites schmäht den Hirten des Volks Agamemnon:
„Atreus` Sohn, was klagst du denn nun und wessen bedarfst du?
Voll sind dir von Erz die Gezelt` und viele der Weiber
sind in deinen Gezelten, erlesene, die wir Achaier
Immer zuerst dir schenken vom Raub eroberter Städte.
Mangelt dir auch noch Gold, das ein rossebezähmender Troer
Her aus Ilios bringe, zum Lösungswerte des Sohnes,
Welchen ich selbst in Banden geführt, auch sonst ein Achaier?
Oder ein jugendlich Weib, ihr beizuwohnen in Wollust,
Wann allein in der Stille sie hegst? Traun, wenig geziemt sich`s,
Führer zu sein und in Jammer Achaias Söhne zu leiten!

Weichlinge, zag und verworfen, Achaierinnen, nicht mehr Achaier!

Laßt doch heim in den Schiffen uns gehen und diesen vor Troja

Hier an den Ehrengeschenken sich sättigen, dass er erkenne,

Ob auch wir mit Taten ihm beistehen oder nicht also!

Hat er Achilleus doch, den weit erhabneren Krieger

Jetzo entehrt und behält sein Geschenk, das er selbst geraubet!

Aber er hat nicht Gall in der Brust, der träge Achilleus!

Oder du hättest, Atreide, das letztemal heute gefrevelt!"

Während *Thersites* mit „lautem Geschrei" dem *Agamemnon* entgegen „kreischt", bemüht sich *Odysseus* auf Anraten der göttlichen Gewalt *ATHENAIA*, mit „klugen" Worten das Volk und die Fürsten umzustimmen und zum Bleiben zu bewegen:

„Welchen der Könige nun und edleren Männer er antraf,

Freundlich hemmt` er diesen, mit schmeichelnden Worten ihm nahend

…"

„Welchen Mann des Volkes er sah und schreiend wo antraf,

Diesen schlug sein Zepter, und laut bedroht` er ihn also

…"

Nachdem *Odysseus*, der zuvor als die *Beständigkeit* der griechischen Seele, die listig und duldsam das Unternehmen *„TROJA"* zu einem befriedigen Abschluss bringen will, verstanden wurde, die Griechen solchermaßen wieder zurück zum gemeinsamen Rate geführt hat

„ Alles saß nun ruhig umher, auf den Sitzen sich haltend;

Nur Thersites erhob sein zügelloses Geschrei noch,

Dessen Herz mit vielen törichten Worten erfüllt war,

Immer verkehrt, nicht der Ordnung gemäß, mit den Fürsten zu hadern,

Wo ihm nur etwas erschien, das lächerlich vor den Argeiern Wäre.

… … …"

Also schalt Thersites den Hirten des Volkes Agamemnon,

Atreus Sohn. Ihm nahte sofort der edle Odysseus;

Finster schaut` er auf jenen und rief die drohenden Worte:

Törichter Schwätzer Thersites, obgleich ein tönender Redner,

Schweig und enthalte dich, immer allein mit den Fürsten zu hadern!

Denn nicht mein ich, dass irgendein schlechterer Mensch wie du selber

Wandle, soviel herzogen mit Atreus` Söhnen vor Troja!

Nie darum nenne dein Mund die Könige vor der Versammlung!

Schreie sie nicht mit Schmähungen an, noch laur auf die Heimfahrt!

Denn noch wissen wir nicht, wohin sich wende die Sache,

Ob wir zum Glück heimkehren, wir Danaer, oder zum Unglück.

Sitzest du, Atreus` Sohn, den Hirten des Volks Agamemnon,

Darum zu schmähen allhier, weil ihm die Helden Achaias

Schätze so reichlich geschenkt, und lästerst ihn vor der Versammlung?

Aber ich sage dir an und das wird wahrlich vollendet:

Find ich noch einmal dich vor Wahnsinn toben wie jetzo,

Dann soll Odysseus` Haupt nicht länger stehn auf den Schultern,

Dann soll keiner hinfort des Telemachos Vater mich nennen,

Wenn ich dich nicht ergreif und jedes Gewand dir entreiße,

Deinen Mantel und Rock und was die Scham dir umhüllet,

*Und mit lautem Geheul zu den rüstigen Schiffen dich sende aus
der*
Versammlung, gestäubt mit schmählichen Geißelhieben!
..."
Also der Held, und zugleich mit dem Zepter ihm Rücken und
Schultern
Schlug er; da wand sich jener, und häufig stürzt` ihm die Träne.

Thersites wird mit den Worten: „zügelloses Geschrei",
„töricht", „nicht der Ordnung gemäß", „kreischen", „lästern",
„Schwätzer", „hadern", „schmähen" beschrieben. Beide,
Odysseus sowie auch *Thersites* werden als „tönende Redner"
dargestellt. Während *Odysseus* jedoch seine Beredsamkeit in
den Dienst der sich entwickelnden Seelenordnung stellt, die
das Ziel der „Schönheit" verfolgt, greift *Thersites* diese ihm
unbekannte Ordnung, indem er den „Willen" dieser „schmäht",
an. Seine Beredsamkeit wendet sich gegen diese. Er *überhebt*
sich über die von ihm nicht durchschaute Ordnung. Aus
Unkenntnis (töricht) reagiert er auf den augenblicklichen
Schein und nimmt der Ordnung, dieser lästernd, die Ehre und
die natürliche (*HERA*) Schönheit. Er „hadert" nicht nur mit den
einzelnen menschlich dargestellten Qualitäten (*Agamemnon*,
Achilleus, *Odysseus*), sondern mit der Ordnung der
Strebenden, was das Infragestellen ihrer Grundlage, die
Herrschaft der göttlichen Gewalten, mit einbezieht. „Hadern"
wird hier als der Ausdruck eines persönlichen Empfindens
beschrieben, welches sich daraus ergibt, wenn der Mensch
sich nicht in eine herrschende Ordnung eingebunden fühlt.
Nicht das „WIR" der von einer Alles-umfassenden Ordnung
beherrschten und nach einem gemeinsamen Ziel strebenden
Menschheit, ist in dem „hadernden" Menschen wirksam,
sondern das sich aus dem „WIR" herausentwickelte, mit dieser
Ordnung in Widerspruch geratene „ICH". „Hader" - dieses Wort

wird in Verbindung gebracht mit „Streit" und „Widerspruch". In der Textilbranche erfährt dieser Begriff „Hader" eine eigene Bedeutung. Dort ist er der „Fetzen" bzw. ein von einem verbrauchten Klei-dungsstück abgetrenntes Stück Stoff, welches zur Papier-herstellung verwendet wird. Wenn man diesen Inhalt des Begriffes „Hader" dem „hadernden Menschen" zugrunde legt, wird dieser nicht nur mit dem „zerschlissenen Fetzen" in Verbindung gebracht, sondern wird ebenfalls als ein vom Ganzen oder aus einer Ordnung getrennter, losgelöster Teil verstanden.

Odysseus, als Bild für die in einer göttlichen Ordnung eingebundenen und sich innerhalb dieser entwickelnden Denkkraft, wird in der *Ilias* des Homer, als *Helena* dem *Priamos* die Streiter der anstürmenden Griechen bekanntmacht, folgendermaßen beschrieben:

Jetzo erblickt` Odysseus der Greis und fragte von neuem:

Nenne mir nun auch jenen, mein Töchterchen; siehe, wie heißt er?

Weniger ragt er an Haupt als Atreus` Sohn Agamemnon,

Aber breiteren Wuchses an Brust und mächtigen Schultern.

Seine Wehr ist gestreckt zur nahrungsprossenden Erde:

Doch er selbst, wie ein Widder, umgeht die Scharen der Männer.

Gleich dem Bock erscheint er mir, dickwolligen Flieses,

Welcher die große Trift weißschimmernder Schafe durchwandelt.

Ihm antwortete Helena drauf, Zeus liebliche Tochter:

Der ist Laertes` Sohn, der erfindungsreiche Odysseus,

Welcher in Ithakas Reich aufwuchs, des felsichten Eilands,

Wohlgeübt in mancherlei List und verschlagenem Rate.

Der verständige Antenor sagte dagegen:

Wahrlich, o Frau, du hast untrügliche Worte geredet.

Denn auch hierher kam er vorlängst, der edle Odysseus,

Deinethalben gesandt, und der streitbare Held Menelaos. Ich
beherbergte beid, in meinem Palast sie bewirtend,
So daß beider Gestalt und kluger Geist mir bekannt ist.
Als sie nunmehr in der Troer versammelten Kreis sich gesellet,
Ragt` im Stehn Menelaos empor mit mächtigen Schultern;
Doch wie sich beide gesetzt, da schien ehrvoller Odysseus.
Aber sobald sie mit Red und Erfindung alles umstrickten,
Siehe, da sprach Menelaos nur fliegende Worte voll Inhalts,
Wenige, doch eindringender Kraft; denn er liebte nicht Wortschwall,
Nicht abschweifende Rede, wiewohl noch jüngeren Alters.
Aber nachdem sich erhob der erfindungsreiche Odysseus,
Stand er und schaute zur Erde hinab mit gehefteten Augen;
Auch den Stab, so wenig zurück bewegend wie vorwärts,
Hielt er steif in der Hand, ein Unerfahrener von Ansehen,
Daß du leicht für tückisch ihn achtetest oder für sinnlos.
Aber sobald er der Brust die gewaltigen Stimmen entsandte
Und ein Gedräng der Worte wie stöbernde Winterflocken,
Dann wetteiferte, traun, kein Sterblicher sonst mit Odysseus,
Und nicht stutzten wir so, des Odysseus Bildung betrachtend.
… … …"

Beide, *Odysseus* wie ebenfalls *Thersites* zeichnen sich dadurch aus, dass sie *tönende* Redner sind. Um tönender Redner sein zu können, wird der Redner in der Regel über eine besondere Denk-Tätigkeit verfügen. Diese Denkkraft, als die neue, den Menschen unter *ATHENAIAS* Führung prägende Gewalt, erfährt, sowohl auf dem Weg der Griechen zum Ziel „Überwindung *Troja*/ Gewinnung der *Schönheit*" als auch auf dem Weg der individuellen Menschen während seiner Entwicklung zum Erwachsen-Sein eine zunehmende

Bedeutung für die Gestaltung der Lebensführung. Während die denkende Fähigkeit des *Odysseus* als eine positive, in die Götterordnung eingebundene Qualität betrachtet wird, die dem zuvor herrschenden *Trojaner* unbekannt ist und dennoch von diesem Bewunderung erfährt, stößt die von *Thersites* zum Ausdruck gebrachte Qualität des Denkens und der entsprechenden Rede auf Ablehnung:

„... ... ...

Kreischt` er hell entgegen mit Schmähungen. Rings die Achaier

Zürnten ihm, heftig empört, und ärgerten sich in der Seele.

... ... "

Die gegen die herrschende Ordnung gerichtete Rede wird als verunstaltet und als „wahnsinniges Toben" dargestellt, als „töricht" eingeschätzt und als „Äußerung einer krankhaften Gemütslage" betrachtet. An Hand der beiden tönenden Redner *Thersites* und *Odysseus* wird in dieser Geschichte aufgezeigt, welche Qualitäten die Denkkraft im Laufe der Entwicklung annehmen kann. Einerseits wird diese eingebunden in einer ganzheitlichen Ordnung und findet ihre Möglichkeiten wie ebenfalls ihre Grenzen innerhalb dieser. Diese neue, den Menschen bisher nicht bekannte Gewalt des Denkens wird mit dem Wort „List" bezeichnet und, solange sie die Grundlagen der göttlichen Ordnung nicht infrage stellt, als ein bewunderungswürdiges Vermögen geachtet. Anderseits ist die Denkkraft jedoch in der Lage, den Men-schen aus der alle Wirklichkeiten einbeziehenden Ordnung herauszulösen. Sie vermag es, ihn in den Widerspruch zu dieser zu führen. Auf der einen Seite wird das denkende Vermögen zu einem Hilfsmittel, um mit diesem wirkungsvoller das angestrebte Ziel „Schönheit" zu erreichen und anderer-seits kann der Mensch zum Instrument einer der Totalität „Welt" entfremdeten Denkkraft werden, was ihn letztendlich in eine *törichte* und *wahnhaft-kranke*, mit allem *hadernde* Weltbegegnung führen wird. Die

Qualität des Thersitischen Denkens kann sich der strebende Grieche, der noch in einem gemeinschaftlichen „WIR" sich eingebunden fühlt, weder vorstellen oder nachvollziehen. Der dreiste „Frechling", wie diese Figur *Thersites* zuweilen übersetzt wird, dieser Kritiker, Nörgler und überhebliche Besserwisser ist dem damaligen Menschen fremd und unangenehm. Ja dieser empfindet Ekel vor dieser Erscheinung. Und somit ist es auch nicht erstaunlich, wenn die Tat des *Odysseus*, den *Thersites* zu maßregeln und zu züchtigen, als eine besonders lobenswerte Handlung betrachtet wird. In der *ILIAS* heißt es:

„ ...

Traun, gar vieles hat Odysseus Gutes vollendet,

Heilsamen Rat zu reden berühmt und Schlachten zu ordnen;

Aber anjetzt vollbracht er das Trefflichste vor den Argeiern,

Daß er den ungestümen und lästernden Redner geschweiget

..."

In der *Ilias* ist der mit einer alles beherrschenden göttlichen Ordnung verbundene und dieser dienende Verstand noch die Regel. Diesem mit *Listigkeit* bezeichneten Vermögen wird Achtung und Bewunderung entgegengebracht. Löst der Mensch seine Aufmerksamkeit und somit seine Denkkraft von der alles umfassenden Ordnung und der dieser entsprechenden Entwicklung, wird nicht nur das „WIR" auf das „ICH" reduziert, sondern der zuvor dem Menschen in seiner Entwicklung zu einem vollkommenen Wesen *dienende* Verstand wird jetzt zu dem diverse Wirklichkeiten der Welt leugnenden und den Menschen beherrschenden Verstand, der dessen Entwicklung zur „Vollkommenheit" verhindert. Dieser reduzierte und reduzierende Verstand wird von den Menschen dieser Zeitepoche noch als widernatürlich und deswegen ekelhaft empfunden. Die Weltbegegnung des derzeitigen Menschen wird bestimmt durch die Einbeziehung aller wahrgenommenen Wirklichkeiten. Innerhalb dieser Grenzen sich zu bewegen gilt als vernünftig und gesund. Sobald die Wirklichkeiten nicht weiterhin wahrgenommen werden und ein entsprechender Wille in der menschlichen Lebensgestaltung zur Wirkung kommt, gilt dieser als „töricht", ungesund und unvernünftig. So ist es kein Wunder, wenn der tönende Redner *Thersites* als *töricht, wahnsinnig* und *verstümmelt* dargestellt wird. Er ist das Sinnbild für den „kastrierten Verstand" und entsprechend, wenn dieser im Menschen vorherrschend ist, für den „kastrierten Menschen".

Und heute? Wie ist es heute mit unserem Verstand bestellt? In einer Zeit wie der unsrigen, in der *Odysseus* davon bedroht ist, von dem das Zepter schwingenden *Thersites,* begleitet von dem Gekreische unzähliger „Demokratie"-Gläubiger grün und blau geschlagen zu werden? Was ist von diesem Verstand, was ist von diesem, von dem thersitischen Verstand beherrschten Menschen zu erwarten?

Himmel, Glück und Hirn!?

Schönheit — Liebe

Wenn die „SCHÖNHEIT" das Ziel des menschlichen Strebens vor dem Ereignis „GOLGATHA" war, bekommt das menschliche Streben nach diesem Zeitpunkt ein neues Ziel bzw. das Ideal „Schönheit" erfährt einen Wandel. Der Mensch erlebt eine Neuordnung. Er erfährt in seiner Bewusstseinsentwicklung einen erneuten Schritt, der dem gleich kommt, als er sich von einem Blinden zu einem Sehenden und von einem ziellos-durch-die-Weltgeschichte-Irrenden zu einem in eine beständige Ordnung eingefügten Wollenden entwickelte. Es ist der Schritt von einem zwar beseelten, jedoch „geistlosen" zu einem mit „Geist" versehenen Menschen. Denn nichts anderes wird durch das Ereignis „Golgatha" zum Ausdruck gebracht, als das der Mensch seit dieser Zeit, will er als „ganzer" Mensch gelten, die Motive seines Handelns nicht ausschließlich aus seiner irdischen (leiblich/seelisch) Wirklichkeit ableiten wird, wie es noch in den Geist-los heidnischen Mythos getan wird. Wurden in diesem die irdische Erfahrung „Leben" bildhaft zum Ausdruck gebracht und spürt man deutlich den Bilderrahmen, der die gewordene Ordnung von dem ewigen *CHAOS* trennt, so öffnet sich zu dem Zeitpunkt „Golgatha" dieser Rahmen und das ewige *Chaos* wird Teil der menschlichen Wahrnehmung. Dadurch werden ebenfalls die nicht sichtbaren, unpersönlichen Wirklichkeiten der „Welt" Teil der menschlichen Identität. „Gleiches erkennt Gleiches!" Da das Göttliche seit dem Erscheinen des göttlichen Sohnes, des Mittlers *CHRISTUS,* ebenfalls Teil seiner Erfahrungswelt wird, ist es dem Menschen seit dieser Zeit möglich, die ewig-göttliche Wirk-lichkeit (das CHAOS) zu „erkennen" bzw. zu einem erfahr-baren Teil seines irdischen Da-Seins zu machen. Wenn wir Heutigen diese göttliche Erfahrungswelt überwiegend aus unserem Alltag verbannen und ihr kaum einmal unsere Aufmerk-samkeit „schenken", so ist das daraus erfolgende Denken, Fühlen und Wollen lediglich als eine die Entwicklung des Menschen behindernde Qualität zu betrachten. Da die Motive unseres Handelns im Wesentlichen aus diesem körperlosen Reich herzuleiten sind, wir jedoch von diesem Reich heute nichts wissen wollen und uns dieser Qualität somit nicht bewusst werden können, müssen wir uns als „unbewusste" Menschen begreifen. Da wir die Motive unseres Handelns zudem nicht aus den Wirklichkeiten, die das irdische Leben beherrschen, ableiten, sind wir in dieser Hinsicht weit hinter der Aufgeklärtheit des Menschen der griechischen Zeitepoche zurückgefallen. Wir, und damit ebenfalls die Strukturen, die wir um uns geschaffen haben, sind als ein „ANACHRONISMUS" der Weltgeschichte zu begreifen. *ATHENAIA* hat den Griechen *Odysseus* zu seinem Ziel „*ITHAKA*" geführt, nachdem sie den strebenden griechischen Menschen dazu verhalf, die damalige Vollkommenheit, die *SCHÖNHEIT,* zu erringen. Voraussetzung dafür, dass der Mensch heute seine Vollkommenheit, sprich Erfülltheit, finden kann, ist die, dass er sich der Führung dieser göttlichen Gewalt anvertraut und sich sodann bemüht, den von ihr vorgezeichneten Weg zu gehen. Vertraut der Mensch sich ihr nicht an und wird dementsprechend nicht mit diesem Weg, dessen Ziel das erfüllte, glückselige Leben ist, bekannt gemacht, kann er „logischerweise" dieses nicht erreichen, wenn er nicht der göttlichen Gnade teilhaftig wird.

Die „SCHÖNHEIT" ist das Ideal des geistlosen, leidenschaftlich lebenden „Griechen". Durch das Ereignis von Golgatha wird nicht nur der Mensch vergeistigt, sondern ebenfalls diesem Ideal „SCHÖNHEIT" wird eine neue Qualität gegeben. Dem nach „Schönheit" strebenden Menschen war es noch nicht möglich, die geistige Qualität, die wir „Liebe" nennen, zu erfahren. Es wird nicht weiterhin die göttliche

Gewalt der *ATHENAIA* allein sein, die uns den Weg zur Erfahrung „Vollkommenheit" weist. Mit dem *CHRISTUS* als Wegbegleiter für die geistige Welt wird die Erkenntnis-willigkeit des Menschen diesen sodann zu dem angestrebten Ziel aller Zeiten, Glückseligkeit, führen. Greift er nicht auf diese beiden göttlichen Gewalten, die „Erkenntnis" und die „Liebe", zurück, wird bei seinen Anstrengungen wohl nicht mehr herauskommen können, als eine Märkel.

„Der Amboss"

In den griechischen Geschichten wird erzählt:

Wenn ein Amboss aus dem Reich der Götter auf die Erde fällt, benötigt er „10 Tage", bis er diese erreicht. Es würde nochmals „10 Tage" dauern, bevor der Amboss von der irdischen Welt fallenderweise in den Tartaros gelangt. Gleichgültig, was unter der Zeitdauer von „10 Tagen" gemeint ist – der Götterhimmel ist dem Bewusstsein des Menschen gleich weit entfernt, wie es der Tartaros ist.

Ein Zufall?

Da wir davon ausgehen, dass die griechischen Geschichten nicht aus Zufällen bestehen, sondern aus der genauen Beobachtung der Wirklichkeiten und der Erkenntnis, wie diese zueinander im Verhältnis stehen, können wir auch in diesem Fall sicher sein, dass das Verhältnis der Entfernungen Götter-Mensch und ebenfalls Mensch-Tartaros, nicht zufällig als solches in den Erzählungen erscheint.

Die griechischen Geschichten handeln von dem „Werden" des Menschen. Und mit diesem „Werden" ist nicht ausschließlich die Entwicklung des Leibes gemeint, sondern an Hand der Geschichten wird das durch das „Werden" veränderte menschliche Bewusstsein beschrieben. Die Priesterin der HERA wird die Einordnung des Menschen in die Welt anders als die Priesterin der APHRODITE wieder-geben. Deren Darstellung wird den Menschen wiederum über andere Qualitäten mit der „Welt" in Verbindung bringen, als es die der Priesterin der ATHENAIA tun wird. Wie sich der Mensch als in die Welt hineingestellt empfindet, ist abhängig von der zu jeder Zeit sein Bewusstsein prägenden Erkenntnis.

Zu dem in den griechischen Geschichten mit Worten gezeichneten Bild des „Amboss", welches die Entfernungen des Götter- und des Tartaros-Reiches zum menschlichen Bewusstsein beinhaltet, fällt einem vielleicht das Bild eines Baumes ein. Von diesem sagt man, dass der Baum, soll er hoch in den Himmel wachsen, ebenfalls seine Wurzeln tief in die Erde treiben muss, wenn er die kommenden Stürme überstehen will. Allgemein gilt wohl: wer hoch hinaus will, muss sich tief verwurzeln. Da die griechischen Geschichten die Darstellung einer Entwicklung von Bewusstsein wieder-geben, kann man davon ausgehen, dass diese „Amboss"-Geschichte die bildliche Darstellung der Erkenntnis ist, dass das Bewusstsein des Menschen lediglich so hoch in die licht-en göttlichen Bereiche „schauen" kann, wie es ebenfalls „Ein-blick" in die Tiefen des dunklen *Tartaros* hat. Kann das menschliche Bewusstsein die tiefsten Tiefen des „Tartaros" erfahrend ergründen, wird der Mensch dadurch ebenfalls in die Lage versetzt, die höchsten Höhen der Götterwelten zu „erkennen". Kann es durch Erfahrungen (Erinnerung) nicht an dem *Tartaros* teilnehmen und erlangt der Mensch keine Erkenntnis und somit kein Bewusstsein von diesem, so werden alle Aussagen über das Reich der Götter zu erfahrungslosen Spekulationen, eben zu Eingeweide-losen Hirngespinsten."

Wenn wir in dieser Hinsicht auf den Herrn Plato schauen, empfindet man die Gewissheit, dass dieser mit seinem Bewusstsein große Tiefen des Tartaros erfahren hat und dementsprechend tief im Leben verwurzelt war. Weil er die Tiefen des Menschseins erfahren hatte, konnte er ebenfalls die Höhen der göttlichen Bereiche mit seinem Bewusstsein durchdringen und zu entsprechenden Erkenntnissen gelangen. Diesen Erfahrungs- und Erkenntnisgehalt nun anderen Menschen mitzuteilen, die diese Erfahrungen nicht erleben konnten und deswegen auch nicht in der Lage waren, das Gesagte zu „verstehen", erschien ihm, in schriftstellerischer Form jedenfalls, nicht möglich. Er konnte lediglich mit seiner „Dialektik" den Versuch unternehmen, dasjenige, was dem Menschen im Weg stand, um diese Erfahrungen machen zu können, aus dem Weg zu räumen. Das waren damals wie heute die die Erfahrung ent-behrenden und aus dem Reich der Wirklichkeit entführenden, denkend konstruierten Fatamorganas, die wir „Vorstellungen", „Meinungen" oder „Vorurteile" nennen. Er war darum bemüht, mit seinen Gleichnissen auf allgemein unbekannte Wirklichkeiten hinzudeuten und damit das Weltverständnis der Menschen, die ihre Welterklärung zu jeder Zeit als die „einzig Wahre" betrachten und zur „Selbstverständlichkeit" erklären, in Frage zu stellen. Wenn man heute so beobachtet, wie die „Tartaros"-fernen und wortgewaltigen Alleswisser unserer Zeit so hochgewachsen scheinbar den Himmel berühren, so ist dieses Phänomen wohl lediglich eine Folge davon, dass wir schon seit relativ langer Zeit keinen wirklichen Sturm mehr hatten. Bei den zu vermutenden kurzen Wurzeln, die sie in das Leben getrieben haben, ist davon auszugehen, dass der Wind, den wir zwangsweise durch unsere Lebensweise ernten werden, Schneisen in diese verbalen Wissenswälder schlagen wird, ach, was sag ich „Schneisen"? Wir hoffen, dass wir nach dem Unwetter nicht in einer Wüste aufwachen werden, in der dann auch die Werbeplakate einer Märkel ihr eloquentes Lächeln verloren haben.

Goethes „*PROMETHEUS*"

Die Bilder der griechischen Mythologie haben späterhin bei den Griechen-Begeisterten des 18./19. Jahrhunderts einen großen Eindruck hinterlassen. So veranlasste das Bild der göttlich-titanischen Gewalt *PROMETHEUS* den Herrn Goethe zu einem Gedicht, indem er den Trotz des *PROMETHEUS* gegen die göttliche Gewalt „ZEUS" verdichtet wiedergibt. Wenn der Herr Goethe in diesen Worten den *Prometheus* zu *Zeus* sprechen lässt und die zuvor persönlich erlebten Enttäuschungen dabei nicht zu überhören sind, so hat dieses nach dem Vorangegangenem lediglich etwas mit dem Herrn Goethe und seiner durch Erwartungen, Enttäuschungen und der sich daraus entwickelten Trotz-geprägten Beziehung zu der allmächtigen Macht, die wir „Gott" nennen, zu tun. Die Beziehung der göttlichen Gewalt des *Prometheus* zu der göttlichen Gewalt des *Zeus* beschreibt es jedenfalls nicht. Die göttlichen Mächte, die in den griechischen Geschichten von u.a. Homer in den Himmel gemalt werden, sind nach dem Vorhergehenden als Wahrnehmungsqualitäten, die in bestimmten Phasen der menschlich-individuellen wie ebenfalls der menschheitlichen Entwicklung vorherrschend sind, zu verstehen. Diese ewig die Menschheit streben lassenden Gewalten werden in den griechischen Geschichten bildhaft als Götter dargestellt. Innerhalb dieses Götterkosmos bewegen sie sich nach den ihnen eigen seienden, natürlich-festgeschriebenen Gesetzmäßigkeiten. Jeder Gott, so auch

Prometheus, bringt eine, der natürlichen Entwicklung entsprechenden Qualität zum Ausdruck. So drückt *HERA* die natürliche, über das irdische Werden herrschende Gewalt aus, wie ebenfalls *ATHENAIA, POSEIDON, APHRODITE* und *ARES* die ihnen entsprechenden menschlichen (ewigen) Eigenarten bildhaft zum Ausdruck bringen. Die Qualität jeder als göttlich dargestellten einzelnen Gewalt wird fortwährend in den Geschichten des Herrn Homer durch Handlungen vorgestellt und bleibt unveränderlicher Bestandteil der Götterordnung. Das typisch menschliche Gefühl des Trotzes oder Neides zu einer anderen himmlischen Macht ist kein den göttlichen Gewalten anhaftender Bestandteil ihres Eigenseins. Lediglich der verunstaltete *HEPHAISTOS* kennt den Trotz und den Neid. Aber was sollte der Herr Goethe mit diesem zu tun haben?

Da wir gerade beim Thema „GOETHE und die GÖTTER" sind, können wir noch kurz auf das Verhältnis dieses bekannten Menschen, den man, obwohl unzweifelhaft ein Mensch, vergöttert, eingehen. Die Atmosphäre, in der der Herr Goethe zu allgemeiner Achtung kam, war geprägt durch die beginnende und schließlich das Geistesleben dominierende rational-abstrakt denkende Auseinandersetz- ung mit der „Welt". Das distanziert-denkende Betrachten und Beurteilen wird vorherrschend. Diese Zeitepoche wird die Zeit der „Aufklärung" genannt, die anders orientierten Menschen, wie z.B. Hölderlin und Novalis und deren Deutungen der Wirklichkeit die „WAHRHEIT" abspricht und sie zu „romantisch-kindlichen Idealisten" „abwertet". Nun führt das Denken den Menschen weg von der Erfahrung „Welt", wie die Identifizierung mit seiner Qualität „Denken" ihn ebenfalls von der Erfahrung „Gott" entfernt. Der sich von der Erfahrung „Gott" entfernende Mensch, was ja gleichbedeutend ist damit, dass sich der Mensch aus seiner Mitte, dem Ort, in dem „Gott" sein Zelt aufgeschlagen hat, entfernt, entwickelt sich in dieser Zeit zu seiner Oberfläche und einem Menschen mit oberflächlichem Weltverständnis. Man kann in der Bibel erkennen (wenn man will), dass immer, wenn die Israeliten sich von ihrer Mitte entfernen und über keinen „Richter", „König" oder „Propheten" verfügen, der den Zugang des Menschen zu seinem Innersten wieder herstellt, sie dann anderen Herrschern und Götzen folgen und sie dadurch als SKLAVEN ihr Leben fristen werden. Ebenfalls die Gewalt des DENKENS ist eine solche zur Herrschaft gekommene menschlich-irdische Gewalt, die den Menschen aus seinem Zentrum entführt. Der Mensch der „aufklärenden" Zeit, der „Gott" durch die Fixierung seiner Aufmerksamkeit auf seine intensive Gedankentätigkeit nicht weiterhin erfahren kann und den Weg dorthin durch seine denkende Tätigkeit blockiert, beginnt nun zu diesem Zeitpunkt über dessen Qualitäten zu „spekulieren" und „Vorstellungen" zu entwickeln, um letztendlich an die von seinen Gedankensystem entworfenen Spekulationen zu „glauben". Es ist nicht überraschend, dass die aus Spekulationen zusammengesetzte Vorstellung des „Pantheismus" gerade in diesem Zeitalter, indem die Spekulationen mit dem Begriff „AUFKLÄRUNG" verbunden werden, eine solch enorme Bedeutung zugeschrieben bekommt. Wenn die „Gebote" den Menschen auffordern, sich von dem Wesen, welches wir „Gott" nennen, __kein__ „BILD" zu machen, so ist dies eine Forderung, deren Befolgung jede durch das Denken gewonnene Vorstellung und somit jedes spekulativ erdachte Welt"bild" als eine Fatamorgana erweisen würde. Jede Hinwendung der Aufmerksamkeit des denkenden Menschen zu Bild-losen, geistigen Wirklichkeiten wäre ein Attentat auf die Herrschaft des DENKENS und des von diesem gestalteten „ICH". Und so scheint mir die Vorstellung „Pantheismus" zum einen eine ablehnende Reaktion auf das kindische und zuvor herrschende „Bild" des Wesens Gottes und zum anderen eine Schutzreaktion des aufgeklärten und zur Herrschaft gelangten „ICH"-Menschen zu sein, der sich unbewusst von einem nicht durch Bilder darstellbaren obersten Wesen um seinem Herrschafts-anspruch bedroht sieht. Der den Menschen zu einem „Knecht" machende Glaube an einen die Gebote gebenden, nicht sichtbaren göttlichen Willen, konnte dem sich zur irdischen Göttlichkeit (über-) hebenden „ICH"-Menschen nicht sympathisch sein. Zu wohl fühlten sie sich als angebetete Götter, die nichts über sich gelten lassen wollten, schon gar nicht eine nicht denkbare und entsprechend vom Verstand nicht fassbare himmlische Konkurrenz. Und so scheint mir der „Pantheismus", der als „Welterklärung" wohl ebenfalls von dem irdischen Gott „Goethe" bevorzugt wurde, ein Versuch der „aufklärerischen" (oder doch eher die Erkenntnis verdunkelnden) EGO-manen zu sein, Wirklichkeiten, die ihrer Herrschaft, letztendlich der Herrschaft des denkenden und gedachten „ICH", im Wege standen, beiseite zu räumen. Sie wollten sich nicht als „Knecht" wahrnehmen. Sie wollten das Gefühl haben, „Herr" in diesem Hause zu sein.

Die Entwicklung des sich auf das Denken gründende „ICH" von der Machtlosigkeit zur absoluten Herrschaft wird die Zeit der „AUFKLÄRUNG", die Zeit heute, in der dieses „ICH" *scheinbar* fest im Sattel sitzt, wird DEMOKRATIE genannt!

Vorstellung? -, Spekulation?   Pfffft!!

Oh Gott!

Blass uns deinen Lebens-Atem ein!

Die zuvor schon Aufgeblasenen werden sicherlich platzen!

Niemandem wird es schaden!

Auch wenn sie nicht an eine göttliche Gewalt glaubten, so entnahmen sie dennoch den „Geboten" einen bedeutsamen Grundsatz und übertrugen diesen auf das irdische Dasein. Dieser lautet:

„Du sollst keine anderen Götter haben neben mir!"

...und meinten natürlich   *SICH*

„Francesco grüßt Homer, den Fürsten der griechischen Dichtung."

So beginnt der Herr Petrarca 1360 den Brief an „seinen" HOMER. In diesem finden wir die folgenden Worte:

„... Deine Entrüstung lasse nach, Dein Schmerz lasse nach, große Hoffnung möge in Dir aufsteigen! Schlechten und Ungebildeten mißfallen zu haben ist das erste Anzeichen für Tugend und Geist. So strahlend die Quelle Deines Geistes, daß ihn die Schar der Halbblinden nicht ertragen kann. Mit Dir ist es wie mit der Sonne, für die es keine Schande, sondern ein hervorragendes Lob ist, daß schwache Augen und Nachtvögel sie meiden. Bei den Alten wie auch bei den Modernen, wenn es welche gibt, in denen noch ein auch nur schwacher Funke der alten Anlage vorhanden ist, wirst Du nicht bloß, wie Du selber sagst, für einen heiligen Philosophen, sondern wie ich gesagt habe, für einen größeren und erhabeneren Philosophen als andere gehalten, für einen, der eine wunderschöne Philosophie mit einem überaus geschmückten und überaus zarten Schleier überdeckt hat...." „...Was außer diesen hoffst Du im Volk zu finden, wenn nicht Walker, Weber und Schmiede, um von Betrügern,

Staatspächtern, Dieben verschiedener Sorte und tausend Arten von Betrügereien und Parteibildungen im Volk ganz zu schweigen, die niemals frei von Betrügereien sind, zu schweigen vom ängstlichen und unsinnigen Geschäft um der Habgier willen und von all dem stinkenden Abschaum der mechanischen Künste, wo Du die Tatsache, daß Du wie ein Adler von den Nachteulen oder wie ein Löwe von den Affen ausgelacht wirst, mit hohem Geist ertragen und das sagen mußt, was Ennius, der doch so sehr unter Dir steht, gesagt hat ich fliege lebendig durch die Münder gelehrter Männer. Mögen die ungelehrten Münder ihre Unwissenheit und ihr fades Geschwätz wiederkäuen; was betrifft es schon Dich und Deine Dinge, daß diejenigen Dich teils nicht kennen, teils mit Dir ihren Spott treiben, deren Lob eine ehrenvolle Art von Blasphemie ist? ..."

Und heute, im Jahr 2020? Können wir die Sprache dieses Menschen (Homer) noch verstehen oder sind seine in der *ILIAS* und *ODYSSEE* dargestellten Erkenntnisse mittlerweile unter die Räder unserer Denkmechanik gekommen? Sind sie, von der Herde wissenschaftlich ausgebildeter Akademiker zerpflückt und beständig wiedergekäut, als mehr oder weniger eloquenter Abfall in zahllosen Buchstabenvarianten in dicke Bücher gequetscht worden, um in diesen Särgen ihre letzte Ruhe zu finden? Ist das Bild, welches der Künstler Homer mit seiner großen Palette an Farben über uns Menschen entwirft, „Schnee von gestern"? Oder ist dieses, trotz des Erscheinens des CHRISTUS, noch immer aktuell?

Der Tod des Patrokles

oder

Der Verlust der Unschuld

Wie man der Geschichte des Buddha entnehmen kann, mussten die Götter seiner Zeit ihr ganzes Repertoire an Tricks auffahren, um den in einer Sphäre des körperlichen und seelischen Wohlbehagens lebenden Königssohn auf ihre Spur zu bringen. Man kann diesen bildhaften Geschichten entnehmen, dass der Mensch, der in eine Körper-Welt eingebunden ist, die ihm die Befriedigung seiner Leidenschaften garantiert, nicht erpicht darauf ist, die göttliche Welt kennenzulernen. Die irdische Welt schafft ihm Zufriedenheit und Wohlbehagen.

Der Herr Homer gibt in seinen Geschichten das Werden des Menschen und der Menschheit wieder. „TROJA" wird zum Bild, welches zum einen eine den Sinnen hingegebene Menschheit und zum anderen die Entwicklungsphase der Kindheit/Jugend beschreibt. Beide, die Menschheit dieser Kulturepoche sowie das Kind zeichnen sich durch eine un-schuldige Unbewusstheit aus und werden natürlicherweise (*HERA*) von der göttlichen Gewalt der *APHRODITE* beherrscht. Das ändert sich, als die strebenden Griechen *TROJA* überwinden und dadurch eine neue Entwicklungs-phase der Menschheit sowie des individuellen Menschen eingeleitet wird. *Patrokles*, die UNSCHULD, wird sterben. Die Gewalt der Erkenntnis wird den Menschen in die Zukunft führen. Es mag sein, dass dieser Prozess der Bewusst-werdung ein bisschen länger als ein paar Tausend Jahre dauern muss, bevor die Menschheit diese Qualität (Bewusstheit) zur Blüte bringen und deren Früchte ernten kann. Es ist jedoch klar, dass der einzelne Mensch in der Regel nicht so viel Zeit aufwenden kann, um diesen Prozess der Bewusstwerdung zu einem Ende zu führen (nach unserem *endlichen* Weltbild jedenfalls. Im Fall der WIEDERGEBURT des GEISTES als eine Voraussetzung menschlicher Entwicklung wäre auch dieses möglich).

Nach Erleben der Phase der unschuldigen Kindheit, in der das Leben keine Frage, sondern eine Erfahrung ist, kommt es dann früher oder später zu der Krise, die wir „Pubertät" nennen. In dieser befinden sich die körperlich-seelischen Hormone und Bestrebungen in einem ständigen Krieg miteinander. Letztendlich tritt ein erdachtes „ICH" als Oberbefehlshaber dieser kriegerischen Meute mehr oder weniger siegreich aus dieser Konfliktsituation hervor. Die Gewalt des „ICH", die über das zukünftige Leben des Menschen herrschen wird, ist in ihrer Qualität und Intensität abhängig von dem zuvor Erlebten. Wurden zuvor (in der Erziehung des Jugendlichen) die inneren Qualitäten und Impulse verdrängt, wird in ihm i.d.R. die Sehnsucht kultiviert und dadurch zu einer starken inneren Gewalt. Diese gestaute Energie wird zukünftig beständig die starre Ordnung des „ICH" gefährden. Die sich oftmals im Widerspruch mit der alles regelnden „ICH"-Instanz befindenden und gegen die vorgegebenen Regeln revoltierenden inneren Bedürfnisse, werden in der Regel vom Befehlshaber („ICH") zur „Raison" gebracht und in dem Unbewussten inhaftiert. Hat die Erziehung aus unterschiedlichen Gründen bei dem sich entwickelnden Menschen nicht zu einem starken „ICH" geführt, ist es möglich, dass es, durch die Gewalt der Sehnsucht dazu getrieben, zu einer offenen Revolte dieser inhaftierten (verdrängten) Bestrebungen kommt. Es entwickelt sich ein Aufbegehren der inneren Kräfte gegen die Tyrannei des diese beschränkenden „ICH". Je nach Stärke der inneren Bestrebungen oder der diese beherrschenden Gewalt („ICH) kann es nun zu den beiden entgegengesetzten Folgen kommen:

1. Der Ausbruch der im Inneren aufgestauten Begehrlichkeiten, was die Überwältigung des Oberbefehlshabers zur Folge hat.
2. Der Oberbefehlshaber erkennt, dass er seine Kraft stärken muss, um dieser großen leidenschaftlichen, ihn aus dem Inneren bedrohenden Gewalt, Herr zu werden.

Bei der ersten Variante wird es eventuell darauf hinauslaufen, dass die sich befreiten und das „ICH" überwältigten Leidenschaften von den Repräsentanten des übergeordneten und mächtigeren „ICH" (dem Staat, der Gesellschaft) eingefangen und mitsamt ihres überwundenen Befehlshabers inhaftiert werden. Bei der zweiten Variante, der gegen eine „ICH"-Ordnung revoltierenden inneren Bestrebungen, gibt es nun mehrere Möglichkeiten, diesen Konflikt zu bearbeiten:

1. Die aufbegehrenden Bestrebungen werden mit Hilfe pharmazeutischer Hilfsmittel „ruhig" gestellt, womit die Herrschaft eines schwachen „ICH" weiterhin Bestand haben kann.
2. Die Gewalt des herrschenden „ICH" wird durch die Aufnahme von stärkenden Worten und neuen, effektiven Strategien der Herrschaft bereichert und gestärkt. Die Geburt des „Sophisten" wie auch des „Borderliners" wird eingeleitet.
3. Das „ICH" erlangt Einsicht in und Verständnis für die aufbegehrenden Kräfte. Es erkennt, was diesen Kräften zu Grunde liegt und ist bemüht eine allen Qualitäten menschlichen Seins gerecht werdende Ordnung herzustellen. Die gesamte „Truppe", einschließlich des nun erfüllteren „ICH", kann durch diese Aktivität zu einer großen menschlichen Gewalt werden. Der „Philosoph", der auf Grundlage seiner Einsicht sein „ICH" und seine inneren Kräfte (Sehnsucht) zu einer harmonisch

ausgestalteten Persönlichkeit entwickelt, wird geboren.
4. Eine vierte Variante, die in unserer technokratischen Gesellschaft nicht üblich ist, gibt diesem Konflikt, der durch die Reibungen der inneren Kräfte an dem „ICH"-Oberbefehlshaber zum Ausdruck kommt, einen vollkommen anderen Stellenwert. Dem Konflikt wird die Bedeutsamkeit abgesprochen indem der Konfliktträger seine Aufmerksamkeit von den einzelnen Parteien (den inneren Bestrebungen sowie des „ICH") ab- und sich meditativ der unpersönlichen „Leere" zuwendet

Der Jugendliche, der seine Krise „*Troja*" nun durchlebt hat, wird, je nach Vorgeschichte, wenn die Götter nicht überraschend eingreifen, zukünftig einen dieser Wege beschreiten. Er wird älter werden. Erfahrungen werden wiederholt gemacht. Er wird in der Regel auf der Insel der *Lotusblütenesser* verweilen und die Vergangenheit und Zukunft „vergessen". Oder er wird, wenn er denn weiterreist und die Insel der *Laystrigonen* erreicht, dort der „Leidenschaft der Gefräßigkeit" zum Opfer fallen, wenn er nicht schon zuvor von dem Riesen *Polyphemos* einverleibt wurde. Eine Gewöhnung an die gegebenen Verhältnisse tritt in der Regel ein. Alles geht seinen Gang. Alles wird selbstverständlich. Alles (Äußere) würde langweilig werden und der Blick würde sich in das Innere richten. Der Mensch könnte mit dem Alter einsichtig und weise werden. Aber stattdessen wird er lediglich kurzsichtig und bestenfalls leise. Der Blick wird nicht nach innen gerichtet. TV, PKW, fremde Länder, Zeitschriften, Kultur und andere hübsche Erscheinungen lenken den Blick nach außen, zum reizvoll-Verpackten und körperlich-Präsenten. Die Sehnsucht begleitet den Menschen hier von der Kindheit bis zum körperlichen Tode, ohne dass sie wahrgenommen und angetastet wird.

Geschieht dem sich entwickelnden Menschen nun das, was ebenfalls einem Buddha geschehen ist und wird durch Zufall, durch Schicksal oder durch die Götter auf bedrückende Disharmonien aufmerksam gemacht, so kann es vorkommen, dass der Mensch die Abkehr von dem bisher herrschendem Weltbild vollzieht, um seine Aufmerksamkeit z.B. der göttlichen Leere zuzuwenden. Der Jugendliche oder ältere Mensch, der eine Freundschaft mit der Weisheit eingeht, dessen Ziel, wie Plato es in seinem „Höhlengleichnis" beschreibt, die *„Erfahrung* des „Reiches des Guten" ist, hat nach dem Homer nun einiges an Arbeit zu leisten, um dorthin zu gelangen. Muss der suchende Mensch, der „Freund der Weisheit", nach dem Herrn Plato die Treppe aus dem Schattenreich ins Lichtreich erklimmen, so hat er nach der „Odyssee" einige konkrete Hindernisse zu überwinden, wenn er Teil dieser „Harmonie", dieses *„Ithaka"* werden will. Neben den schon genannten Hindernissen der Entwicklung (des Vergessens und der Gefräßigkeit) muss er die gewaltige Kraft des *Kyklopen* überwinden, ohne von dieser verschlungen zu werden. In diesem Fall würde er sich in dieser, durch den Kyklopen „Polyphemos", einem Sohn des Vaters aller Leidenschaften, *POSEIDON*, verbildlichten Gewalt auflösen um zum Teil dieser zu werden. Weiterhin darf er sich nicht durch Kirke bezaubern lassen, um, gleich einem Schwein, auf ewig von den tierischen Bedürfnissen beherrscht zu werden. Sein *WEG* wird ihn, wenn er die vorherigen Prüfungen bestanden hat, an den Klippen der mit Sinnlichkeit lockenden *„SIRENEN"*, wie ebenfalls an dem Felsen der „rationalen *Skylla"* sowie an dem Strudel der die Persönlichkeit vernichtenden *„Charybdis"*, vorbeiführen. Er wird die Erfahrung der *„Kalypso"* machen, bevor er die Tiefen seiner Persönlichkeit, welche der Herr Homer *„Sheria"* nennt, erreicht. Von dieser Sphäre, die erfüllt wird mit dem Gesang des blinden Sängers *„Demodokos"*, wird er ohne Anstrengungen in das erstrebte Reich gelangen. Es kommt bei dem „erwachsen" werdenden Menschen jedoch in der Regel nicht zu einem Erkenntnis-reichen Durchdringen der eigenen Persönlichkeit sowie der ewigen Ordnung. Sie bleiben verhaftet an die seit langer Zeit herrschenden Gedankensysteme (Meinungen). Neben dem denkend alles durchdringenden Philosophen kommt es auch hier in dem sich entwickelnden Individuum wie in der bewusst werdenden Menschheit, zu der Erscheinung, die wir mit dem Begriff „Sophist" bezeichnen. Wie der Philosoph die Denkkraft dafür gebraucht, alles den Menschen Berührende untersuchend zu durchdringen und dadurch neue Erfahrungsräume entdeckt und bewohnt, so wird zu diesem Zeitpunkt der Entwicklung ebenfalls erkannt, dass die Wortmächtigkeit ein entscheidender Herrschaftsfaktor in der sich denkend organisierenden menschlichen Gemeinschaft sein kann. Es wird zu diesem Zeitpunkt der Entwicklung nicht nur der „Freund der Weis-heit", der Philosoph, geboren, auch der „Filou der Sophie", derjenige, der „so-tut-als-ob", der „Schwindler der Weisheit , die „Hure des Wissens", betritt mit seiner Sprachgewalt die gemeinschaftliche Bühne. Wenn der Philosoph die Leidenschaften überwunden hat, um dadurch zu neuen Erfahrungen des Glücks zu kommen, bewegt sich der „Filou der Sophie" auf der Grundlage des vormals Herrschenden, da er zu den alten bekannten Leidenschaften eine neue hinzufügt: das Sprechen; das Wort; die Rede.

Wird das Handeln des Philosophen durch erfahrene Wirklichkeiten motiviert, können ihre gewonnenen Gewissheiten als Grundlage für eine Weiterentwicklung der Menschheit dienen. Die Anwendung der Sprache in einer Rede, die beabsichtigt, den Zuhörer zu unterhalten oder zu amüsieren, die also einen im Sinne des Sophisten liegenden Effekt hervorbringen soll, der der Machterhaltung des Redenden dient und den Zuhörenden nicht zu deren Machterweiterung verhelfen soll, ist gleichbedeutend mit einer Stabilisierung des gemeinschaftlichen Status Quo und somit einem Rückschritt des Menschen in seiner Entwicklung zur Vollkommenheit. Trägt diese Anwendung der Sprache doch dazu bei, den gesellschaftlichen Wertekodex und somit die alte Herrschaft zu stützen. Der „Sophist" entwickelt sich hier zu dem, was der Herr Seneca als „Deklamator" bezeichnet. Wenn er (nicht über die Erfahrungswelt des Philosophen verfügend) mit den schönsten Worten, eloquent und sprachlich-stilistisch brillant, die Umschreibung der „Nichts beinhaltenden heißen Luft" zum Besten gibt, so wird ebenfalls mancher „Guter" Rhetoriker, der mit Hilfe der Sprache, durchdringender Logik und „tönender" Stimme, sowie leidenschaftlicher Mimik und Gestik Lügen und Nichtigkeiten zu wichtigen „Wahrheiten" verbiegt, dem sophistisch-demagogischen Lager zugeschrieben werden müssen. Bei nicht vorhandenem Inhalt gelingt es diesem, wie auch der heutigen Werbung, mit den Worten eine den Zuhörer zu bestimmten Entscheidungen führende gefällige, Form zu entwickeln und diesem zu präsentieren (was jedoch lediglich in einer Atmosphäre der Unbewusstheit den beabsichtigten „Erfolg" bringen kann!).

Es ist dies (die Pubertät) die Zeit der Morgendämmerung, die das Erwachsenwerden des Menschen ankündigt. „Erwachsen werden" heißt nach dem Herrn Homer, dass der Mensch sich seiner irdischen Grundlagen bewusst wird und sich von allen diesen nicht entsprechenden Herrschaften befreit, was in Folge in einem veränderten Denken, Fühlen und Wollen mündet. Wenn das Kind, wie ebenfalls die trojanische Gesellschaft, der leidenschaftlichen Welt hingegeben und ausgeliefert ist, da es noch nicht über die Distanz schaffende Möglichkeit des reflektierenden Denkens verfügt, so bleibt es doch dieser Entwicklungsperiode entsprechend „unschuldig". Wenn heute der sogenannte „Erwachsene" der Bewusstheit der inneren und äußeren Wirklichkeit im Laufe seines Lebens keinen Schritt näher gekommen und somit auf der Bewusstseinsstufe des Kindes stehen geblieben ist, hat er, weil es ihm möglich wäre, sich dieser zu nähern, seine „Unschuld" verloren. Er ist zwar Entscheidungsträger geworden. Er gestaltet die Welt und hat die Verantwortung für seine Taten zu übernehmen. Er wird jedoch, wie bei einem Kind, in seinen Entscheidungen beherrscht von seinen Leidenschaften. Der Mensch, der dem kindlichen Reich aufgrund des Lebensalters entwachsen ist und in die Gestaltung der Welt eingreift, ohne zu wissen, was er eigentlich tut, kann auf dieser Grundlage keinesfalls als „erwachsen" bezeichnet werden, wie er ebenfalls nicht mehr als „kindlich" eingestuft werden kann. Das Verhalten dieses sich solchermaßen verhaltenen Menschen muss, da die Unschuld auf Grund des fortgeschrittenen Lebensalters verloren worden ist, als *„kindisch"* bezeichnet werden. Seine/Ihre Entscheidungen gründen sich auf einer „kindisch-unbewussten" (womit man eigentlich auf die Unzurechnungs-fähigkeit bzw. Verantwortungslosigkeit der damit bezeichneten Person anspielt) Einstellung zum Leben, gleichgültig wie alt die von diesem Übel betroffene Person ist oder ob sie sich Politiker/in, Professor/in, Experte/in oder Hai-Oh-Peih/in nennt.

Wenn der Mensch, wie alle Tiere auf diesem Planeten, die instinktive Gewissheit darüber hätte, was ihm denn, um in dieser Welt überleben zu können, notwendig sei, würde er wahrscheinlich entsprechende Strukturen schaffen, die dieses Ziel gewährleisten. Da ihn diese Gewissheit, wie man beobachten kann, nicht schmückt, muss er sich diese notwendigerweise, will er überleben, erwerben. Hat er sich diese erworben, (was lediglich auf der Grundlage der Erkenntnis möglich ist), wird sich natürlich der BLICKWINKEL verändern und Erscheinungen anders bewertet werden, als wir diese heute im Klima der Unbewusstheit beurteiln und empfinden. In der Tierwelt, so brutal sie dem Menschen teilweise erscheinen mag, setzt sich in der Regel das der Situation entsprechend fähigste Tier durch, welches, die Gruppe anführend, das Ziel „Überleben", gewährleistet. Wenn man heute auf diejenigen Menschen schaut, die der

Menschheit das Überleben, diese ebenfalls durch verwirrende Umstände führend, sichern sollen, wird es offensichtlich, dass es mit deren Gewissheit um das Überlebensnotwendige nicht annähernd ausreichend bestellt ist. Ein Überleben auf der Grundlage der unbewussten Lebensgestaltung ist heute so unmöglich, wie das Lächeln einer Märkel auch in den letzten Sekunden des Lebens gewiss ist.

Die EUDAIMONIA

Die *Eudaimonia* der Griechen wird des Öfteren mit „Glückseligkeit" übersetzt. Nun wird dieses Bestreben, den Menschen zu seinem „höchsten" (warum nicht „tiefsten") Glück zu führen, von mancherlei denkenden Menschen als ein „egoistisches" Bestreben beurteilt, welches nicht das Wohlsein der anderen Menschen berücksichtigt, ja in den Gegensatz zu den altruistischen Forderungen einer entsprechenden Moral geführt wird. Folgendes wende ich gegen dieses Urteil ein:

Die tiefste Freude am Dasein wird lediglich in einem Zustand der HARMONIE erfahrbar sein. Dieses Glücksgefühl stellt sich lediglich dann ein, wenn die Erfahrung der Grenzen-losigkeit des Raumes und der Zeit erlebt werden kann. Diese Erfahrung wird der Mensch, da er sich zumeist mit seiner Aufmerksamkeit in dem Universum des Verstandes, indem sich noch alles um die sichtbare Materie dreht, oder im Universum der Gefühle, in dem sich alles um die gefühlsmäßige Grundlagen seiner Persönlichkeit dreht, i.der Regel nicht erleben können, da beide Bereiche durch die nicht zur Glückseligkeit führende Begrenztheit der Worte und Bilder, und damit der

Persönlichkeit, eingeschränkt werden. Der Mensch wird die Erfahrung der „Glückseligkeit" erst dann erleben können, wenn sein Bewusstsein von jeder Art von Vorstellung der eigenen Persönlichkeit und der „Welt" befreit ist. Lediglich in dieser Bewusstseinssphäre können Erfahrungen der Unbegrenztheit erlebt werden. Dazu gehört ebenfalls die Erfahrung der Glückseligkeit, der „Eudaimonia". Es ist so typisch für den vom Verstand beherrschten Menschen (dem Sophisten), dass er Phänomene und göttliche Erfahrungen, die sein an die Welt der Oberflächen gebundenes Bewusstsein zu erleben nicht zulässt, meint dennoch beurteilen zu können. Es ist andererseits so typisch für eine „sophistisch" an die Welt herantretende Gesellschaft, dass sie den solchermaßen urteilenden Menschen nicht als „töricht" bezeichnet und ihn eines Besseren belehrt.

Kurz:

Wenn ich eine Erfahrung aufgrund meiner Lebensführung nicht machen kann, so folgt eigentlich daraus, dass ich diese und ihre Wirkungen ebenfalls nicht beurteilen kann. Ganz zu schweigen davon, dass ich mich dazu überheben würde (auf Grundlage eines allgemeinen Erlebnismangels), diese Erfahrung als überhaupt erlebbar anzuzweifeln.

Ein Mensch, der diese Erfahrungen der unbegrenzten Freiheit erleben durfte und die in dieser empfundene Harmonie als wohltuend und beglückend erfahren hat - der also die Teilnahme an dem harmonischen Gleichklang der Gewalten als ein den Menschen mit Freude erfüllendes Erlebnis erkannt hat - wie sollte dieser nicht bestrebt sein, ebenfalls in seinem alltäglich-irdischen Umfeld diese Harmonie herzustellen? Der Herr Plato hatte die Erfahrung „des Reiches des Guten" erleben können und sein alleiniges Ziel war es, durch die Ausbildung des Philosophen und der diese abschließenden Konzentration auf die Dialektik, die Aufmerksamkeit des

Schülers von der Beschäftigung mit den begrenzt-irdischen Leidenschaften in die unbegrenzt-geistige Sphäre zu führen, damit dieser letztendlich die göttliche Erfahrung der „Glückseligkeit" erleben konnte. Kein Wunder, dass der Herr Plato einen Widerwillen gegen die unbelehrbaren sophistischen Labersäcke empfand, die systematisch bestrebt waren, die Tür zu diesem Reich der göttlichen Erfahrung zu verrammeln.

<u>Kurz:</u>

Wenn der Mensch dieses Reich der göttlichen Harmonie erfährt, welches ihn zum Erleben der tiefsten Freude, der Glückseligkeit, führt, wird er ebenfalls bestrebt sein, dermaßen in die Welt zu wirken, dass diese Erfahrungen von möglichst vielen (ebenfalls später geborenen) Menschen erlebt werden kann. Wenn viele Menschen an dieser Erfahrung teilhaben und dieses als höchstes Gut betrachten, wird es wahrscheinlich, dass sie danach streben, die Erfahrung „Harmonie", ebenfalls in der sie begleitenden irdischen Welt herzustellen. Somit wäre das Bestreben, die sogenannte EUDAIMONIA zu erfahren, nicht „egoistisch" zu bezeichnen, sondern im Gegenteil die reinste Form des Altruismus, da ihr die Erkenntnis zugrunde liegt:

Nur wenn es meinen Mitgeschöpfen gut geht, wird es ebenfalls mit mir gut gehen.

Die Erfahrung der „Glückseligkeit" ist lediglich dann zu erleben, wenn der Mensch frei von seinem „EGO" und dessen starrer Begrenztheit ist. Wie sollte ein Mensch, der diese beglückende Erfahrung erlebt und dadurch ebenfalls zur Einsicht über den Wert des „EGO" und über die Qualität des „ICH" schlechthin kommt, nicht wissen, dass die Erfüllung (ego-zentrischer) Leidenschaften Gefühle der Befriedigung zur Folge hat, die lediglich ein schwacher Abglanz dieser beglückenden Erfahrung (der Glückseligkeit) sind und ewig sein werden.

Kurz:

Der Philosoph, ist bestrebt, die „Macht" zu erlangen.

Der Sophist, der Filou der Sophie, ist bestrebt, zu herrschen.

Die Maschine „Verstand" strebt nach „Perfektion",

wie der Mensch nach „Vollkommenheit" strebt.

Strebt der Mensch nach „Perfektion", wird er weder die „Schönheit" noch die „Vollkommenheit" erlangen!

Er verweigert sich der Entwicklung, dem WERDEN und verkommt dadurch zur größten „Verkommenheit"!

WAHN

Man stelle sich vor:

Der Anlasser eines Motors erdenkt so nebenbei eine Maschine für das Rießeikeln von PKW. Eingebunden in den Motor sitzt er dort und grübelt fortwährend über dieses System der Zukunft. Der Fahrer dreht und dreht den Zündschlüssel; es orgelt, pfeift und knurrt. Da der Anlasser gerade mit „wichtigeren" Dingen beschäftigt ist, merkt er gar nicht, dass seine Funktion jetzt benötigt wird, um den Motor zu starten. Und so orgelt die Maschine bis letztendlich die Batterie vollkommen „erschöpft" ist.

Geht es uns Menschen nicht wie dem Anlasser. Können wir unsere „Funktion" (in dieser Schöpfung) ebenfalls nicht wahrnehmen, weil wir, anstatt unseren Instinkten, Sinnen und unserer Intuition zu vertrauen, mit „wichtigeren" Dingen beschäftigt sind und dadurch die Schöpfung nicht „rund"-laufen kann. Nun, die Schöpfung haben wir nicht erdacht. Sie ist, und wir sind mittendrin. Sie wird dann gut „funktionieren", wenn alle „Zahnräder" dieser lebendigen Welt ineinandergreifen und (wie ein Organismus) harmonisch miteinander leben. Der Mensch ist ebenfalls eines dieser kleinen „Zahnräder". Funktioniert dieses gut, d.h. ent-sprechend der Gesetze dieser „Schöpfung", gedeiht das Leben prächtig. Funktioniert dieses Zahnrad „Mensch" nicht nach den Gesetzen, die dem Leben dieser Schöpfung zugrunde liegen, kommt es zu einer Störung innerhalb dieser lebendigen Welt. Jedes von uns konstruiertes System würde an diesem Punkt, an dem ein Rädchen seine Funktion nicht mehr erfüllen kann, den „Geist" aufgeben. Es würde den Betrieb einstellen und keine diesem angedachte Wirkung mehr erzielen. Anders ist es mit der Welt. Hier ist der Mensch das einzige für „Störungen" anfällige Mitglied, da er nicht, wie alle anderen Geschöpfe instinktiv die herrschenden Gesetze der „Welt" befolgt. Um diesen Mangel auszugleichen, ist es für ihn notwendig, das Vermögen „Erkenntnis" auszubilden um den dem Leben zugrundeliegenden „Logos" zu „erkennen". Lediglich dann, wenn er die für die Erkenntnis (Vernehmen-ferniman-Offenbarung) der Grund-*lagen* (nicht Grund-*Sätze*!) des Lebens notwendigen Fähigkeiten aus-bildet, werden die Gesetze ihm bewusst werden können. In seinem Gedankenreich ist er bemüht, eine logische Struktur mit den Axiomen und Schlussfolgerungen herzustellen. Warum? Warum hat er das Gefühl, lediglich eine logische Struktur mit ihren Ursachen und Wirkungen seien von Wert? Warum geht alles, was unlogisch erscheint gegen das Gefühl des Menschen? Warum ist das solchermaßen gestaltete Denken „nicht in Ordnung"? Das kann doch nur dann der Fall sein, wenn der Mensch in eine durch „LOGIK" verknüpfte Welt eingebunden ist und zudem nicht nur ein Teil von ihr sondern ihr Spiegel ist, in dem sich die Welt (mit ihrem logischen „Programm") abbildet und ihre Gesetze ebenfalls von dort heraus auf ihn wirken! Wenn das Denken einst aus den Qualitäten des „denkenden Vor-stellens" (*Prometheus*) und des N a c h - denkens (*Epimetheus*), also der Reflektion der durch das denkend-vorstellende Vermögen erzeugten Wirkungen bestand, und somit das grundsätzliche Prinzip des Denkens berücksichtigte, ihr „Wenn – Dann!", scheint das Denken heutzutage lediglich noch die Qualität des denkenden Vorstellens zu beinhalten. Die Wirkungen, die der Gestaltung der „Welt" auf Grundlage der (denkend) entwickelten „Vorstellungen" folgen, werden nicht beachtet. Es wird nicht über diese n a c h gedacht. Das Wahrnehmen der Wirkungen (auf die „Welt" und die anderen „Geschöpfe") verbindet den Menschen jedoch mit der ihn umgebenden „Welt". Wird das Denken um die Qualität des „Nachdenkens" erleichtert, löst es sich von der in der „Welt" herrschenden Logik und es wird zum substanzlos-logischen WAHN. „Wahn" insofern: die durch ein einseitiges Denken gestalteten „Organismen" werden nicht weiterhin auf ihre Wirkungen, die sie auf die Welt haben, untersucht. Dieses führt zu der „Einbildung", alles sei in Ordnung, obwohl die nachdenkliche Wahrnehmung die dieser törichten „Meinung" wider-sprechende Wirklichkeit erkennen würde. Das Leben und Handeln auf Grundlage dieses sich ausschließlich vorstellenden Denkens muss den Menschen in eine Vorstellungswelt ohne Wirklichkeitsbezug führen. Die menschliche Lebensführung, die ihre Gesetze nicht weiterhin der ihn einbindenden „Welt" entnimmt und diese „göttliche" Ordnung ignoriert, muss letztendlich in den (metaphysisch/ technokratischen) Wahn verfallen.

Herakles und der „WAHN"

Der „WAHN" ist laut Fachleuten *„das komplexeste Phänomen seelischer Störung".* Er ist *„eine krankhafte Fehlbeurteilung der Realität".* Es kann dabei zu einem *„systematischen Ausbau eines regelrechten Wahnsystems"* kommen. *„Der gemütsmäßige Gegenpol, die MANIE, die krankhafte Hochstimmung, leidet zwar weniger – scheinbar, dafür pflegt der dort mögliche Größenwahn zwischenmenschlich und gesellschaftlich unangenehmere Konsequenzen nach sich zu ziehen, vor allem langfristig".*

Ich denke, da hat der *Herakles* aber noch einmal Glück gehabt, dass er nicht in die Fänge der heutigen Psycho-Profis geraten ist. Er wäre vermutlich inhaftiert worden und hätte seine zahlreichen Aufgaben unter *Eurystheus* Herrschaft nicht erledigen können. Er wäre als armer verwirrter Hans- Wurst in einer Irrenanstalt gestorben und einige der griechischen Geschichten hätten einen ganz anderen Verlauf genommen bzw. wären wohl gar nicht erst entwickelt worden. Höchstwahrscheinlich wäre die komplette griechische Mythen-Besatzung inklusive ihrer Götter in eine „klassische" Irrenanstalt gesteckt worden, um sie den Augen der Menschen zu entziehen. Aber zum Glück für die Heroen der griechischen Zeit herrschten damals noch *ihre* Götter und nicht die unsrigen. So ließ APOLLO den *Herakles* als Sühneleistung die zwölf Taten vollbringen, damit dieser nach seiner zerstörerischen Tat eine für die Menschheit heilsame folgen lassen konnte.

Tja, „WAHN"

„Fehlbeurteilung der Realität" - *„systematischer Ausbau eines regelrechten Wahnsystems"* - *„Manie, die zwischenmensch-*

lich und gesellschaftlich unangenehmere, vor allem lang-fristige Konsequenzen nach sich zieht".

Das sind die Worte des „Profis", die dieses Phänomen beschreiben. In unseren modernen Zeiten legen die „Fachleute" fest, was als „krankhaft", „normal", „gesund" in der Gesellschaft zu gelten hat. Was geschieht nun aber, wenn die herrschenden Fachmenschen die auf den Menschen wirkenden Wirklichkeiten lediglich zu einem begrenzten Teil wahrnehmen und somit nicht *„richtig"* über das, was wir so „Realität" nennen urteilen können? Was ist nun, wenn die Fachleute sowie ihre Mitmenschen über die Zeit ein „regel-rechtes" Wahn-System aufgebaut haben, um sich (ebenfalls die Fachleute) darin einzuleben und dieses (krankhafte) System jetzt definiert, was als „gesund" und was als „krank" zu bewerten ist? Was ist, wenn dieser gesellschaftliche Größenwahn namens (GER)MANIE zwischenmenschlich und gesellschaftlich langfristig unangenehme Konsequenzen nach sich ziehen wird, wie wir es in der Vergangenheit (und in der Gegenwart) der moder-nen Gesellschaften ja schon erlebt haben?

Ist es nicht immer ein WAHN-SYSTEM, gleichgültig ob es „kommunistisch" oder „kapitalistisch" oder anders genannt wird, wenn in diesem die Forderung, die noch der Herr SENECA an die „Freunde der Weisheit" richtete, nämlich die, dass *die Rede und die Handlung eine Farbe haben sollen!"* darin nicht erfüllt werden kann. Ist das eine Farbe, wenn nicht miteinander zu vereinbarende Realitäten wie Hühner-konzentrationslager und „Freiheit"; die Ausbeutung von Natur und Mensch und „Freiheit"; Menschen entwürdigende Städte und „Freiheit" oder der Fetisch „Technik" und „Freiheit" sich in *einer* Ordnung einander zugesellen. Ist das *eine* Farbe, wenn KZ-Verwalter, ihr Alltagsgeschäft verlassend, Sonntags in der Kirche den heiligen Geist anbeten; wenn der Börsenmakler, der durch seine Entscheidungen ganze Welten von Mensch und Tier ausradiert, dennoch den Friedensnobelpreis erhält; oder wenn Firmen, die nachweislich wie die Heuschrecken durch die Länder ziehen, um diese ganzheitlich und nachhaltig zu ruinieren, nicht mit entschiedener Gewalt entgegengetreten wird, sondern diese politisch/bureau-kratisch legitimiert werden, um nur die offensichtliche Widersprüchlichkeit einer als „Freiheitlichen Demokratie" verkleideten technischen Konsum-Diktatur anzusprechen. Es wird von den Fachleuten weiterhin darauf hingewiesen, dass man dem sich in einem „Wahn" Befindenden nicht von dessen Wahnsinn überzeugen kann. Ebenso wenig wird man eine Gemeinschaft zu der Erkenntnis bewegen, dass sie in einem solchen lebt. Sie ist unbelehrbar. Allein die Wirkungen, die er (der Wahnsinn) auf die Welt und ihre Menschen ausübt, wird diese „Realität" aufzeigen.

In einer Kneipe, in der man das Getrunkene nicht bezahlen will und still und heimlich verschwindet, mag es noch möglich sein, die „Zeche zu prellen". In der Welt haben wir oder unsere Kinder für das Verzehrte zu zahlen. „Die Zeche zu prellen" ist hier nicht möglich. Wir und unsere Kinder und wahrscheinlich noch unsere Kindeskinder haben die Rechnung zu begleichen. Die „Erde" kennt keine Gnade.

Eine Gesellschaft befindet sich dann im Wahn, wenn sie die Verbindung zu den tatsächlich wirkenden (irdischen) Kräften verloren hat. Diesen erleidet sie zu dem Zeitpunkt, an dem sie die Wirkungen, die sie durch ihr Handeln auf die Welt ausübt, nicht mehr wahrnimmt. In früheren Zeiten mögen diese Wirkungen beschränkten Maßes gewesen sein. Heute jedoch, wo wir über ein Arsenal an technischen Groß-apparaten verfügen, die die Gewalt haben, verändernd in den Kreislauf der „Welt" einzugreifen, ist diese „Blindheit" in Bezug auf die Wahrnehmung der Realität verheerend, wie es im höchsten Maße zerstörerisch ist, an diesem durch die Technik gestützten Wahn festzuhalten. Der Mensch ist über seine SINNE mit der

„Welt" verbunden. Es ist die Erfahrungswelt des Menschen, die seine Verbindung zu der ihn umgebenden Welt immer wieder herstellt und erneuert.

Der Mensch ist wie ein Krug, der beständig mit dem, was wir so „Welt" oder „Leben" nennen, gefüllt wird. Nehmen wir die „Welt" mit den physischen und geistigen Sinnen in uns auf und lassen es zu, dass diese uns erfüllt, werden wir die „Gewissheit" über die Wirklichkeit erlangen, indem wir diese erfahren. Nun gibt es ja ebenfalls die Krüge, aus denen das heiße Bier mit einem Schuss Arrak getrunken wird. Damit das Getränk heiß bleibt, haben diese Krüge einen Deckel. Nur wenn der Deckel geöffnet ist, können wir den köstlichen Inhalt dieses Kruges erfahren. Wenn der Deckel geschlossen ist, wird der Inhalt zwar nicht weniger, jedoch ist es uns nicht möglich, diesen zu genießen. Wenn wir den menschlichen Leib mit dem Krug vergleichen, können wir unser „Denken" mit dem Deckel gleichsetzen. Solange wir denken, wird der Deckel geschlossen bleiben und wir kommen nicht an das Innere des Kruges heran. Denken wir viel, wird das Bier kalt. Denken wir ununterbrochen, wird es schal. Sind wir fasziniert von diesem Deckel und richten unsere Aufmerksamkeit lediglich auf diesen, der ja ursprünglich die Funktion hatte, den Genuss des Bieres oder der „Welt" zu gewährleisten, verlieren wir den Inhalt aus den Augen und versagen uns somit, diesen zu genießen. Die „SEHNSUCHT" wird ebenfalls als ein Inhalt des menschlichen Wesens betrachtet. Die Menschenkulturen vergangener Zeiten (bis „Troja", gleich-gültig, ob dieses am Mittelmeer oder in Indien liegt), wird dieses den aufgeklärten Menschen streben lassende Gefühl nicht kennen. Erst der denkende Mensch wird den Deckel erschaffen. Wenn auch zu Beginn dieser Entwicklung der Mensch die „Welt" mit offenem Deckel in sich hinein schlürfen kann und somit „weiß", wie der Inhalt „schmeckt" und diesen lediglich für kurze Zeit schließt, wird in späteren Zeiten der Deckel nicht mehr geöffnet. Über den Inhalt beginnt man zu „spekulieren". Es entwickeln sich die gedachten *Vorstellungen* von diesem. Derjenige, der den Inhalt des Kruges noch erfahren kann und darüber in verschiedenen literarischen Formen berichtet, nennt man fortan den „esoterischen" Menschen oder „Romantiker", "Idealist" oder einfach nur „Spinner"! Der denkende, wissenschaftliche, auf die Deckel fixierte Mensch nennt sich „Realist" und setzt sich mit herrschsüchtiger Miene auf den, den Inhalt einschließenden Deckel.

Der „Deckel"-Fetischist wird der ZUHÄLTER seiner Zeit.

„Die Eingeweide des Unerforschlichen"

Wenn das für den Herrn Nietzsche noch „Unerforschliche" über „Eingeweide" verfügt, muss es zu entdecken und erfahrend erforschbar sein. Was der Herr Nietzsche mit seinen Worten sagen wollte, scheint mir Folgendes zu sein: „Bevor Ihr uns nachfolgenden Menschen Euch in meta-physische Spinnereien verstrickt, sprechen tausend Gründe auch dafür, sich diesen „überirdischen" Rätseln hinzugeben, so verschwendet Eure Zeit nicht damit, indem Ihr Eure Aufmerksamkeit auf diese Spekulationen richtet. Richtet Eure Aufmerksamkeit auf die „Erde" und versucht, diese zu verstehen. Letztendlich seid Ihr über Euren Leib mit dieser verwandt. Versteht Ihr diese, dann versteht Ihr auch die Grundlagen des menschlichen Daseins. Versteht Ihr das unmoralische Leben der Erde, ihr „Wenn – Dann", dann erfahrt Ihr auch die Eurem Leben zugrunde liegenden Gesetze, Euer „Wenn – Dann". Lasst Euch nicht in die Wolken der Spekulation verführen und jagt nicht den als so bedeutend dargestellten Hirn-Gespenstern nach, sondern seid aufmerksam für das, was die Erde Euch sagt."

Nun, um die Erdensprache „wieder" verstehen zu können, müssen wir Heutigen lernen, ihr wieder zuzuhören. Um den Sinn des Mitgeteilten aufzunehmen, müssen wir „offen" sein. Um sodann das „Verstandene" in die Ausgestaltung der realen, stofflichen Welt umzusetzen, müssen wir stark sein. „Wieder" meint, dass z.B. die Griechen das Erdengeflüster noch verstehen konnten, da sie der *Gaia* noch zuhörten. Die Erden-Sprache ist eine andere Sprache als unsere heutige Verstandessprache. Sie beinhaltet ein anderes Mit-teilen und ein anderes Aufnehmen oder Empfangen, als es der heutigen Kommunikation zugrunde liegt. Ein inneres, wortloses „Verstehen" sowie inneres „Kopfnicken" ist für diese bezeichnend. Die Wiedergabe und Darstellungen der Erkenntnisse, die aus diesen Erfahrungen gewonnen wurden, nennt man heute „MYTHEN". Unsere Vorgänger in d i e s e r Welt, die Griechen, waren nicht nur mit dem Irdischen verbunden und fanden darin ihr Glück, sie waren zudem Meister in der Wiedergabe der von ihnen erkannten und bewusstgewordenen Geheimnisse, den „Eingeweiden", die die Grundlagen irdischen Lebens darstellen. Die Beschäftigung mit den griechischen Mythen ist eine Beschäftigung mit der Erde und der dieser entwachsenen Pflanze „Mensch".

Wenn der Herr Nietzsche von den „Eingeweiden" des Unerforschlichen" spricht, so gesteht er dem Unerforsch-lichen „Eingeweide" zu. Solange der Mensch über „Eingeweide" verfügt bzw. sich dieser bewusst ist, wird er diese auch in den verschiedensten Darstellungen, nach dem Motto: „Gleiches erkennt Gleiches!" ohne Probleme „erkennen". Entwickelt der Mensch ein Verständnis für „seine" Eingeweide, deren Logik, deren Veränderungen und Entwicklungen, wird er ebenfalls das scheinbar „Unerforschliche" durchschauen. Er wird zur Einsicht und Erkenntnis über das so Erfahrene kommen und sofort unterscheiden können, ob in dem sogenannten „Unerforschlichen" Leben (Eingeweide) zu finden oder ob dieses lediglich eine gedankliche Totgeburt ist. Wenn man ebenfalls den Wort- und Begriffshülsen auf den Grund gehen will, muss man zuvor seiner Hülse, dem Tempel „Leib," auf den Grund gegangen und sich der in diesem wirkenden Qualitäten bewusst geworden sein. Nur dann wird der für Spekulationen anfällige Verstand, der ja der Anwalt und der Beschützer/Bewahrer der *Eingeweide* sein sollte, die das Leben zerstörenden *Eingeweide-losen* Gedanken-Gespenster als solche erkennen und den Menschen vor der Tyrannei dieser gedanklichen Windmühlen bewahren.

Ist die heute im Seelenhaushalt des Menschen vorherrschende Qualität von Verstand in der Lage, den

Eingeweiden ihren rechtmäßigen Platz in der Ordnung des Lebens zuzugestehen? Oder ist dieser Verstand der Geier, der uns täglich die *Eingeweide* zerstört?

REE–SÜ–MEE

„**Macht**" ist das Vermögen, die innere Welt des Menschen, in der seine persönlichen und unpersönlichen Vermögen und Leidenschaften wohnen, solchermaßen zu ordnen, dass eine sich durch GERECHTIGKEIT aus-zeichnende (innere) Ordnung entsteht Diese wird es ihm letztendlich ermöglichen seine Vollkommenheit zu erfahren. Ein dermaßen geordneter Mensch wird seiner „Umwelt" nicht anders begegnen können, als wohlwollend und harmonisierend in diese einzuwirken. Man könnte auch sagen: Jeder Mensch hat das, was wir „Aura" nennen. Diese ist einem Duft vergleichbar, der dem Innersten eines Menschen entströmt. Dem sich zu einer harmonischen Ordnung entwickelten Menschen wird ein köstlicher Duft entströmen, den wir auch den Duft der *MACHT* oder den Duft der *FREIHEIT* nennen können. Wenn nun nicht nur einem einzelnen Menschen dieser Duft entströmt, sondern einer Vielzahl der in einer Gesellschaft lebenden Menschen diesen aushauchen, wird dieser Duft die Gemeinschaft prägen. Dieser Lebens-bejahende Duft wird die Menschen in beständiger Frühlingslaune halten. Der Mief, den die alten, die irdischen Wirklichkeiten nicht beachtenden Gesellschafts-systeme verbreiteten, wird in das Universum entweichen und damit auch die Gefahr, dass die mit diesem Mief getränkten wirtschaftlichen oder politischen Weltbeherrschung-Funtasten das Leben auf diesem Planeten ERDE zerstören, beendet. In den griechischen Geschichten wachsen die zukünftig herr-schenden Gewalten innerhalb der zuvor die Herrschaft aus-übenden Ordnung auf (Kronos/Gaia, Zeus/Rhea -

Athenaia/Zeus). Dasselbe geschieht nun ebenfalls in einer Gesellschaft. Diese brütet die zukünftig das Werden des Menschen gestaltenden Kräfte aus. Man kann nur hoffen, dass die neuen Generationen uns „Eltern" nicht zu ähnlich sind und mit neuen Fähigkeiten und uns bisher unbekannten Projekten (Fehler, aus denen sie lernen können, haben wir ja genug gemacht!) die zukünftige Welt bereichern werden. Das Ziel der menschlichen Entwicklung wäre dem zu Folge: Viele mächtige Individuen bilden die Grundlage für eine „machtvolle" Gesellschaft. Erst die Ordnung der Gemein-schaft, die in der Lage sein wird, die Grundlagen des Lebens (die Eingeweide) zu bewahren und diesem Bestreben mit Verstand betreuend zur Seite zu stehen, hat das Recht, eine „freiheitliche" genannt zu werden. Damit wäre dann auch die Situation geschaffen, in der eine Märkel und ihre „Ex-perten" keinen Schaden mehr anrichten können. Die in der heutigen geistigen Dunkelheit herrschenden Kräfte werden für die zukünftigen Menschen eine Mahnung sein, und wenn der zukünftige Mensch nicht über das, was sich heute, also gestern, so mit dem Kopfputz der „Mächtigkeit" bekleidet präsentiert, lachen kann, wird die Erinnerung an diese Show vielleicht die Scham erregen.

Wenn mit dem Wort *„MACHT"* das Vermögen des Menschen, ein inneres Gleichgewicht herzustellen, zu bewahren und entsprechend zu wirken, zum Ausdruck gebracht wird, machen uns die griechischen Geschichten der Mythologie damit bekannt, welche Eigenschaften des Menschen in ein Gleichgewicht zu bringen sind. Nicht nur die dem Menschen zu Grunde liegenden Kräfte werden in diesen Geschichten aufgezeigt, ebenfalls das Mittel, mit dem dieses Gleichgewicht herzustellen ist, wird unmissverständlich dem Leser/Hörer benannt. Der Mensch der Zukunft, also wir Heutigen, werden das Gleichgewicht nur durch die Gewalt, die in der göttlichen *ATHENAIA* zu finden ist, herstellen können. Die *Gewalt der Erkenntnis* wird dem Menschen dazu verhelfen, dem Ziel seiner Sehnsucht näher zu kommen. Die Überwindung der Herrschaft der Leidenschaften (*APHRODITE*) durch die Erkenntnis (*ATHENAIA*) führt durch eine natürliche Entwicklung (*HERA*) zum Sehnsuchtsziel *ITHAKA*. Die menschlichen Kräfte „WILLE“ und „BESTÄNDIGKEIT“, begleitet von der „ERFAHRUNG“ und der „HOFFNUNG“ werden den wahrgenommenen „MANGEL“ beseitigen und die unschuldige „WÜRDE“ des Menschen wiederherstellen. Wir Heutigen, die wir in unserer UNBEWUSSTHEIT mit den von einem Hephaistos'schen Verstand entwickelten Spielzeugen (ATOM, GEN und anderem) die weitere Entwicklung auf diesem Planeten gefährden, werden durch die griechischen Geschichten mit einer uns einwohnenden Kraft bekannt gemacht, mit deren Hilfe wir das Projekt „Wiederbelebung der Schöpfung“ erfolgreich erarbeiten werden: Wir werden in dem griechischen Mythos bekannt gemacht mit der *menschlichen* Gewalt, die wir „*HERAKLES*“ nennen. Diese Kraft, die wir uns erarbeiten und erstreiten müssen, überwindet nicht nur die *GIGANTEN*, sondern wird auch dem zerstörenden Treiben des *HEPHAISTOS* ein Ende machen.

Die trojanische Kulturepoche wird dadurch beschrieben, dass in ihr die göttliche Gewalt *APHRODITE* den goldenen Apfel besitzt und somit die Herrschaft über den Menschen dieser Zeitepoche ausübt. Wir können davon ausgehen, dass dieser Apfel zuvor über lange Zeit hinweg der göttlichen Gewalt *HERA* anvertraut war. Es ist heute wohl an der Zeit, dieses Machtsymbol der göttlichen Gewalt *ATHENAIA* zu übergeben, damit diese im Zusammenspiel mit dem *CHRISTUS* den Menschen zu ERKENNTNIS, BEWUSST-HEIT und LIEBE führen kann. Wir haben genug Mist gemacht! Jetzt sollten wir uns dessen bewusst werden, damit wir und unsere Kinder nicht dazu verurteilt sind, dieselben Fehler auch in Zukunft zu machen. Da das Maß voll zu sein scheint, muss uns bewusst sein, dass wir uns diese Fehler nicht zum zweiten

Mal leisten können – wenn wir überleben wollen. - Und das wollen wir doch – oder?

Ein alter Hase im PKW-Gewerbe erzählte folgende Geschichte aus den Anfängen der PKW-Begeisterung

„Ein älteres Ehepaar hatte sich dazu durchgerungen, sich einen „Käfer" anzuschaffen, um mit diesem das noch nicht fertiggestellte Netz der Bundesstraßen zu füllen. Sie kauften bei ihm das Auto und waren auch sehr zufrieden mit diesem, beklagten sich jedoch in Zukunft wiederholt über den überdurchschnittlich hohen Benzinverbrauch ihres liebevoll „Auto" genannten, selbst angetriebenen Gefährtes. Als es bei der fälligen Inspektion wieder einmal zu solch einer Äußerung des ansonsten stolzen Besitzers kam, wollte der „alte Hase" dieser Sache auf den Grund gehen. Er nahm alle diesbezüglich relevanten Teile auseinander und prüfte diese. Er konnte jedoch keinen Fehler finden und baute alles wieder zusammen um dem „Auto"-begeisterten Besitzer zu informieren, dass er keinerlei Mängel am Motor feststellen konnte und der erhöhte Spritverbrauch somit für ihn ein Rätsel sei.

Nach einer Weile des allgemein zuverlässigen Betriebes dieses PKWs, die jedoch von immer denselben Klagen über den enormen Verbrauch dieser Landstraßen-Rakete begleitet wurde, gab er den Besitzern seinen Wunsch bekannt, dieses technische Wunderwerk einmal selbst fahren zu dürfen, um vielleicht so dem Rätsel auf die Spur zu kommen. Sie vereinbarten einen Termin, an dem sie gemeinsam, mit ihm am Steuer, ihre sooft und regelmäßig gefahrene Strecke in die 30 km entfernt liegende Großstadt, zurücklegen wollten.

An dem festgelegten Tag kamen sie zu seiner Tankstelle. Er stieg in den „Käfer" und fuhr los in Richtung Großstadt. Der Wagen schnurrte und auch die hohen Drehzahlen machten keine Probleme. Reibungslos, als wäre sie noch Fabrik-Neu funktionierte die Kupplung. Auch wenn er noch so angestrengt seine Sinne anspannte, um die Geräusche und eventuelle Missverhältnisse des Motors wahrzunehmen, konnte er dennoch nichts dergleichen bemerken. Das Rätsel blieb für ihn ein Rätsel. Als er dieses seinen Mitreisenden mitteilen wollte und sich ihnen wieder zuwandte, spürte er deren fragende Verwunderung. Er dachte, es wäre seine Fahrweise, die sie so sehr in Verwirrung gebracht hatte. Währenddessen starrten die beiden unablässig auf seine rechte Hand, der es oblag, während der Reise die der Geschwindigkeit entsprechende Gänge einzulegen.

„Was haben Sie denn?" fragte er seine Mitreisenden.

Nachdem diese ihre Verwirrung abgeschüttelt hatten, erwiderte der Mann kleinlaut:

„Was machen Sie denn da?"

„Was?" entgegnete der alte Hase.

„Na, dass da!" und zeigte dabei auf dessen, noch auf dem Schaltknüppel verharrenden Hand.

„Was meinen Sie?"

„Na, was machen Sie dort die ganze Zeit mit ihrer rechten Hand?"

Nachdem er die Frage kapiert hatte und ihm so langsam ein Licht aufging, sagte er zu dem stolzen „Käfer"- Bändiger:" Ich schalte mit diesem Hebel die Gänge in den Motor."

„SCHALTEN"

?"

„GÄNGE

?

Es stellte sich heraus, dass die stolzen „Auto"-Besitzer nicht wussten, dass sie diesen mobilen, in eine Form gebrachten Blechhaufen durch Schaltung der Gänge in die entsprechenden Geschwindigkeiten bringen konnten. Es stellte sich heraus, dass sie in ihrer Unwissenheit regelmäßig und oft die 3o Km entfernte Großstadt in der größtemöglichen Geschwindigkeit des zweiten Ganges erstürmten. Sie fuhren im zweiten Gang los, schalteten nie, um mit „Vollgas" in der dem zweiten Gang entsprechenden Höchstgeschwindigkeit das erstrebte Ziel zu erreichen.

Und wir Heutigen? Werden wir uns ebenfalls über die „Rechnungen", die unserer naiven Technologie-Gläubigkeit folgen, wundern? Werden wir, die wir uns den Maschinen schon weitgehendst angepasst haben, uns in dem Gewusel aller möglichen Strahlennetze verfangen, um darin zu verwesen? Werden wir uns, das Paradies herbei sehnend, auf Grund unserer Unwissenheit ebenfalls im „zweiten Gang" bemühen, den Himmel zu erstürmen, um letztendlich die Früchte dieser Anstrengung zu ernten?

Wenn mit dem Herrn Nietzsche eröffnet wurde, soll hier mit dem

Herrn Hölderlin

geendet werden.

„So kam ich unter die Deutschen. Ich forderte nicht viel und war gefasst, noch weniger zu finden. Demütig kam ich, wie der heimatlose blinde Oedipus zum Tore von Athen, wo ihn der Götterhain empfing; und schöne Seelen ihm begegneten – wie anders ging es mir!

Barbaren von Alters her, durch Fleiß und Wissenschaft und selbst durch Religion barbarischer geworden, tiefunfähig jedes göttlichen Gefühls, verdorben bis ins Mark zum Glück der heiligen Grazien, in jedem Grad der Übertreibung und der Ärmlichkeit beleidigend für jede gut geartete Seele, dumpf und harmonielos, wie die Scherben eines weggeworfenen Gefäßes – das, mein Bellarmin! waren meine Tröster.

Es ist ein hartes Wort und dennoch sag ich`s, weil es Wahrheit ist: ich kann kein Volk mir denken, dass zerrißner wäre, wie die Deutschen. Handwerker siehst du, aber keine Menschen, Denker, aber keine Menschen, Priester, aber keine Menschen, Herrn und Knechte, Jungen und gesetzte Leute, aber keine Menschen – ist das nicht, wie ein Schlachtfeld, wo Hände und Arme und alle Glieder zerstückelt untereinander liegen, indessen das vergoßne Lebensblut im Sande zerrinnt?

Ein jeder treibt das Seine, wirst du sagen, und ich sage es auch. Nur muss er es mit ganzer Seele treiben, muss nicht jede Kraft in sich ersticken, wenn sie nicht gerade sich zu seinem Titel passt, muss nicht mit dieser kargen Angst, buchstäblich heuchlerisch das, was er heißt, nur sein, mit Ernst, mit Liebe muß er das sein, was er ist, so lebt ein Geist in seinem Tun, und ist er in ein Fach gedrückt, wo gar der Geist nicht leben darf, so stoß ers mit Verachtung weg und lerne pflügen! Deine Deutschen aber bleiben gerne beim Notwendigsten, und darum ist bei ihnen auch so viele Stümperarbeit und so wenig Freies, Echterfreuliches. Doch das wäre zu verschmerzen, müssten solche Menschen nur nicht fühllos sein für alles schöne Leben, ruhte nur nicht überall der Fluch der gottverlaßnen Unnatur auf solchem Volke. -

Die Tugenden der Alten sei`n nur glänzende Fehler, sagt` einmal, ich weiß nicht, welche böse Zunge; und es sind doch selber ihre Fehler Tugenden, denn da noch lebt` ein kindlicher, ein schöner Geist, und ohne Seele war von allem, was sie taten, nichts getan. Die Tugenden der Deutschen aber sind ein glänzend Übel und nichts weiter; denn Notwerk sind sie nur, aus feiger Angst, mit Sklavenmühe dem wüsten Herzen abgedrungen, und lassen trostlos jede reine Seele, die von Schönem gern sich nährt, ach! die verwöhnt vom heiligen Zusammenklang in edleren Naturen, den Mißlaut nicht erträgt, der schreiend ist in all der toten Ordnung dieser Menschen.

Ich sage Dir: es ist nichts Heiliges, was nicht entheiligt, nicht zum ärmlichen Behelf herabgewürdigt ist bei diesem Volk, und was selbst unter Wilden göttlichrein sich meist erhält, das treiben diese allberechnenden Barbaren, wie man so ein Handwerk treibt, und können es nicht anders, denn wo einmal ein menschlich Wesen abgerichtet ist, da dient es seinem Zweck, da sucht es seinen Nutzen, es schwärmt nicht mehr, bewahre Gott! Es bleibt gesetzt, und wenn es feiert und wenn es liebt und wenn es betet und selber, wenn des Frühlings holdes Fest, wenn die Versöhnungszeit der Welt die Sorgen alle löst, und Unschuld zaubert in ein schuldig Herz, wenn von der Sonne warmen Strahle berauscht, der Sklave seine Ketten froh vergisst und von der gottbeseelten Luft besänftigt, die Menschenfeinde friedlich, wie die Kinder, sind – wenn selbst die Raupe sich beflügelt und die Biene schwärmt, so bleibt der Deutsche doch in seinem Fach und kümmert sich nicht viel ums Wetter!"

Hyperion an Bellarmin